AF274240

# Comprender
# los algoritmos

# Comprender
# los algoritmos

**Segunda actualización**

Aditya Y. Bhargava

Prólogo por Daniel Zingaro

Título original: *Grokking Algorithms*

Primera edición en español: marzo de 2026
Diseño de cubierta: Leslie Haimes

© Grupo Anaya, S.A.U. 2026

Authorized translation of the English edition © 2024 Manning Publications.

This translation is published and sold by permission of Manning Publications, the owner of all rights to publish and sell the same.

Reservados todos los derechos. El contenido de esta obra está protegido por la Ley, que establece penas de prisión y/o multas, además de las correspondientes indemnizaciones por daños y perjuicios, para quienes reprodujeren, plagiaren, distribuyeren o comunicaren públicamente, en todo o en parte, una obra literaria, artística o científica, o su transformación, interpretación o ejecución artística fijada en cualquier tipo de soporte o comunicada a través de cualquier medio, sin la preceptiva autorización.

© Mariona Nadal Farré, 2026 (traducción)
© Daniel Zingaro (prólogo)

© EDICIONES ANAYA MULTIMEDIA (GRUPO ANAYA, S.A.U.), Madrid 2026
Valentín Beato, 21
28037 Madrid.
www.anayamultimedia.es

PAPEL DE FIBRA
CERTIFICADA

Depósito legal: M-17564-2025
ISBN: 978-84-415-5252-4
Impreso en España - Printed in Spain

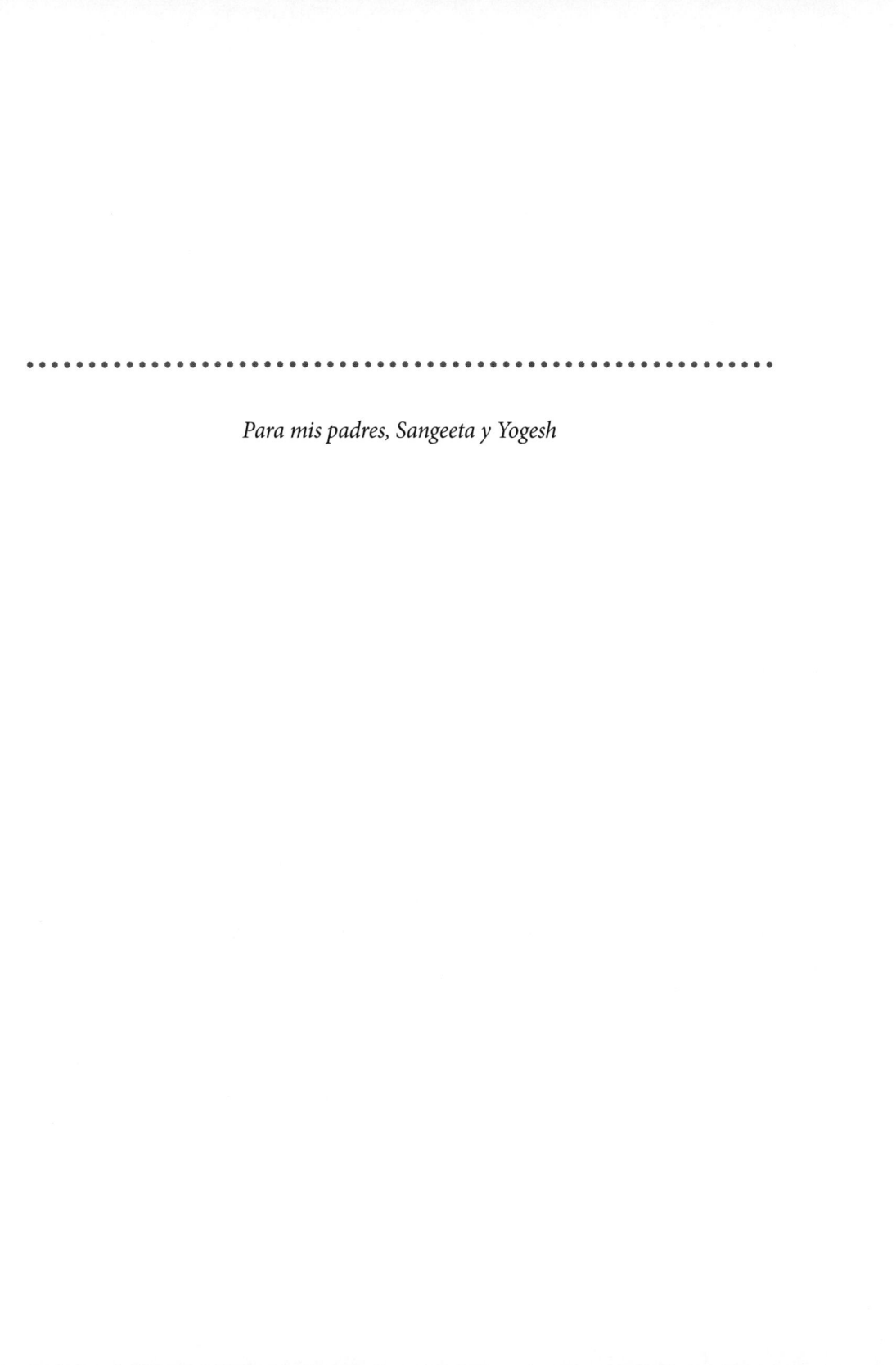

*Para mis padres, Sangeeta y Yogesh*

# Agradecimientos

Gracias a Manning por la oportunidad de escribir este libro y por concederme una amplia libertad creativa. Gracias al editor Marjan Bace, a Mike Stephens por traerme a bordo, y a Ian Hough por ser un editor increíblemente atento y servicial. Gracias también a las personas del equipo de producción de Manning: Paul Wells, Debbie Holmgren y todas las personas que trabajaron entre bastidores. Además, quiero agradecer a todos aquellos que se leyeron el manuscrito y me ofrecieron recomendaciones: Daniel Zingaro, Ben Vinegar, Alexander Manning y Maggie Wenger. Gracias a David Eisenstat, mi revisor técnico, y a Tony Holdroyd, el corrector técnico de Manning, por detectar mis múltiples errores.

Gracias a todos los que me ayudaron a llegar hasta aquí: Bert Bates por enseñarme cómo escribir, a la gente del juego de mesa FlashKit, por enseñarme a programar; a los muchos amigos que revisaron capítulos, me dieron consejos y escucharon múltiples variantes de mis explicaciones —incluidos Ben Vinegar, Karl Puzon, Alex Manning, Esther Chan, Anish Bhatt, Michael Glass, Nikrad Mahdi, Charles Lee, Jared Friedman, Hema Manickavasagam, Hari Raja, Murali Gudipati, Srinivas Varadan y muchos otros—, y a Gerry Brady por enseñarme algoritmos. Otro gran agradecimiento a académicos como CLRS, Knuth y Strang. Gracias a todos estos gigantes y atlas que me sostienen.

Papá, mamá, Priyanka y el resto de la familia: gracias por vuestro apoyo constante. Y gracias sobre todo a mi esposa Maggie y a mi hijo Yogi. Nos esperan muchas aventuras por delante, y algunas de ellas no implican quedarse un viernes en la noche reescribiendo párrafos.

A todos los revisores: Abhishek Koserwal, Alex Lucas, Andres Sacco, Arun Saha, Becky Huett, Cesar Augusto Orozco Manotas, Christian Sutton, Diógines Goldoni, Dirk Gómez, Ed Bacher, Eder Andres Avila Niño, Frans Oilinki, Ganesh Swaminathan, Giampiero Granatella, Glen Yu, Greg Kreiter, Javid Asgarov, João Ferreira, Jobinesh Purushothaman, Joe Cuevas, Josh McAdams, Krishna Anipindi, Krzysztof Kamyczek, Kyrylo Kalinichenko, Lakshminarayanan AS, Laud Bentil, Matteo Battista, Mikael Byström, Nick Rakochy, Ninoslav Cerkez, Oliver Korten, Ooi Kuan San, Pablo Varela, Patrick Regan, Patrick Wanjau, Philipp Konrad, Piotr Pindel, Rajesh Mohanan, Ranjit Sahai, Rohini Uppuluri, Roman Levchenko, Sambaran Hazra, Seth MacPherson,  Shankar Swamy, Srihari Sridharan, Tobias Kopf, Vivek Veerappan, William Jamir Silva y Xiangbo Mao: sus sugerencias mejoraron este libro.

Por último, muchísimas gracias a los lectores que se arriesgaron a comprar este volumen y a los lectores que me dieron opiniones en el foro del libro. En realidad, todos ayudaron a hacer de este un libro mejor.

## Sobre el autor

**Aditya Bhargava** es un ingeniero de software. Posee un máster en Ingeniería Informática por la Universidad de Chicago. Además, administra un blog ilustrado de tecnología en adit.io.

## Sobre el editor técnico

David Eisenstat es un investigador en ingeniería del software. Es doctor en Informática por la Universidad de Brown.

# Reseñas de la primera edición

«Este libro consigue lo imposible:
¡hace que las matemáticas sean divertidas y fáciles!».
—Sander Rossel, COAS Software Systems


«¿Quieres darte el gusto de aprender algoritmos
de la misma manera que leerías tu novela favorita?
Si es así, ¡este es el libro que necesitas!».
—Sankar Ramanathan, IBM Analytics


«En el mundo de hoy, no hay ningún
aspecto de nuestras vidas que no esté
optimizado por algún algoritmo.
Deja que este sea el primer libro
que elijas si quieres una introducción
bien explicada al tema».
—Amit Lamba, Tech Overture, LLC


«¡Los algoritmos no son aburridos!
Este libro fue divertido y perspicaz
tanto para mis estudiantes como para mí».
—Christopher Haupt, Mobirobo, Inc

# Índice abreviado

# Índice de contenidos

# Prólogo

Más gente que nunca necesita aprender a programar. Claro, algunas personas literalmente se dedican a hacer eso en su trabajo (ingenieros de software o desarrolladores web, por ejemplo). Pero muchos otros empleos, que históricamente no requerían programación, tienen un componente de programación ahora o lo tendrán en el futuro. La programación también ayuda a las personas a comprender el mundo tecnológico en el que viven.

Por desgracia, los beneficios de la programación no se distribuyen de manera equitativa. En los programas de informática (ciencias de la computación, CS) de Estados Unidos, por ejemplo, tenemos una participación muy baja de mujeres y de algunos grupos étnicos/raciales. Es fundamental que podamos hacer llegar la programación y la informática a un grupo más diverso.

La solución implicará avanzar en varios frentes, como la superación de los prejuicios, la formación de más docentes y la oferta de experiencias de aprendizaje más diversificadas. Tenemos que ayudar a «entrar» a más personas.

Estoy entusiasmado con el libro de Bhargava porque ofrece una nueva forma de adentrarse en los algoritmos, que son un componente clave de la programación efectiva. Algunas personas te dirán que solo hay una forma de aprender algoritmos: encontrar un libro matemático denso sobre algoritmos, leerlo y, por favor, entenderlo todo. Yo cambiaría esto por: pero eso privilegia a quienes pueden, disponen de tiempo y realmente necesitan aprender de esa manera. También supone que sabemos «por qué» alguien quiere aprender algoritmos, lo cual, seamos sinceros, no es una suposición justa.

Para ser claros, algunos de mis libros de informática favoritos son exactamente de ese tipo: libros de algoritmos orientados a las matemáticas. Y a mí me funcionan muy bien, como a muchos profesores de informática. Pero tal vez ese sea el problema: es demasiado fácil asumir que aprendemos de la misma manera que los demás. Lo que necesitamos es una gran diversidad de recursos de aprendizaje sobre todo tipo de temas de informática, cada uno diseñado para un público concreto.

El libro de Bhargava está diseñado intencionadamente para las personas que desean una introducción no matemática a los algoritmos. Lo que más me impresiona aquí no es lo que Bhargava eligió incluir, sino lo que no incluyó. No se puede incluir todo en un libro como este, eso sería abrumador y ese no es el objetivo.

La experiencia docente del autor le permite sacar muchas enseñanzas de pocas páginas. Al leer el capítulo «Programación dinámica», por ejemplo, me llamó la atención el cuidado con el que Bhargava responde a muchas preguntas anticipadas de los lectores que otros libros de algoritmos no responderían.

Espero que esta obra te ayude a aprender, tanto si es la primera vez que pruebas los algoritmos como si hasta ahora te ha costado encontrar el recurso adecuado. ¡Feliz viaje por el mundo de los algoritmos! ¡Que disfrutes dominando los algoritmos!

—Daniel Zingaro, Universidad de Toronto

# Prefacio

Comencé a programar como un pasatiempo. El libro *Visual Basic 6 for Dummies* me enseñó los elementos básicos y de ahí en adelante continué leyendo libros para aprender más. No obstante, el tema de los algoritmos era indescifrable para mí. Recuerdo haber saboreado la tabla de contenidos de mi primer libro sobre algoritmos, mientras pensaba: «¡Por fin voy a entender estos temas!». Pero era un contenido muy denso y me rendí a las pocas semanas. No fue hasta que tuve mi primer buen profesor de algoritmos que comprendí cuán simples y elegantes eran estas ideas.

Escribí mi primera publicación ilustrada en un blog en 2012. Soy un aprendiz visual y me encantó el estilo ilustrado. Desde entonces he escrito algunas publicaciones ilustradas sobre programación funcional, Git, aprendizaje automático y concurrencia.

Por cierto, era un escritor mediocre cuando comencé. Explicar conceptos técnicos es difícil. Encontrar buenos ejemplos conlleva tiempo y explicar un concepto difícil también. Por ende, es fácil pasar por alto los temas complicados. Pensaba que estaba haciendo un buen trabajo, hasta que una de mis publicaciones se hizo popular y un compañero de trabajo se acercó y me dijo: «Leí tu publicación y todavía no entiendo esto». Aún tenía mucho que aprender sobre cómo escribir mejor.

En algún momento mientras escribía estas entradas en el blog, la editorial Manning se acercó y me preguntó si quería escribir un libro ilustrado. Bueno, resulta ser que los editores de Manning saben mucho sobre cómo explicar conceptos técnicos y me enseñaron a hacerlo. Escribí este libro para aliviar una picazón en particular: quería escribir un libro que explicara bien los conceptos técnicos complejos y que también resultara fácil de leer.

La primera edición de este libro se publicó en 2016. Desde entonces, más de 100 000 personas lo han leído. Estoy encantado de ver cuántas personas han conectado con el estilo de aprendizaje visual.

Con esta segunda edición, mi objetivo sigue siendo el mismo. En este libro, utilizo ilustraciones y ejemplos fáciles de recordar para que los conceptos se queden. El libro está diseñado para lectores que saben programar y quieren aprender más sobre algoritmos sin necesidad de ningún conocimiento matemático.

La segunda actualización rellena algunas lagunas de la primera. He oído de muchos lectores que quieren que explique los árboles. Ahora hay dos capítulos sobre árboles en este libro. También he ampliado la sección sobre los problemas NP-completos. Es un concepto muy abstracto y quería una explicación que lo hiciera más concreto. Si te sientes igual, espero que la nueva sección llene ese hueco para ti.

Mi escritura ha recorrido un largo camino desde esa primera publicación en el blog, así que espero que encuentres aquí una lectura fácil e informativa.

# Acerca de este libro

*Comprender los algoritmos* está diseñado para ser fácil de seguir. Evita grandes saltos de razonamiento. Siempre que introduzco un concepto nuevo, lo explico de inmediato o te indico cuándo lo haré. Los conceptos fundamentales están reforzados con ejercicios y múltiples explicaciones para que puedas comprobar tus suposiciones y asegurarte de que lo estás comprendiendo.

Comienzo con ejemplos. En lugar de escribir una sopa de símbolos, mi objetivo es facilitar que visualices estos conceptos. Además, creo que aprendemos mejor cuando recalcamos algo que ya sabíamos y en ese sentido los ejemplos facilitan recordar. Por ejemplo, cuando intentes recordar la diferencia entre arrays y listas enlazadas (capítulo 2), puedes simplemente pensar en cómo te sientas en el cine para ver una película. A veces, aunque algo sea evidente, se aprende mejor de forma visual. Por eso, este libro está repleto de imágenes.

Los contenidos de este libro están cuidadosamente seleccionados. No hay necesidad de escribir un libro que cubra todos los algoritmos de ordenación, para eso tenemos la Wikipedia y la Khan Academy. Todos los algoritmos que he incluido son prácticos. Los he encontrado útiles en mi trabajo como ingeniero de software y proveen una base sólida para temas más complejos. ¡Buena lectura!

## Cómo usar este libro

El orden y el contenido de este libro han sido cuidadosamente diseñados. Si te interesa un tema, no dudes en adelantarte. De lo contrario, lee los capítulos en orden, ya que se complementan entre sí.

Recomiendo encarecidamente ejecutar el código de los ejemplos tú mismo. No puedo enfatizar esta parte lo suficiente. Simplemente copia mis muestras de código tal cual (o descárgalas de https://www.manning.com/books/grokking-algorithms-second-edition o https://

github.com/egonschiele/grokking_algorithms)[1] y ejecútalas. Retendrás mucho más si lo haces.

También recomiendo hacer los ejercicios de este libro. Los ejercicios son cortos, por lo general de uno o dos minutos, a veces de 5 a 10 minutos. Te ayudarán a revisar tu pensamiento, para que sepas cuándo te has desviado antes de que hayas ido demasiado lejos.

## ¿Quién debería leer este libro?

Este libro está dirigido a cualquier persona que conozca los conceptos básicos de la programación y quiera comprender los algoritmos. Tal vez ya tengas un problema de programación y estés tratando de encontrar una solución algorítmica. O tal vez quieras entender para qué sirven los algoritmos. He aquí una lista corta e incompleta de perfiles que probablemente encontrarán útil este libro:

- Programadores aficionados.
- Estudiantes del campo de la programación.
- Graduados en informática que buscan un repaso.
- Graduados en física/matemáticas/otros que estén interesados en la programación.

## Cómo está organizado este libro: una hoja de ruta

Los tres primeros capítulos de este libro sientan las bases:

- **Capítulo 1:** Aprenderás tu primer algoritmo práctico: búsqueda binaria. También estudiarás cómo analizar la velocidad de un algoritmo utilizando notación O grande. La notación O grande se utiliza a lo largo de todo el libro para analizar cuán rápido o lento es un algoritmo.
- **Capítulo 2:** Aprenderás sobre dos estructuras de datos fundamentales: arrays y listas enlazadas. Estas estructuras se utilizan a lo largo de todo el libro y se emplean para construir estructuras de datos más avanzadas como las tablas hash (capítulo 5).
- **Capítulo 3:** Conocerás la recursión, una técnica muy útil empleada por varios algoritmos (tales como quicksort, que veremos en el capítulo 4).

---

[1]  En el repositorio https://github.com/DSRschool/grokking_algorithms_esp encontrarás la versión del código traducida al español, según se muestra en esta edición del libro.

En mi experiencia, la notación O grande y la recursión son temas desafiantes para los principiantes. Por lo tanto, he disminuido la velocidad y empleado tiempo adicional en estas secciones.

El resto del libro presenta algoritmos con amplias aplicaciones:

- **Técnicas de solución de problemas:** Contempladas en los capítulos 4, 10 y 11. Si te encuentras un problema y no sabes cómo solucionarlo eficientemente, intenta la técnica «divide y vencerás» (capítulo 4) o la programación dinámica (capítulo 11). O podrías darte cuenta de que no existe una solución eficiente y obtener una solución aproximada utilizando un algoritmo voraz en su lugar (capítulo 10).

- **Tablas hash:** Cubiertas en el capítulo 5. Las tablas hash son una estructura de datos muy útil. Contienen un conjunto de pares clave y valor, por ejemplo, el nombre de una persona y su dirección, o un nombre de usuario y su contraseña asociada. Es difícil pasar por alto la utilidad de las tablas hash. Cuando quiero resolver un problema, mi punto de partida son dos preguntas: ¿puedo utilizar una tabla hash?, y ¿puedo modelar esta situación como un grafo?

- **Algoritmos de grafos:** Contemplados en los capítulos 6, 7, 8 y 9. Los grafos son una manera de modelar una red: una red social, una red de caminos, neuronas o cualquier otro conjunto de conexiones. La búsqueda a lo ancho (capítulo 6) y el algoritmo de Dijkstra (capítulo 9) son formas de encontrar el camino más corto entre dos puntos de una red: puedes usar este enfoque para calcular los grados de separación entre dos personas o la ruta más corta hacia un destino. Los árboles son un tipo de grafo. Se utilizan en bases de datos (a menudo árboles B), en el navegador (el árbol DOM) o en el sistema de archivos.

- **K-vecinos más cercanos (KNN):** Tratados en el capítulo 12. Este es un sencillo algoritmo de aprendizaje de máquina. Puedes utilizar KNN para construir un sistema de recomendación, un motor de OCR, un sistema para predecir valores de la bolsa, cualquier cosa que involucre predecir un valor («Creemos que Adit evaluará esta película con cuatro estrellas») o clasificar un objeto («Esa letra es una Q»).

- **Próximos pasos:** El capítulo 13 aborda más algoritmos que proveen una buena lectura adicional.

## Sobre el código

Todos los ejemplos de código de este libro utilizan Python 3. Todo el código del libro se presenta en una fuente de ancho fijo `como esta` para separarlo del texto ordinario. Las anotaciones de código acompañan a algunos de los fragmentos, destacando conceptos importantes.

Puedes obtener fragmentos ejecutables de código de la versión liveBook (en línea) de este libro en https://livebook.manning.com/book/grokking-algorithms-second-edition.

El código completo de los ejemplos del libro está disponible para su descarga en el sitio web de Manning en www.manning.com y en https://github.com/egonschiele/grokking_algorithms.[2]

Creo que se aprende mejor cuando realmente se disfruta aprendiendo, así que diviértete y ejecuta los ejemplos de código.

---

[2]　En el repositorio https://github.com/DSRschool/grokking_algorithms_esp encontrarás la versión del código traducida al español, según se muestra en esta edición del libro.

# Introducción a los algoritmos | 1

## En este capítulo:

- Obtendrás una base para el resto del libro.

- Escribirás tu primer algoritmo de búsqueda (búsqueda binaria).

- Aprenderás cómo hablar sobre el tiempo de ejecución de un algoritmo (notación O grande).

Un «algoritmo» es un conjunto de instrucciones orientadas a cumplir una tarea. Cada pedazo de código se puede llamar algoritmo, pero este libro aborda los más interesantes. Escogí incluir en este volumen algoritmos rápidos, que resuelven problemas interesantes o que hacen ambas cosas. Veamos un adelanto:

- El capítulo 1 habla sobre la búsqueda binaria y muestra cómo un algoritmo puede acelerar tu código. En uno de los ejemplos, ¡el número de pasos necesarios disminuye de cuatro mil millones a 32!

- Un dispositivo GPS utiliza algoritmos de grafos (como aprenderás en los capítulos 6 y 9) para calcular la ruta más corta a tu destino.

- Puedes utilizar programación dinámica (discutida en el capítulo 11) para escribir un algoritmo de IA que juegue a las damas.

En cada caso, describiré el algoritmo y te daré un ejemplo. Después hablaré sobre su tiempo de ejecución en notación O grande. Por último, exploraré qué otros tipos de problemas podrían solucionarse con el mismo algoritmo.

## Qué aprenderás sobre rendimiento

La buena noticia es que probablemente encontrarás una implementación de cada algoritmo de este libro en tu lenguaje favorito, ¡así que no tendrás que escribirlos por tu cuenta! Pero esas implementaciones son inútiles si no comprendes las concesiones de cada una. En este volumen, aprenderás a comparar las diferentes concesiones realizadas entre distintos algoritmos: ¿Deberías usar ordenación por mezcla u ordenación rápida? ¿Deberías usar un array o una lista? Solamente el hecho de utilizar una estructura de datos distinta puede representar una gran diferencia.

## Qué aprenderás sobre solución de problemas

Conocerás técnicas para solucionar problemas que podrían haber estado fuera de tu alcance hasta ahora. Por ejemplo:

- Si te gusta crear videojuegos, puedes escribir un sistema de IA que siga al usuario, utilizando algoritmos de grafos.
- Aprenderás a construir sistemas de recomendación con k-vecinos más cercanos.
- Algunos problemas no son solucionables en un tiempo prudencial. La parte de este libro que habla sobre los problemas NP-completos muestra cómo identificar dichos problemas y encontrar un algoritmo que provea una solución aproximada.

De forma general, hacia el final del libro, conocerás algunos de los algoritmos de uso más extendido. Podrás entonces emplear tu conocimiento para aprender de algoritmos más específicos para IA, bases de datos y mucho más. O aceptar mayores desafíos en el trabajo.

## Qué necesitas saber

Necesitarás conocer álgebra básica antes de comenzar el libro. En particular, dada la función $f(x) = x \times 2$, ¿qué se obtiene de $f(5)$? Si respondiste 10, estás listo.

Adicionalmente, este capítulo (y este libro) será más fácil de entender si estás familiarizado con algún lenguaje de programación. Todos los ejemplos de este volumen se encuentran en Python. Si no conoces ningún lenguaje de programación y quieres aprender alguno, escoge Python; es genial para los principiantes. Si conoces algún otro lenguaje, por ejemplo, Ruby, te irá bien.

# Búsqueda binaria

Supón que estás buscando a una persona en una guía telefónica (¡qué frase tan anticuada!). Su nombre comienza con K. Podrías comenzar por el principio y pasar páginas hasta que llegues a la K. Pero es más probable que comiences por una página del medio, porque sabes que la K estará cerca de la mitad de la guía telefónica.

O supón que estás buscando una palabra en un diccionario y comienza por O. También comenzarás cerca de la mitad.

Ahora supón que accedes a Facebook. Al iniciar sesión, la plataforma debe verificar que tienes una cuenta. Para ello, necesita buscar tu nombre de usuario en su base de datos. Supón que tu nombre de usuario es karlmageddon. Facebook podría comenzar por la A y buscar tu nombre, pero tiene más sentido comenzar en algún lugar cerca de la mitad.

Este es un problema de búsqueda. En todos los casos se utiliza el mismo algoritmo: la «búsqueda binaria».

Búsqueda binaria es un algoritmo cuya entrada consiste en una lista ordenada de elementos (explicaré luego por qué debe estar ordenada). Si el elemento que estás buscando se encuentra en la lista, retorna la posición donde está localizado. De lo contrario, búsqueda binaria retorna `null`.

Aquí tienes un ejemplo:

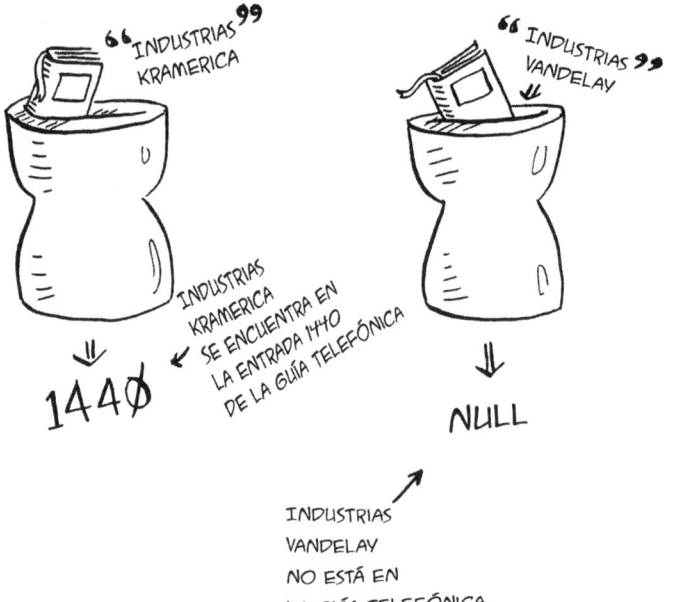

Buscando compañías en una guía telefónica mediante búsqueda binaria.

Ahora tienes un ejemplo de cómo funciona la búsqueda binaria. Estoy pensando en un número entre 1 y 100.

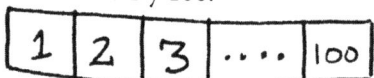

Tienes que intentar adivinar mi número en el menor número de intentos posible. En cada caso, te diré si tu suposición es demasiado baja, demasiado alta o correcta.

Supongamos que comienzas a adivinar así: 1, 2, 3, 4… Así es como iría.

Un mal enfoque para adivinar números.

Esta es una «búsqueda simple» (tal vez una «búsqueda estúpida» sería un término mejor). En cada suposición solo eliminas un número. Si mi número fuera el 99, ¡tardarías 99 veces en llegar allí!

## Una mejor manera de buscar

Veamos una técnica mejor. Empieza a partir de 50.

¡Demasiado bajo, pero acabas de eliminar «la mitad» de los números! Ahora ya sabes que del 1 al 50 son demasiado bajos. Siguiente conjetura: 75.

¡Demasiado alto, pero de nuevo has recortado la mitad de los números restantes! «Con la búsqueda binaria, empieza por el número del medio y elimina la mitad de los números restantes cada vez». El siguiente es el 63 (a medio camino entre el 50 y el 75).

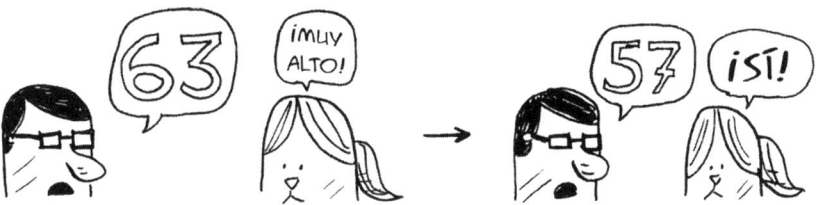

Esta es la búsqueda binaria. ¡Acabas de aprender tu primer algoritmo! Veamos la cantidad de números que puedes eliminar en cada intento.

100 ELEMENTOS → 50 → 25 → 13 → 7 → 4 → 2 → 1

7 PASOS

Elimina la mitad de los números cada vez con la búsqueda binaria.

Cualquiera que sea el número en el que yo esté pensando, podrías adivinarlo en un máximo de siete intentos, ¡porque eliminas muchos números en cada paso!

Supongamos que estás buscando una palabra en el diccionario. El diccionario tiene 240 000 palabras. «En el peor de los casos», ¿cuántos pasos crees que tomará cada búsqueda?

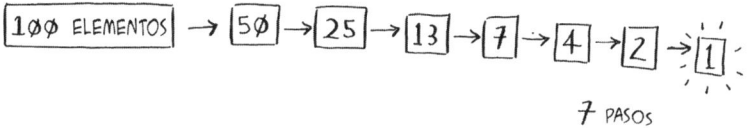

BÚSQUEDA SIMPLE: _____ PASOS

BÚSQUEDA BINARIA: _____ PASOS

Una búsqueda simple puede necesitar 240 000 pasos si la palabra que estás buscando es la última. Con cada paso de la búsqueda binaria, el número de palabras se reduce a la mitad hasta que solo queda una.

240 k → 120 K → 60 K → 30 K → 15 K → 7.5 K → 3750

59 ← 118 ← 235 ← 469 ← 938 ← 1875

30 → 15 → 8 → 4 → 2 → 1

18 PASOS

Por lo tanto, la búsqueda binaria requerirá 18 pasos, ¡una gran diferencia! En general, para cualquier lista de tamaño *n*, la búsqueda binaria necesitará $\log_2 n$ pasos para ejecutarse en el peor de los casos, mientras que la búsqueda simple tomará *n* pasos.

## Logaritmos

Es posible que no recuerdes qué son los logaritmos, pero probablemente sí sepas qué son los exponenciales. El $\log_{10} 100$ es como preguntar: «¿Cuántos 10 hay que multiplicar para obtener 100?». La respuesta es 2: 10 × 10. Así que $\log_{10} 100 = 2$. Los logaritmos son la inversa de los exponenciales.

$$10^2 = 100 \leftrightarrow \log_{10} 100 = 2$$
$$10^3 = 1000 \leftrightarrow \log_{10} 1000 = 3$$
$$2^3 = 8 \leftrightarrow \log_2 8 = 3$$
$$2^4 = 16 \leftrightarrow \log_2 16 = 4$$
$$2^5 = 32 \leftrightarrow \log_2 32 = 5$$

Los logaritmos son la inversa de los exponenciales.

En este libro, cuando hablo de tiempo de ejecución en notación de O grande (que explicaré un poco más adelante), log siempre significa $\log_2$. Cuando se busca un elemento mediante la búsqueda simple, en el peor de los casos, es posible que haya que mirar cada uno de los elementos. Entonces, para una lista de ocho números, tendría que verificar ocho números como máximo. Para la búsqueda binaria, se deberían verificar los elementos log *n* en el peor de los casos. Para una lista de ocho elementos, log 8 == 3, porque $2^3 == 8$. Entonces, para una lista de ocho números, habría que comprobar tres números como máximo. Para una lista de 1024 elementos, log 1024 = 10, porque $2^{10} == 1024$. Entonces, para una lista de 1024 números, habría que verificar 10 números como máximo.

### Nota

Hablaré mucho sobre el tiempo logarítmico en este libro, por lo que deberías comprender el concepto de los logaritmos. Si no, Khan Academy (https://khanacademy.org) tiene un bonito vídeo que lo deja claro.

---

**Nota**

La búsqueda binaria solo funciona cuando la lista está ordenada. Por ejemplo, los nombres de una guía telefónica se ordenan en orden alfabético, por lo que puede utilizar la búsqueda binaria para buscar un nombre. ¿Qué pasaría si los nombres no estuvieran ordenados?

---

Veamos cómo escribir una búsqueda binaria en Python. En el ejemplo de código se usan arrays. Si no sabes cómo funcionan los arrays, no te preocupes, los trataremos en el siguiente capítulo. Solo necesitas saber que es posible almacenar una secuencia de elementos en una fila de cubos consecutivos llamada array.

Los espacios se numeran empezando por 0: el primer hueco está en la posición 0, el segundo en la 1, el tercero en la 2 y así sucesivamente.

---

**Nota**

Me verás usar los términos lista y array indistintamente en el código. Esto se debe a que en Python, los arrays se llaman listas.

---

La función `busqueda_binaria` toma una lista ordenada y un elemento. Si el elemento está en la lista, la función devuelve su posición. Realizará un seguimiento de la parte de la lista en la que tiene que buscar. Al principio, esta es la lista completa:

```
menor = 0
mayor = len(lista) - 1
```

Cada vez, se comprueba el elemento del medio:

```
medio = (menor + mayor) // 2          ❶
estimado = lista[medio]
```

❶ Python redondea «medio» hacia abajo automáticamente si (menor + mayor) no es un número par.

Si la estimación es demasiado baja, se actualiza `menor` en consecuencia:

```python
if estimado < elemento:
    menor = medio + 1
```

Si por el contrario, el número es muy alto, se actualiza `mayor`. Aquí tienes el código completo:

```python
def busqueda_binaria(lista, elemento):
    menor = 0                              ❶
    mayor = len(lista) - 1                 ❶

    while menor <= mayor:                  ❷
        medio = (menor + mayor) // 2       ❸
        estimado = lista[medio]
        if estimado == elemento:           ❹
            return medio
        elif estimado > elemento:          ❺
            mayor = medio - 1
        else:                              ❻
            menor = medio + 1
    return None                            ❼

mi_lista = [1, 3, 5, 7, 9]                 ❽

print(busqueda_binaria(mi_lista, 3))  # => 1       ❾
print(busqueda_binaria(mi_lista, -1)) # => None    ❿
```

❶ «menor» y «mayor» indican en qué parte de la lista buscarás.
❷ Mientras no hayas reducido la búsqueda a un solo elemento...
❸ ... comprueba el elemento central.
❹ Elemento encontrado.
❺ El número era muy alto.
❻ El número era muy bajo.
❼ El elemento no existe.
❽ ¡Probemos la búsqueda!
❾ Recuerda, la lista comienza en la posición 0. El segundo elemento tiene índice 1.
❿ «None» significa nulo en Python. Indica que el elemento no fue encontrado.

## EJERCICIOS

1.1 Supón que tienes una lista ordenada de 128 nombres y estás realizando una búsqueda binaria. ¿Cuál es el máximo número de pasos que necesitarás para completarla?

1.2 Supón que duplicas el tamaño de la lista. ¿Cuál es el máximo número de pasos ahora?

## Tiempo de ejecución

En todo momento, cuando hablo sobre un algoritmo, discuto su tiempo de ejecución. Por lo general quieres escoger el algoritmo más eficiente, ya sea porque intentas optimizar el tiempo de ejecución o el espacio en memoria.

Volviendo a la búsqueda binaria. ¿Cuánto tiempo ahorras al utilizarla? Bueno, el primer enfoque consistía en analizar cada número, uno a la vez. Si la lista es de cien números, necesitarás hasta cien comprobaciones. Si la lista es de cuatro mil millones de números, necesitarás hasta cuatro mil millones de comprobaciones. Entonces, el máximo número de chequeos es igual al tamaño de la lista. Esto se conoce como «tiempo lineal».

La búsqueda binaria es diferente. Si la lista tiene tamaño 100, se necesitan a lo sumo siete chequeos. Si la lista contiene cuatro mil millones de elementos, serían a lo sumo 32 comprobaciones. Potente, ¿verdad? La búsqueda binaria se ejecuta en «tiempo logarítmico» (o log time, como le llaman los nativos). He aquí una tabla que resume nuestros hallazgos de hoy.

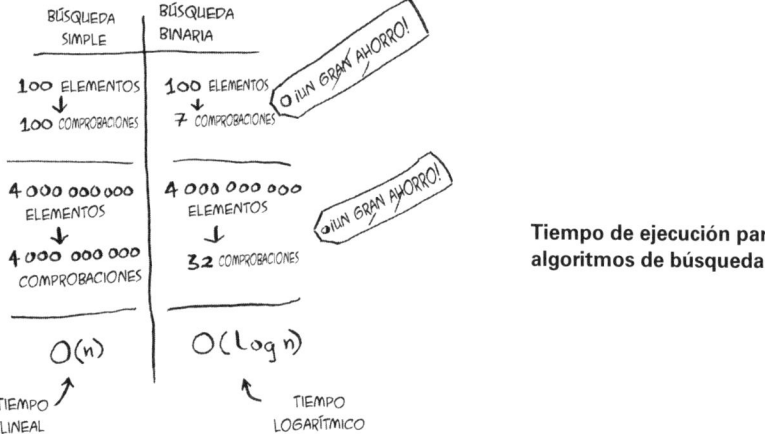

**Tiempo de ejecución para algoritmos de búsqueda.**

# Notación O grande

La notación «O grande» es una notación especial que indica cuán rápido es un algoritmo. ¿A quién le preocupa? Resulta que usarás con frecuencia algoritmos de otras personas y, cuando lo hagas, viene bien entender lo rápidos o lentos que son. Explicaré qué es la notación O grande y daré una lista de los tiempos de ejecución más comunes para algunos algoritmos mediante esta notación.

# Los tiempos de ejecución de los algoritmos crecen a diferentes ritmos

Teo está escribiendo un algoritmo de búsqueda para la NASA. Su algoritmo comenzará a trabajar en cuanto un cohete se disponga a aterrizar en la luna y ayudará a calcular dónde aterrizar.

Este es un ejemplo de cómo el tiempo de ejecución de dos algoritmos puede aumentar a diferente ritmo. Teo intenta decidir entre búsqueda simple y búsqueda binaria. El algoritmo necesita ser rápido y correcto a la vez. Por una parte, la búsqueda binaria es más rápida. Teo solo dispone de diez segundos para encontrar dónde aterrizar; de lo contrario, el cohete saldrá de su trayectoria. Por otro lado, la búsqueda simple es más sencilla de implementar y hay menos probabilidad de introducir errores. ¡Y Teo no quiere «en ningún caso» introducir errores en el código que hará aterrizar un cohete! Para ser extracuidadoso, decide medir el tiempo que le toma a ambos algoritmos analizar una lista de 100 elementos.

Asumamos que es necesario 1 milisegundo para comprobar un elemento. Con la búsqueda simple, Teo debe analizar 100 elementos, así que la búsqueda tomará 100 ms. Por otra parte, solo tiene que comprobar siete elementos con la búsqueda binaria ($\log_2 100$ es aproximadamente 7). Pero en realidad la lista tendrá unos mil millones de elementos. En ese caso, ¿cuánto tiempo le tomará al algoritmo de búsqueda simple? ¿Y cuánto al de búsqueda binaria? Asegúrate de tener una respuesta antes de continuar leyendo.

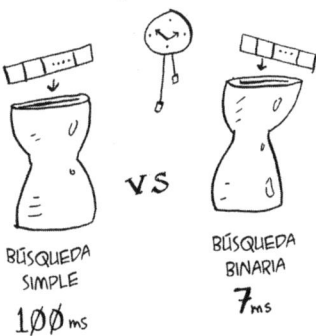

Tiempo de ejecución de la búsqueda simple y de la búsqueda binaria en una lista de 100 elementos.

Teo ejecuta una búsqueda binaria con mil millones de elementos y necesita 30 ms ($\log_2 1\,000\,000\,000$ es aproximadamente 30). Piensa: «¡Treinta milisegundos!». «La búsqueda binaria es alrededor de 15 veces más rápida que la búsqueda simple, ya que la búsqueda simple necesitó 100 ms con cien elementos y búsqueda binaria necesitó 7 ms. Entonces la búsqueda simple tardará $30 \times 15 = 450$ ms, ¿cierto? Bien por debajo de mi límite de 10 segundos». Teo decide utilizar búsqueda simple. ¿Es esa la decisión correcta?

No. Resulta ser que Teo está equivocado. Completamente equivocado. El tiempo de ejecución para búsqueda simple con mil millones de elementos será de mil millones de ms, ¡que equivalen a 11 días! El problema es que los tiempos de ejecución con la búsqueda simple y la binaria «no aumentan al mismo ritmo».

| | BÚSQUEDA SIMPLE | BÚSQUEDA BINARIA |
|---|---|---|
| 100 ELEMENTOS | 100 MS | 7 ms |
| 10 000 ELEMENTOS | 10 SEGUNDOS | 14 ms |
| 1 000 000 000 ELEMENTOS | 11 DÍAS | 30 ms |

¡Los tiempos de ejecución crecen a velocidades muy diferentes!

Es decir, a medida que el número de elementos se incrementa, la búsqueda binaria utiliza un poco más de tiempo para ejecutarse. Pero la búsqueda simple utiliza «mucho» más tiempo. Así que a medida que la lista de números se hace más grande, la búsqueda binaria de repente se vuelve «mucho» más rápida que la simple. Teo pensó que la búsqueda binaria era 15 veces más rápida que la simple, pero eso no es correcto. Si la lista tiene mil millones de elementos, será alrededor de 33 millones de veces más rápida. Por eso no es suficiente conocer cuánto tarda en ejecutarse un algoritmo, hay que saber cómo se incrementa el tiempo de ejecución a medida que aumenta el tamaño de la lista. Ahí es donde la notación O grande entra en juego.

La notación O grande te muestra cuán rápido es un algoritmo. Por ejemplo, supón que tienes una lista de tamaño $n$. La búsqueda simple necesita comprobar cada elemento, así que utiliza $n$ operaciones. El tiempo de ejecución en notación O grande es $O(n)$. ¿Dónde están los segundos? No los hay. O grande no define la velocidad en segundos. «La notación O grande permite comparar el número de operaciones». Te dice cuán rápido crece el algoritmo.

La búsqueda binaria necesita log *n* operaciones para analizar una lista de tamaño *n*. ¿Cuál es el tiempo de ejecución en notación O grande? Es O(log *n*). En general, O grande se escribe como sigue.

Cómo se ve la notación O grande.

Esta notación indica el número de operaciones que un algoritmo realizará. Se le llama notación O grande porque pones una «O grande o mayúscula» delante del número de operaciones (parece una broma, pero ¡es cierto!).

Ahora veamos algunos ejemplos. Intenta descifrar el tiempo de ejecución de los siguientes algoritmos.

## Visualización de diferentes tiempos de ejecución en notación O grande

Aquí tienes un ejemplo práctico que puedes seguir en casa con algunas hojas de papel y un bolígrafo. Supón que debes dibujar una matriz de 16 celdas.

¿Cuál sería un buen algoritmo para dibujar esta matriz?

### Algoritmo 1

Una manera es dibujar 16 celdas, una tras otra. Recuerda, la notación O grande cuenta el número de operaciones. En este ejemplo, dibujar una celda es una operación. Tienes que dibujar 16. ¿Cuántas operaciones tomará, dibujando una celda cada vez?

Dibujar una celda de la matriz cada vez.

Se necesitan 16 pasos para dibujar 16 celdas. ¿Cuál es el tiempo de ejecución para este algoritmo?

**Algoritmo 2**

Intenta este algoritmo en su lugar. Dobla el papel.

En este ejemplo, doblar el papel una vez cuenta como una operación. Acabas de crear dos celdas con esa operación.

Dobla el papel otra vez, y otra, y otra.

¡Desdóblalo después de cuatro pliegues y tendrás una hermosa matriz! Cada pliegue duplica el número de celdas. ¡Has hecho 16 celdas en cuatro operaciones!

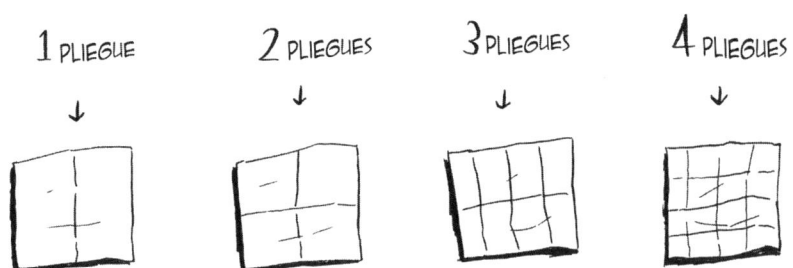

Dibujar una matriz en cuatro pliegues.

Puedes «dibujar» el doble de celdas con cada pliegue, así que puedes dibujar 16 celdas en cuatro pasos. ¿Cuál es el tiempo de ejecución de este algoritmo? Intenta definir los tiempos de ejecución de ambos algoritmos antes de continuar leyendo.

**Respuestas:** El algoritmo 1 tardará un tiempo de ejecución $O(n)$ y el algoritmo 2 necesita $O(\log n)$.

## La notación O grande establece el tiempo de ejecución en el peor caso

Supón que utilizas la búsqueda simple para localizar a una persona en la agenda telefónica. Sabes que la búsqueda simple necesita un tiempo $O(n)$ para ejecutarse, lo que significa que en el peor caso tendrás que buscar en cada una de las entradas de tu agenda telefónica. En este caso, buscas a Adit, que es la primera entrada de tu agenda. Así que no necesitaste mirar cada una de las entradas, lo encontraste en el primer intento. ¿Acaso este algoritmo toma un tiempo $O(n)$? ¿O toma un tiempo $O(1)$ porque encontraste a la persona en el primer intento?

La búsqueda simple sigue tomando tiempo $O(n)$. En este caso encontraste lo que estabas buscando en un instante. Ese es el escenario del mejor caso. Pero la notación O grande se ocupa del peor escenario. Entonces podrías decir que, en el peor caso, tendrías que buscar en cada una de las entradas de la agenda al menos una vez. Eso corresponde a un tiempo $O(n)$. Es tranquilizador porque sabes que la búsqueda simple nunca será más lenta que $O(n)$.

> **Nota**
>
> Junto al tiempo de ejecución del peor caso, también es importante analizar el tiempo del caso promedio. En el capítulo 4 se comparan el peor caso y el caso promedio.

## Algunos tiempos de ejecución O grande comunes

Aquí tienes cinco tiempos O grande que encontrarás con frecuencia, ordenados de más rápido a más lento:

- $O(\log n)$, también conocido como «tiempo logarítmico». Por ejemplo: la búsqueda binaria.
- $O(n)$, también conocido como «tiempo lineal». Por ejemplo: la búsqueda simple.
- $O(n * \log n)$. Por ejemplo: un algoritmo de ordenación eficiente, como quicksort (se tratará en el capítulo 4).
- $O(n^2)$. Por ejemplo: un algoritmo de ordenación lento, como ordenación por selección (se tratará en el capítulo 2).
- $O(n!)$. Por ejemplo: un algoritmo muy lento, como el del vendedor ambulante (¡justo a continuación!).

Supón que otra vez debes dibujar una matriz de 16 celdas y puedes escoger entre cinco algoritmos diferentes. Si utilizas el primer algoritmo, demorarás un tiempo $O(\log n)$ para dibujar la matriz. Puedes realizar diez operaciones por segundo. Con un tiempo $O(\log n)$, necesitarás cuatro operaciones para dibujar una matriz de 16 celdas ($\log 16 = 4$). Entonces te llevará 0,4 segundos construir la matriz. ¿Qué pasaría si tuvieras que dibujar 1024 celdas? Necesitarías $\log 1024 = 10$ operaciones, o sea, un segundo para dibujar una matriz de 1024 celdas. Estos números se corresponden con ese primer algoritmo.

El segundo algoritmo es más lento: necesita un tiempo $O(n)$. Se necesitarían 16 operaciones para dibujar 16 celdas y 1024 operaciones para 1024 celdas. ¿Cuánto tiempo es eso en segundos?

A continuación puedes ver cuánto tardarías en dibujar la matriz con el resto de los algoritmos, ordenados del más rápido al más lento:

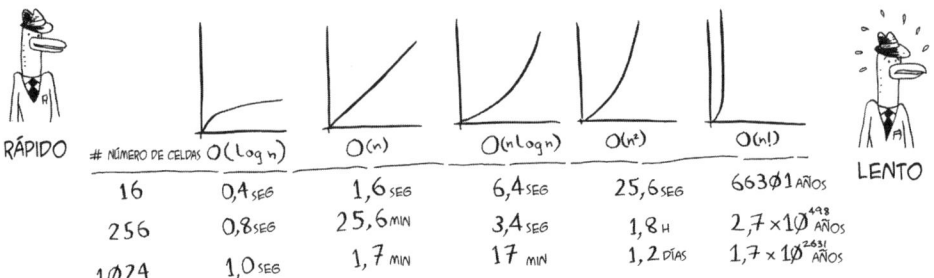

| RÁPIDO | # NÚMERO DE CELDAS | $O(\log n)$ | $O(n)$ | $O(n \log n)$ | $O(n^2)$ | $O(n!)$ | LENTO |
|---|---|---|---|---|---|---|---|
| | 16 | 0,4 SEG | 1,6 SEG | 6,4 SEG | 25,6 SEG | 6630,1 AÑOS | |
| | 256 | 0,8 SEG | 25,6 MIN | 3,4 SEG | 1,8 H | $2,7 \times 10^{498}$ AÑOS | |
| | 1024 | 1,0 SEG | 1,7 MIN | 17 MIN | 1,2 DÍAS | $1,7 \times 10^{2631}$ AÑOS | |

Existen otros tiempos de ejecución, pero estos cinco son los más comunes.

Esta explicación es una simplificación. En realidad, no puedes convertir un tiempo de ejecución O grande a un número de operaciones de forma tan precisa, pero, por ahora, es una aproximación suficientemente buena. Volveremos al tema de la notación O grande en el capítulo 4, después de que hayas aprendido más algoritmos. Mientras tanto, las principales conclusiones son las siguientes:

- La velocidad de un algoritmo no se mide en segundos, sino en el crecimiento del número de operaciones necesarias.
- En lugar de hablar de segundos, hablamos de cuán rápido se incrementa el tiempo de ejecución de un algoritmo a medida que el tamaño de su entrada aumenta.
- El tiempo de ejecución de los algoritmos se expresa en la notación O grande.
- $O(\log n)$ es más rápido que $O(n)$ y se acelera aún más a medida que crece la lista de elementos de la búsqueda.

## EJERCICIOS

Define el tiempo de ejecución de los siguientes escenarios en términos de O grande:

**1.3** Tienes un nombre y quieres encontrar el número de teléfono de la persona en la agenda telefónica.

**1.4** Tienes un número de teléfono y quieres encontrar el nombre de la persona en la agenda telefónica (pista: tendrás que buscar en toda la agenda).

**1.5** Quieres leer los números de cada persona en la agenda telefónica.

**1.6** Solo quieres leer los números de las personas cuyo nombre comienza con A (¡este es un caso engañoso! Involucra conceptos que se tratarán en detalle en el capítulo 4. Lee la respuesta, ¡podrías sorprenderte!).

## El vendedor ambulante

Tal vez mientras leías la última sección pensaste: «No hay manera de que alguna vez encuentre un algoritmo que necesite tiempo O(n!)». Bueno, ¡intentemos probar que te equivocas! Aquí tienes un ejemplo de un algoritmo con un tiempo de ejecución realmente malo. Se trata de un problema famoso en informática, porque su crecimiento es aterrador y algunas personas muy inteligentes piensan que no se puede mejorar. Se conoce como el problema del «vendedor ambulante» (*travelling salesman*, en inglés).

Tienes un vendedor. El vendedor tiene que visitar cinco ciudades.

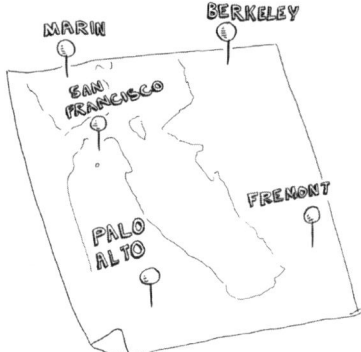

Este vendedor, al que llamaré Óscar, quiere llegar a las cinco ciudades recorriendo la menor distancia posible. Una posible forma de hacerlo es la siguiente: buscar cada una de las posibles combinaciones de orden para visitar todas las ciudades.

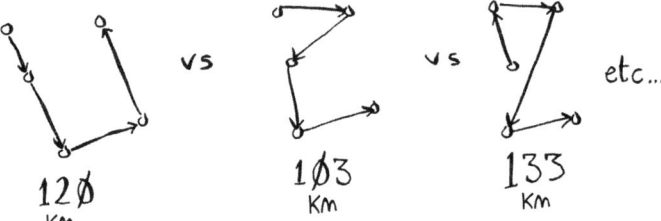

El vendedor suma la distancia total y selecciona el recorrido con la menor distancia. Existen 120 permutaciones de las cinco ciudades, así que necesitará 120 operaciones para resolver el problema con cinco ciudades. Para seis ciudades utilizará 720 operaciones (hay 720 permutaciones).

Para siete ciudades, necesitaría 5040 operaciones.

| CIUDADES | OPERACIONES |
|----------|-------------|
| 6 | 720 |
| 7 | 5040 |
| 8 | 40320 |
| ... | ... |
| 15 | 1307674368000 |
| ... | ... |
| 30 | 265252859812191058636308480000000 |

El número de operaciones aumenta drásticamente.

En general, para *n* elementos, se necesitarán *n*! (*n* factorial) operaciones para calcular el resultado. Por tanto, hablamos de tiempo $O(n!)$ o «tiempo factorial». Conlleva muchísimas operaciones para todos los casos, excepto para los números más pequeños. Una vez que lo intentas con más de 100 ciudades, es imposible calcular la respuesta en tiempo; el sol colapsaría antes.

¡Este es un algoritmo terrible! Óscar debería utilizar uno diferente, ¿verdad? Pero no puede. Este es uno de los problemas sin solucionar en informática. No se conoce ningún algoritmo rápido para resolverlo y hay personas muy inteligentes que piensan que es «imposible» encontrar un algoritmo inteligente para este problema. Lo mejor que podemos hacer es obtener una solución aproximada. Lee el capítulo 10 si deseas ahondar en el tema.

## Recapitulación

- La búsqueda binaria es mucho más rápida que la búsqueda simple a medida que crece el tamaño del array.
- $O(\log n)$ es más rápido que $O(n)$ y se acelera aún más a medida que crece la lista de elementos de la búsqueda.
- La velocidad de un algoritmo no se mide en segundos.
- El tiempo de ejecución de un algoritmo se mide en términos de «crecimiento» del algoritmo.
- Los tiempos de ejecución se escriben en notación O grande.

# Ordenación por selección | 2

## En este capítulo:

- Aprenderás sobre arrays y listas enlazadas: dos de las estructuras de datos más básicas. Se usan en todas partes. Ya usaste arrays en el capítulo 1 y los usarás en casi todos los capítulos de este libro. Los arrays son un tema crucial, ¡así que presta atención! Pero a veces es mejor usar una lista enlazada en lugar de un array. En este capítulo se explican las ventajas y las desventajas de ambos para que puedas decidir cuál es el más adecuado para tu algoritmo.

- Estudiarás tu primer algoritmo de ordenación. Una gran cantidad de algoritmos solo funcionan si los datos están ordenados. ¿Recuerdas la búsqueda binaria? Puedes ejecutarla solo en una lista de elementos ordenados. En este capítulo te enseñamos la ordenación por selección. La mayoría de los lenguajes tienen un algoritmo de ordenación integrado, por lo que pocas veces necesitarás escribir tu propia versión desde cero. Pero el algoritmo de ordenación es un trampolín para el algoritmo de ordenación rápida (quicksort), que será tratado en el capítulo 4. Quicksort es un algoritmo importante y será más fácil de entender si ya conoces un algoritmo de ordenación.

## Lo que necesitas saber

Para comprender las partes de análisis de rendimiento en este capítulo, necesitas dominar la notación O grande (*big O*) y logaritmos. Si no los conoces, te sugiero que retrocedas y leas el capítulo 1. La notación O grande se utilizará durante todo el libro.

# Cómo funciona la memoria

Imagina que vas a un espectáculo y necesitas guardar tus cosas. Hay taquillas o cajones disponibles.

Cada cajón puede contener solo un elemento. Quieres guardar dos elementos, así que solicitas dos cajones.

Guardas tus dos elementos aquí.

¡Y ya estás listo para el espectáculo! Básicamente es así cómo funciona la memoria de tu ordenador. Tu ordenador parece un conjunto gigante de cajones, y cada cajón tiene una dirección.

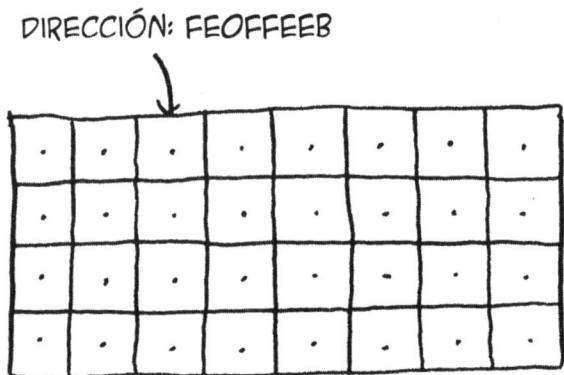

`fe0ffeeb` es la dirección de un espacio en la memoria.

Cada vez que quieras almacenar un elemento en la memoria, le pides un espacio al ordenador y este te da una dirección donde puede almacenar tu artículo. Para almacenar varios elementos, existen dos formas básicas de hacerlo: arrays y listas enlazadas. Hablaré sobre arrays y listas a continuación, así como de las ventajas y desventajas de cada uno. No hay una única forma correcta de almacenar elementos para cada caso de uso, por lo que es importante conocer las diferencias.

# Arrays y listas enlazadas

Algunas veces necesitas almacenar una lista de elementos en la memoria. Supongamos que estás escribiendo una aplicación para administrar tus tareas pendientes. Querrás almacenar las tareas pendientes como una lista en la memoria.

¿Deberías usar un array o una lista enlazada? Primero almacenemos las tareas pendientes en un array, porque es más fácil de entender. Usar un array significa que todas las tareas se almacenan de forma contigua (una al lado de la otra) en la memoria.

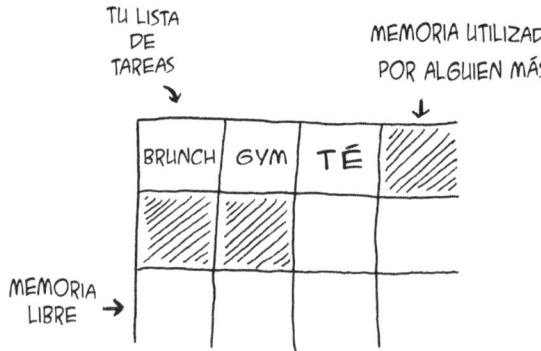

Ahora, supón que quieras agregar una cuarta tarea. ¡Pero el próximo cajón está ocupado por las cosas de alguien más!

Es como ir al cine con tus amigos y encontrar lugares para sentarse, pero otro amigo llega después, y no hay lugar para él. Tienen que cambiarse a un nuevo lugar donde todos quepan. En este caso, debes pedirle a tu ordenador un trozo diferente de memoria en el que quepan las cuatro tareas. Entonces necesitas mover todas tus tareas a ese nuevo lugar.

Si llega otro amigo, vuelves a estar sin asiento donde acomodarlo, ¡y todos deben cambiarse por segunda vez! ¡Qué engorro! Del mismo modo, agregar nuevos elementos a un array puede ser una gran molestia. Si te quedas sin espacio y necesitas mover el array a un nuevo lugar en la memoria cada vez que se añada un elemento, agregar un nuevo elemento será muy lento. Una solución fácil es «reservar asientos»: incluso si solo tienes tres elementos en tu lista de tareas, puedes solicitar diez espacios de memoria al ordenador, por si acaso. Luego puedes agregar hasta diez elementos a tu lista de tareas sin tener que moverla. Esta es una buena solución alternativa, pero debes tener en cuenta un par de inconvenientes:

- Es posible que no necesites los espacios adicionales que solicitaste y por tanto esa memoria se desperdiciará. No lo estás usando, pero nadie más puede usarlo tampoco.
- Si agregas más de diez elementos a tu lista de tareas, esta deberá moverse de todos modos.

Entonces, es una buena solución, pero no es la solución perfecta. Las listas enlazadas resuelven este problema de añadir elementos.

## Listas enlazadas

Con listas enlazadas, tus elementos pueden estar en cualquier lugar de la memoria.

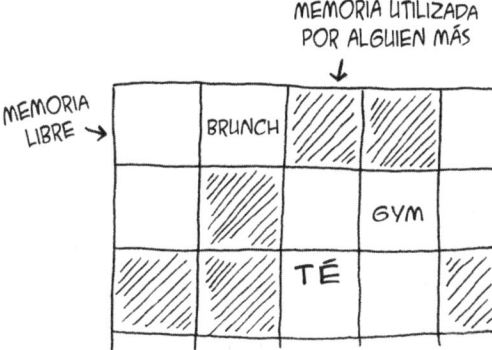

Cada elemento guarda la dirección del próximo elemento de la lista. Un grupo de direcciones de memoria aleatorias están enlazadas entre sí.

```
┌────┬────┬────┬────┐
│    │BRUNCH───────┐ │
│ 00 │ 01 │ 02 │↓03│
├────┼────┼────┼────┤
│    │    │  GYM    │
│ 10 │ 11 │↓12 │ 13│
├────┼────┼────┼────┤
│    │  TÉ     │    │
│ 20 │ 21 │ 22 │ 23│
└────┴────┴────┴────┘
```

Direcciones de
memoria enlazadas.

Es como la búsqueda de un tesoro. Vas a la primera dirección y allí dice: «El próximo elemento se encuentra en la dirección 123», así que te diriges a la dirección 123 y allí dice: «El próximo elemento se encuentra en la dirección 847» y así sucesivamente. Añadir un elemento a una lista enlazada es sencillo: lo pones en cualquier lugar de la memoria y guardas la dirección en el elemento anterior.

Con las listas enlazadas nunca tienes que mover tus elementos. También evitas otro problema. Digamos que vas a ver una película popular con cinco de tus amigos. Los seis estáis buscando un lugar donde sentaros, pero la sala está repleta. No hay seis asientos juntos en ningún lugar.

Resulta que, en ocasiones, esto también ocurre con los arrays. Digamos que estás buscando 10 000 casillas para un array. Tu memoria tiene 10 000 casillas disponibles, pero no tiene 10 000 casillas juntas. ¡No hay manera de que encuentres espacio para tu array! Una lista enlazada es el equivalente a decir: «Separémonos y veamos la película». Si hay espacio en la memoria, tienes espacio para tu lista enlazada.

Si las listas enlazadas son tan buenas para insertar un elemento, ¿para qué son ventajosos los arrays?

## Arrays

Los sitios web con listas del tipo «Los 10 mejores» usan a veces esta táctica para obtener más visitas. En lugar de mostrarte la lista en una sola página,

8/10 GATO MALVADO   (PRÓXIMO)

sitúan un elemento en cada página y te obligan a hacer clic en «Siguiente» para mostrar el próximo elemento de la lista. Por ejemplo, el sitio «Los 10 mejores villanos de TV» no te muestra la lista completa en una sola página. Te obliga a comenzar por el 10 (Newman) y hacer clic en cada página hasta alcanzar el 1 (Gustavo Fring). Esta técnica le permite al sitio web mostrarte 10 páginas completas con anuncios, pero es tedioso tener que hacer clic en «Siguiente» nueve veces para ver al número 1. Sería mucho mejor si la lista completa estuviera en una sola página y pudieras seleccionar el nombre de cada persona para ver más información.

Las listas enlazadas tienen un problema similar. Supón que quieres leer el último elemento de una lista enlazada. No puedes simplemente leerlo porque desconoces su dirección. Por el contrario, tienes que ir al elemento 1 para obtener la dirección del elemento 2. Luego tienes que ir al elemento 2 para obtener la del elemento 3. Así sucesivamente, hasta que llegues al último elemento. Las listas enlazadas son ideales si tienes que leer todos los elementos uno por uno: puedes leer un elemento y continuar con el siguiente, así hasta el final. Pero si vas a continuar saltando alrededor, a diferentes posiciones, las listas enlazadas no son una buena opción.

Los arrays son diferentes en ese sentido. Conoces la dirección de cada elemento de tu array. Por ejemplo, supón que tu array contiene cinco elementos y conoces que comienza en la dirección 00. ¿Cuál es la dirección para el elemento número 5?

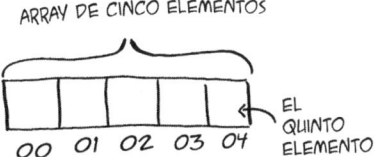

Un cálculo sencillo lo indica: es 04. Los arrays son ideales si quieres obtener elementos en posiciones aleatorias, porque puedes buscar cualquier elemento de forma instantánea. Con una lista enlazada los elementos no se encuentran uno junto al otro, de manera que no puedes calcular fácilmente la dirección del quinto elemento en memoria; tienes que ir al primer elemento para obtener la dirección del segundo, luego ir al segundo para obtener la del tercero y así sucesivamente hasta llegar al quinto.

## Terminología

Los elementos en un array se encuentran numerados. Esta numeración comienza desde 0 en vez de hacerlo desde 1. Por ejemplo, en este array el número 20 se encuentra en la posición 1.

$$\boxed{10 \mid 20 \mid 30 \mid 40}$$

0   1   2   3

Y el número 10 se encuentra en la posición 0. Esto por lo general confunde a los programadores principiantes. Comenzar por la posición 0 implica que mucho código relacionado con arrays es más sencillo de escribir, así que los programadores han mantenido esta idea. Casi cualquier lenguaje de programación que uses define que el elemento inicial de un array se encuentra en la posición 0. Te acostumbrarás bien pronto.

La posición de un elemento se conoce como su índice. Así que en lugar de decir «20 está en la posición 1», la terminología correcta es «20 está en el índice 1». Usaré índice para hablar de posición a lo largo del libro.

Aquí tienes los tiempos de ejecución de las operaciones más comunes en listas y arrays.

|  | ARRAYS | LISTAS |
|---|---|---|
| LECTURA | O(1) | O(n) |
| INSERCIÓN | O(n) | O(1) |

O(n) = TIEMPO LINEAL
O(1) = TIEMPO CONSTANTE

Pregunta: ¿Por qué toma tiempo O(n) insertar un elemento en un array? Supón que quieres insertar un elemento en el comienzo de un array.

¿Cómo lo harías? ¿Cuánto tomaría? Encontrarás las respuestas a estas preguntas en la próxima sección.

## EJERCICIO

2.1   Supón que estás creando una aplicación para mantener el control de tus finanzas.

      1. PROVISIONES
      2. CINE
      3. SUBSCRIPCIÓN
      CLUB DE LECTURA

Cada día, anotas todo el dinero que gastaste. Al final del mes, revisas tus compras y sumas cuánto has gastado. Así que tienes muchas inserciones y unas pocas lecturas. ¿Deberías utilizar un array o una lista enlazada?

## Inserción en el medio de una lista

Supón que quieres que tu lista de tareas funcione más como un calendario. Antes, estabas añadiendo elementos al final de la lista. Ahora quieres añadir tareas en el orden en que deberían ser completadas.

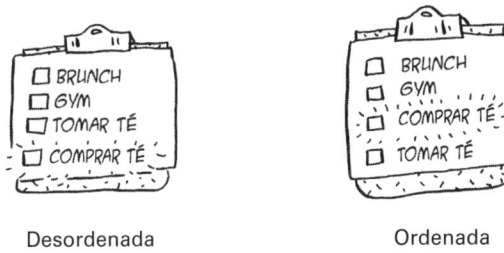

Desordenada              Ordenada

¿Qué es mejor si quieres insertar elementos en el medio: arrays o listas? Con las listas es tan sencillo como cambiar cuál es el elemento anterior al que apunta.

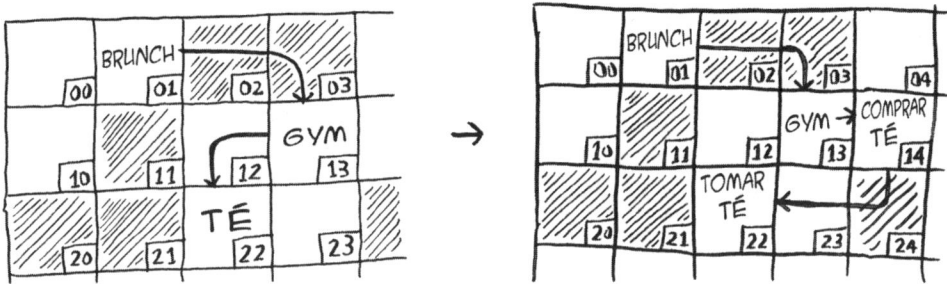

Pero para los arrays, tienes que desplazar el resto de los elementos hacia abajo.

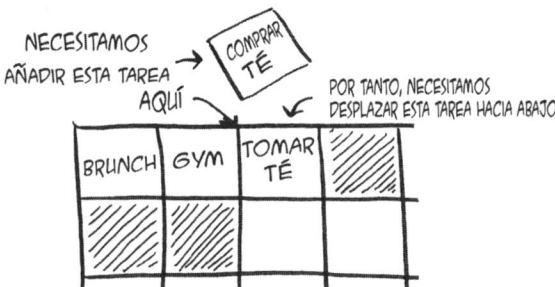

Y si no existe espacio, ¡puede que tengas que copiar todos los elementos a una nueva zona de memoria! Las listas son más efectivas si tienes que insertar algún elemento en el medio.

## Punteros

He hablado mucho sobre cómo cada elemento de una lista enlazada apunta al siguiente. Pero, ¿cómo lo hace exactamente? Mediante el uso de punteros.

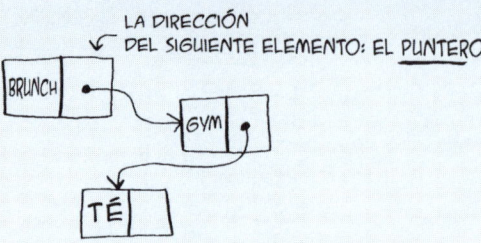

Con cada elemento de la lista enlazada, se utiliza un poco de memoria para almacenar la dirección del siguiente. A esto se le llama «puntero».

A veces escucharás la palabra «puntero», sobre todo si usas un lenguaje de bajo nivel como C. Así que es bueno saber lo que significa.

## Supresiones

¿Qué pasa si quieres borrar un elemento? Nuevamente las listas son mejores, porque solo tienes que cambiar el puntero del elemento previo. Con arrays, todo tiene que desplazarse cuando eliminas un elemento.

A diferencia de las inserciones, las eliminaciones siempre funcionan. Una inserción puede fallar si no hay espacio suficiente en la memoria. Pero siempre es posible borrar un elemento.

Aquí tienes los tiempos de ejecución más comunes para arrays y listas enlazadas.

|  | ARRAYS | LISTAS |
|---|---|---|
| LECTURA | $O(1)$ | $O(n)$ |
| INSERCIÓN | $O(n)$ | $O(1)$ |
| SUPRESIÓN | $O(n)$ | $O(1)$ |

Vale la pena mencionar que la inserción y eliminación son O(1) solamente si puedes acceder de inmediato al elemento en cuestión. Es una práctica común mantener una referencia al primer y al último elemento de la lista enlazada, de forma tal que tome un tiempo O(1) eliminar uno de ellos.

# ¿Qué se usa más: los arrays o las listas enlazadas?

Los arrays se utilizan a menudo porque tienen muchas ventajas sobre las listas enlazadas. En primer lugar, son mejores en las lecturas. Los arrays permiten el acceso aleatorio.

Hay dos tipos diferentes de acceso: aleatorio y secuencial. El acceso secuencial significa leer los elementos uno por uno, empezando por el primero. Las listas enlazadas solo pueden realizar acceso secuencial. Si se quiere leer el décimo elemento de una lista enlazada, hay que leer los primeros nueve y seguir los enlaces hasta el décimo. El acceso aleatorio significa que puedes saltar directamente al décimo elemento. Los arrays permiten el acceso aleatorio. Muchos casos de uso requieren acceso aleatorio, por lo que los arrays se utilizan mucho.

Sin embargo, incluso más allá del acceso aleatorio, los arrays son más rápidos porque pueden usar el almacenamiento en caché. Tal vez te imagines lecturas como esta, leyendo un artículo cada vez.

Pero en realidad, los ordenadores leen una sección completa cada vez porque eso hace que sea mucho más rápido pasar al siguiente elemento:

Esto es algo que se puede hacer con arrays. Con un array, puedes leer una sección completa de elementos. ¡Pero no puedes hacerlo con una lista enlazada! No sabes dónde está el siguiente artículo. Debes leer un elemento para averiguar dónde está el siguiente y, a continuación, leer dicho elemento.

Por lo tanto, los arrays no solo permiten acceso aleatorio, sino también un acceso secuencial más rápido.

Los arrays son mejores para las lecturas. ¿Qué pasa con la eficiencia de la memoria? ¿Recuerdas que dije antes que con los arrays normalmente solicitas más espacio del que necesitas y que, si no terminas usando esa memoria extra que solicitaste, se desperdicia?

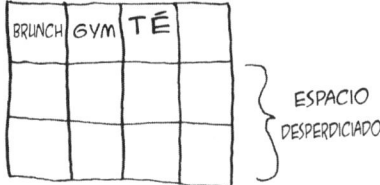

Bueno, en realidad, no hay mucho espacio desperdiciado como este. Por otro lado, cuando se utiliza una lista enlazada, se emplea memoria adicional por elemento porque se necesita almacenar la dirección del siguiente elemento. Por lo tanto, las listas enlazadas ocuparán más espacio si los elementos son bastante pequeños. Observa misma la información en un array y en una lista enlazada. Puedes ver que la lista enlazada ocupa más espacio.

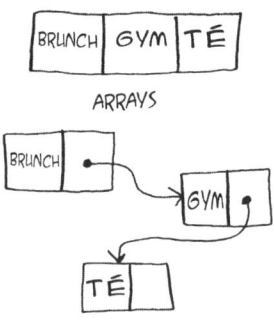

Por supuesto, si los elementos son grandes, incluso un único hueco de espacio desperdiciado puede ser un gran problema y esa memoria adicional que está utilizando para almacenar los punteros puede parecer bastante pequeña en comparación.

Por lo tanto, los arrays se usan con más frecuencia que las listas enlazadas, excepto en casos de uso específicos.

## EJERCICIO

**2.2** Supón que estás creando una aplicación para tomar pedidos de clientes en restaurantes. Tu aplicación necesita almacenar una lista de pedidos. Los camareros siguen añadiendo pedidos a la lista mientras los cocineros quitan pedidos de la lista para preparar los platos. Es una cola ordenada: los camareros añaden pedidos al final de la cola y los cocineros sacan pedidos del principio de la cola para cocinarlas.

LOS CAMAREROS AÑADEN PEDIDOS AL FIN　　— COLA DE PEDIDOS ~　　LOS COCINEROS SACAN PEDIDOS DEL PRINCIPIO

¿Usarías un array o una lista enlazada para implementar esta cola? (Pista: las listas enlazadas son eficientes para insertar o eliminar, mientras que los arrays son buenos en accesos aleatorios. ¿Cuál utilizarías aquí?).

**2.3** Realicemos un experimento mental. Supón que Facebook mantiene una lista de nombres de usuarios. Cuando alguien intenta entrar, se realiza una búsqueda de su nombre de usuario. Si se encuentra en la lista, se le permite entrar al sitio. Las personas utilizan Facebook con frecuencia, así que hay muchísimas búsquedas sobre esta lista de nombres de usuarios. Supón que Facebook utiliza la búsqueda binaria para buscar en la lista. La búsqueda binaria necesita acceso aleatorio, dado que tienes acceder al elemento del medio de la lista instantáneamente. Sabiendo esto, ¿implementarías la lista como un array o como una lista enlazada?

**2.4** Las personas se crean perfiles en Facebook frecuentemente. Supón que decidiste utilizar un array para almacenar la lista de usuarios. ¿Cuáles son las desventajas de emplear un array cuando se realiza una inserción? En particular, asume que estas utilizando búsqueda binaria para buscar los nombres de usuario cuando intentan acceder al sitio. ¿Qué sucede cuando añades nuevos usuarios al array?

**2.5** En realidad, Facebook no utiliza ni una lista enlazada ni un array para guardar la información del usuario. Consideremos una estructura de datos híbrida: un array de listas enlazadas. Tienes un array de 26 posiciones. Cada posición apunta a una lista enlazada. Por ejemplo, la primera posición apunta a una lista enlazada que contiene todos los nombres de usuarios que comienzan por «A». La segunda posición

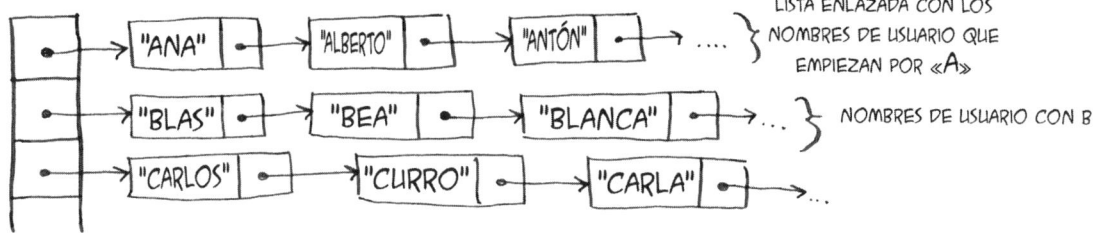

apunta una lista enlazada que contiene los nombres de usuarios que comienzan por «B» y así sucesivamente.

Supón que Álvaro se registra en Facebook y quieres añadirlo a lista. Seleccionas la posición 1 del array y añades a Álvaro al final de la lista enlazada que se encuentra en dicha posición. Ahora supón que quieres buscar por el usuario «Zacarías». En este caso vas a la posición 26, que apunta a una lista enlazada con todos los nombres que comienzan por Z. Entonces, sobre esa lista, buscas el nombre de usuario Zacarías. Compara esta estructura de datos híbrida con arrays y listas enlazadas. ¿Es más lenta o más rápida que arrays o listas por separado en las operaciones de inserción y búsqueda? No tienes que definir tiempos de ejecución en O grande, solo piensa si la estructura de datos sería más rápida o más lenta.

# Ordenación por selección

Juntemos todo para que aprendas un segundo algoritmo: ordenación por selección. Para continuar en esta sección tienes que entender los arrays y la notación O grande.

| ~♪♪~ | CONTADOR DE REPRODUCCIONES |
|---|---|
| RADIOHEAD | 156 |
| KISHORE KUMAR | 141 |
| THE BLACK KEYS | 35 |
| NEUTRAL MILK HOTEL | 94 |
| BECK | 88 |
| THE STROKES | 61 |
| WILCO | 111 |

Supón que tienes una biblioteca de música en tu ordenador. Por cada artista conoces la cantidad de veces que lo has escuchado.

Quieres ordenar estos artistas de más a menos escuchados, para hacer un ranking de tus artistas favoritos. ¿Cómo lo harías?

Una forma sería recorrer la lista y encontrar el artista con mayor cantidad de reproducciones. Luego añadir ese artista a una lista nueva.

| | CONTADOR DE REPRODUCCIONES | | ORDENADA | CONTADOR DE REPRODUCCIONES |
|---|---|---|---|---|
| RADIOHEAD | 156 | | RADIOHEAD | 156 |
| KISHORE KUMAR | 141 | | | |
| THE BLACK KEYS | 35 | → | | |
| NEUTRAL MILK HOTEL | 94 | | | |
| BECK | 88 | | | |
| THE STROKES | 61 | | | |
| WILCO | 111 | | | |

1. RADIOHEAD ES EL ARTISTA MÁS ESCUCHADO...

2. AÑADIRLO A LA NUEVA LISTA

Y hacerlo de nuevo para encontrar al siguiente artista más escuchado.

| | CONTADOR DE REPRODUCCIONES | | ORDENADA | CONTADOR DE REPRODUCCIONES |
|---|---|---|---|---|
| | | | RADIOHEAD | 156 |
| KISHORE KUMAR | 141 | | KISHORE KUMAR | 141 |
| THE BLACK KEYS | 35 | → | | |
| NEUTRAL MILK HOTEL | 94 | | | |
| BECK | 88 | | | |
| THE STROKES | 61 | | | |
| WILCO | 111 | | | |

1. KISHORE KUMAR ES EL SIGUIENTE ARTISTA MÁS ESCUCHADO

2. POR TANTO, ES EL SIGUIENTE ARTISTA AÑADIDO A LA LISTA NUEVA

Continúa haciendo esto y terminarás con una lista ordenada.

| ♫ | CONTADOR DE REPRODUCCIONES |
|---:|:---:|
| RADIOHEAD | 156 |
| KISHORE KUMAR | 141 |
| WILCO | 111 |
| NEUTRAL MILK HOTEL | 94 |
| BECK | 88 |
| THE STROKES | 61 |
| THE BLACK KEYS | 35 |

Pongámonos nuestras gorras de informáticos y analicemos cuánto tardaría este algoritmo en ejecutarse. Recuerda que O($n$) significa que tocas cada elemento de la lista al menos una vez. Por ejemplo, ejecutar una búsqueda simple sobre la lista de artistas significa mirar cada artista una vez.

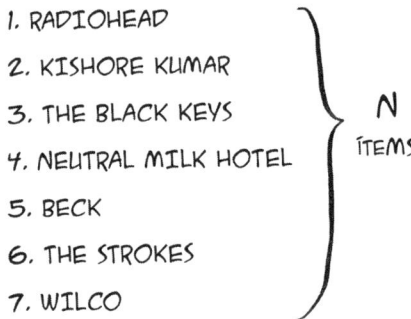

1. RADIOHEAD
2. KISHORE KUMAR
3. THE BLACK KEYS
4. NEUTRAL MILK HOTEL
5. BECK
6. THE STROKES
7. WILCO

} N ÍTEMS

Para encontrar al artista con la mayor cantidad de reproducciones, tienes que comprobar cada elemento de la lista. Esto toma tiempo O($n$), como acabas de ver. Entonces tienes una operación que demora O($n$) y tienes que repetirla $n$ veces:

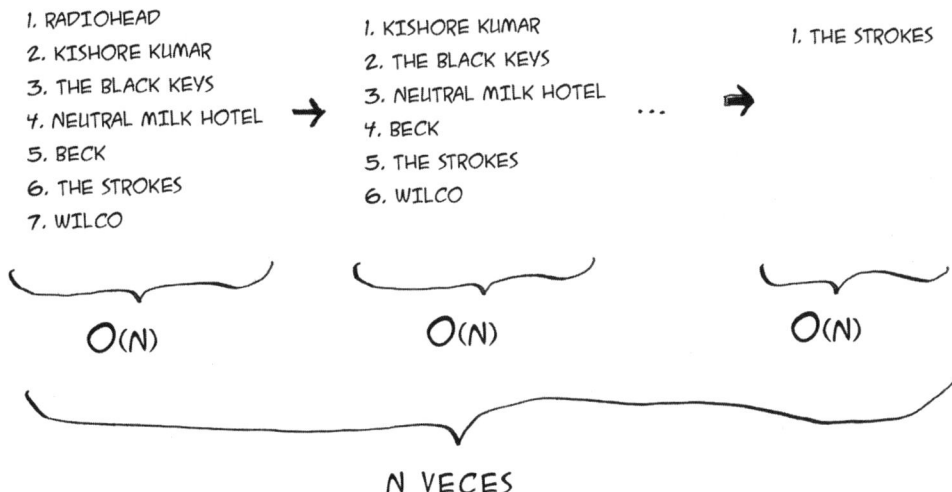

Esto toma un tiempo O($n \times n$) o O($n^2$).

Los algoritmos de ordenación son bien útiles. Ahora puedes ordenar:

- Nombres en una agenda telefónica.
- Fechas de viajes.
- Emails (de más reciente a más antiguo).

## Comprobar menos elementos cada vez

A medida que avanzas en las operaciones, el número de elementos que hay que comprobar va disminuyendo. Al final, se reduce a tener que verificar solo un elemento. Así que tal vez te estés preguntando: ¿Cómo puede el tiempo de ejecución seguir siendo O($n^2$)? Esa es una buena pregunta y la respuesta tiene que ver con las constantes en la notación de O grande. Hablaré más de esto en el capítulo 4, pero esta es la esencia.

Tienes razón en que no tienes que comprobar una lista de $n$ elementos cada vez. Compruebas $n$ elementos, luego $n - 1$, $n - 2$, . . . 2, 1. En promedio, verifica una lista que tiene $1/2 \times n$ elementos. El tiempo de ejecución es O($n \times 1/2 \times n$). Pero las constantes como $1/2$ se ignoran en la notación de O grande (de nuevo, consulta el capítulo 4 para ver la explicación completa), por lo que simplemente se escribe O($n \times n$) o O($n^2$).

La ordenación por selección es un algoritmo ordenado, pero no es muy rápido. Quicksort es un algoritmo de clasificación más rápido que solo toma O($n \log n$) tiempo. ¡Viene en el capítulo 4!

# Ejemplo de código

No mostré el código para ordenar la lista de música, pero el siguiente hará algo muy similar: ordenar un array de menor a mayor. Escribamos una función para encontrar el elemento más pequeño de un array:

```python
def encontrar_menor(arr):
    menor = arr[0]                          ❶
    indice_menor = 0                        ❷
    for i in range(1, len(arr)):
        if arr[i] < menor:
            menor = arr[i]
            indice_menor = i
    return indice_menor
```

❶ Almacena el valor más pequeño.
❷ Almacena el índice del valor más pequeño.

Ahora puedes usar esta función para escribir la ordenación de selección:

```python
def ordenacion_seleccion(arr):                          ❶
    nuevo_array = []
    copia_array = list(arr) # copia del array antes de modificarla
    for i in range(len(copia_array)):
        menor = encontrar_menor(copia_array)            ❷
        nuevo_array.append(copia_array.pop(menor))
    return nuevo_array

print(ordenacion_seleccion([5, 3, 6, 2, 10]))
```

❶ Ordena un array.
❷ Busca el elemento más pequeño del array y lo agrega al nuevo array.

## Recapitulación

- La memoria de tu ordenador es como un conjunto gigante de cajones.
- Cuando quieras guardar múltiples elementos, usa un array o una lista enlazada.
- Con un array, todos los elementos se almacenan uno al lado del otro.
- Con una lista enlazada, los elementos se encuentran dispersos, y cada elemento guarda la dirección del siguiente.
- Los arrays permiten lecturas rápidas.
- Las listas enlazadas permiten inserciones y eliminaciones rápidas.

# Recursividad | 3

## En este capítulo:

- Aprenderás sobre recursión. Recursión o recursividad es una técnica de programación utilizada en muchos algoritmos. Es un elemento esencial para entender otros capítulos de este libro.

- Conocerás qué es un caso base y qué es un caso recursivo. La estrategia de divide y vencerás (capítulo 4) usa este simple concepto para resolver problemas difíciles.

Estoy entusiasmado con este capítulo porque aborda la recursividad (o recursión), una forma elegante de resolver problemas. La recursión es uno de mis temas favoritos, pero es polémico. Las personas la aman o la detestan, o la detestan hasta que aprenden a quererla unos pocos años después. Personalmente yo estaba en la última categoría. Para hacer las cosas más fáciles para ti, he aquí un consejo:

- Este capítulo tiene muchos ejemplos de código. Ejecuta el código por ti mismo para ver cómo funciona.
- Hablaré sobre funciones recursivas. Al menos una vez, ejecuta los pasos de una función recursiva con papel y lápiz: algo así como: «Veamos, le paso 5 a factorial, luego devuelvo 5 multiplicado por pasarle 4 a factorial, lo cual es...» y así sucesivamente. Recorrer una función de esta manera te enseñará cómo trabaja una función recursiva.

Este capítulo incl mucho pseudocódigo. El pseudocódigo es una descripción de alto nivel del problema que estás tratando de resolver en el código. Está escrito como código, pero se pretende que esté más cerca del lenguaje humano.

# Recursividad

Supón que estás revisando la buhardilla de tu abuela y te encuentras una misteriosa maleta cerrada.

La abuela te dice que la llave de la maleta probablemente se encuentre en otra caja.

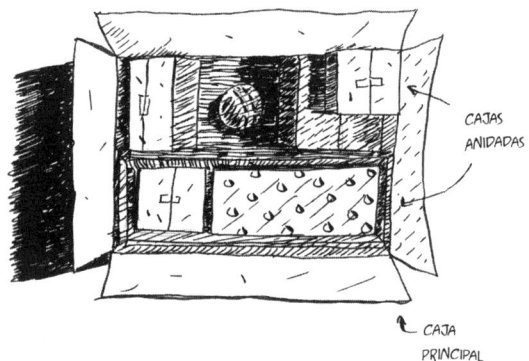

CAJAS
ANIDADAS

CAJA
PRINCIPAL

Esta caja contiene muchas cajas, con más cajas en su interior. La llave se encuentra en alguna de ellas. ¿Cuál sería tu algoritmo para encontrar la llave? Piensa en un algoritmo antes de continuar leyendo.

Aquí tienes un posible enfoque.

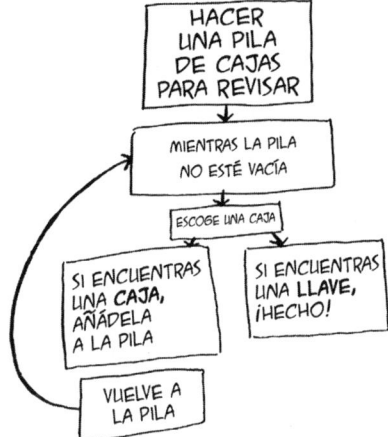

1. Haz una pila de cajas para revisar.

2. Escoge una caja y busca dentro de ella.

3. Si encuentras una caja, añádela a la pila de cajas para buscar en ella después.

4. Si encuentras la llave, terminaste.

5. Repite.

Aquí tienes un enfoque diferente.

1. Mira en la caja.

2. Si encuentras una caja, repite el paso 1.

3. Si encuentras una llave, terminaste.

¿Qué enfoque te parece más sencillo? El primero utiliza en bucle `while`. Mientras la pila no esté vacía, escoge una caja y busca en ella. Veamos una representación en pseudocódigo:

```
def busca_llave(caja_inicial):
    pila = caja_inicial.arma_una_pila_para_buscar()
    while pila is not empty:
        caja = pila.escoge_una_caja()
        for item in caja:
            if item.es_una_caja():
                pila.append(item)
            elif item.es_una_llave():
                print("¡llave encontrada!")
```

La segunda manera utiliza recursividad. Recursividad significa que una función se llama a sí misma. Aquí tenemos un pseudocódigo:

```
def busca_la_llave(caja):
    for item in caja:
        if item.es_una_caja():
            busca_la_llave(item)          ❶
        elif item.es_una_llave():
            print("¡llave encontrada!")
```

❶  ¡Recursividad!

Ambos enfoques resuelven el mismo problema, pero el segundo es más claro para mí. La recursividad se utiliza cuando ayuda a expresar la solución de forma más clara. No existe una mejora de rendimiento por usar recursión. De hecho, los bucles, en ocasiones, son mejores en cuanto a rendimiento. Me gusta esta frase de Leigh Caldwell en Stack Overflow: «Los bucles pueden aportar ganancias de rendimiento para tu programa. La recursión puede aportar ganancias de rendimiento para tu programador. Escoge el que sea más importante en tu situación» (http://stackoverflow.com/a/72694/139117).

Muchos algoritmos importantes utilizan recursividad, así que es importante entender el concepto.

# Caso base y caso recursivo

Dado que una función recursiva se llama a sí misma, es muy fácil escribir una función incorrectamente, de modo que termine ejecutando un bucle infinito. Por ejemplo, supón que escribes una función que imprime una cuenta regresiva:

```
> 3...2...1
```

Se puede escribir recursivamente como sigue:

```
def cuenta_atras(i):
    print(i)
    cuenta_atras(i-1)

cuenta_atras(3)
```

Escribe este código y ejecútalo. Notarás un problema: esta función se ejecuta sin parar.

Bucle infinito.

```
> 3...2...1...0...-1...-2...
```

(Presiona Ctrl+C para terminar el script).

Cuando se escribe una función recursiva, hay que indicar cuándo parar la recursividad. Por eso «cada función recursiva tiene dos partes: el caso base y el caso recursivo». El caso recursivo consiste en que la función se llama a sí misma. El caso base es cuando la función no se vuelve a llamar a sí misma nuevamente, de forma tal que no crea un bucle infinito.

Añadamos un caso base a la función `cuenta_atras`:

```
def cuenta_atras(i):
    print(i)
    if i <= 1:             ❶
        return
    else:                  ❷
        cuenta_atras(i-1)

cuenta_atras(3)
```

❶ Caso base.
❷ Caso recursivo.

Ahora la función se comporta de la forma esperada, más o menos así:

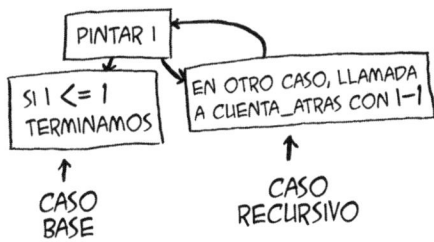

# La pila

Esta sección cubre la «pila de llamadas». Es un concepto importante de programación en general y es a su vez importante cuando se utiliza recursividad.

Supón que estás haciendo una parrillada. Tienes una lista de tareas para la parrillada con una pila de notas.

¿Recuerdas, cuando hablamos de arrays y listas, que teníamos una lista de tareas? Podías añadir tareas en cualquier lugar de la lista o eliminar elementos de forma aleatoria. La pila de tareas es mucho más sencilla.

Cuando insertas un elemento este se añade en la cima de la lista. Cuando lees un elemento, solamente escoges el elemento superior y lo eliminas de la lista. Entonces tu lista de tareas solamente tiene dos acciones: *push* (apilar: insertar) y *pop* (retirar: eliminar y leer).

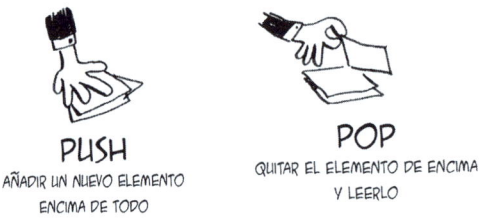

PUSH
AÑADIR UN NUEVO ELEMENTO
ENCIMA DE TODO

POP
QUITAR EL ELEMENTO DE ENCIMA
Y LEERLO

Veamos a la lista de tareas en acción.

RETIRAR UNA TAREA
PENDIENTE DE LA PILA

DICE «COMPRAR
COMIDA», IMPLICA:
COMPRAR PAN, CARNE
Y HORNEAR UNA TARTA

APILEMOS ESTAS TAREAS
EN LA PILA

Esta estructura de datos se llama «pila». La pila es una estructura de datos simple. ¡Has estado utilizando pilas todo este tiempo sin saberlo!

## La pila de llamadas

Tu ordenador utiliza internamente una pila de llamadas. Veamos cómo funciona. Aquí tienes una función simple:

```
def saludar(nombre):
    print("¡hola, " + nombre + "!")
    saludar2(nombre)
    print("preparándose para la despedida...")
    adios()
```

Esta función te saluda y luego ejecuta otras dos funciones. Aquí están esas funciones:

```
def saludar2(nombre):
    print("¿cómo estás, " + nombre + "?")

def adios():
    print("ok ¡adios!")
```

Analicemos qué pasa cuando ejecutas una función.

> **Nota**
>
> Para simplificar las cosas, solo muestro las llamadas para saludar, `saludar2` y adios. No muestro las llamadas a la función de `print`.

Supón que ejecutas `saludar("marga")`. Primero, tu ordenador reserva una zona de memoria para esa llamada a función.

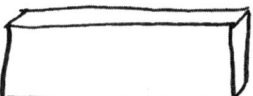

Ahora utilicemos esa memoria. A la variable `nombre` se le asignó «marga» y esto debe ser guardado en la memoria.

Cada vez que haces una llamada a una función, el ordenador almacena en la memoria los valores de las variables para esa llamada. Luego, imprime ¡hola, marga! A continuación se ejecuta saludar2("marga"). Nuevamente, tu ordenador reserva una zona de memoria para esa llamada a la función.

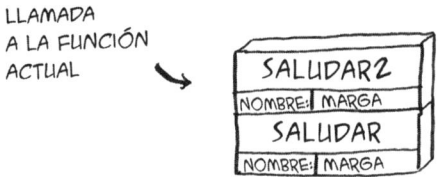

Tu ordenador utiliza una pila para estas zonas de memoria, como si fueran cajas. La segunda caja se añade encima de la primera. Entonces se imprime ¿cómo estás, marga? y retorna de la llamada a la función. Cuando esto ocurre, la caja en la cima de la pila se quita.

Ahora en la cima de la pila se encuentra la información de la llamada a función saludar, lo cual significa que estamos ejecutando dicha función. Al ejecutar la función saludar2, la función saludar estaba «parcialmente completada». Esta es la gran idea detrás de esta sección: «cuando llamas a una función desde otra función, la función inicial pausa su ejecución y queda en un estado de parcialmente completada». Todos los valores de las variables de esa función aún están almacenados en la memoria. Ahora que terminó la función saludar2, estás de vuelta en la función saludar y continúas la ejecución en donde te habías quedado. Primero imprimes preparándose para la despedida... y luego llamas a la función adios.

La caja para la función `adios` se añade a la cima de la pila. Entonces procedes a imprimir `ok ¡adios!` y retornas de esa llamada a la función.

Y estás de vuelta, nuevamente en la función `saludar`. No hay nada más que ejecutar, así que termina la ejecución de `saludar`. Esta pila, usada para guardar las variables, se conoce como la «pila de llamadas».

## EJERCICIO

**3.1**  Supón que te muestro una pila de llamadas como sigue.

¿Qué información puedes dar basándote solamente en la pila de llamadas? Ahora veamos la pila de llamadas en acción con una función recursiva.

## La pila de llamadas con recursividad

Las funciones recursivas también utilizan la pila de llamadas. Veámoslo en acción con la función `fact`. `fact(5)` se escribe como 5! y se define como 5! = 5 * 4 * 3 * 2 * 1. Igualmente, `fact(3)` es 3 * 2 * 1. Aquí tienes una función recursiva para calcular el factorial de un número:

```
def fact(x):
    if x == 1:
        return 1
    else:
        return x * fact(x-1)
```

Ahora ejecutemos `fact(3)`. Avancemos línea por línea de esta llamada a la función y veamos cómo cambia la pila de llamadas. Recuerda la caja de la cima de la pila te indica en qué llamada a `fact` te encuentras actualmente.

CÓDIGO      PILA DE LLAMADAS

$fact(3)$

| FACT | |
|---|---|
| X | 3 |

PRIMERA LLAMADA A FACT.
X VALE 3.

---

$if\ x == 1:$

| FACT | |
|---|---|
| X | 3 |

---

$else:$

| FACT | |
|---|---|
| X | 3 |

---

¡UNA LLAMADA RECURSIVA!

$return\ x * fact(x-1)$

| FACT | |
|---|---|
| X | 2 |
| FACT | |
| X | 3 |

---

AHORA ESTAMOS EN LA SEGUNDA LLAMADA A FACT.
X VALE 2

$if\ x == 1:$

| FACT | |
|---|---|
| X | 2 |
| FACT | |
| X | 3 |

LA LLAMADA A FUNCIÓN DE LA CIMA DE LA PILA ES EN LA QUE ESTAMOS AHORA.

---

$else:$

| FACT | |
|---|---|
| X | 2 |
| FACT | |
| X | 3 |

NOTA: LAS DOS LLAMADAS A FUNCIÓN TIENEN UNA VARIABLE LLAMADA X Y EL VALOR DE X ES DIFERENTE EN AMBAS.

---

$return\ x * fact(x-1)$

| FACT | |
|---|---|
| X | 1 |
| FACT | |
| X | 2 |
| FACT | |
| X | 3 |

NO PUEDES ACCEDER A ESTE VALOR DE X DESDE ESTA LLAMADA, NI VICEVERSA.

---

$if\ x == 1:$

| FACT | |
|---|---|
| X | 1 |
| FACT | |
| X | 2 |
| FACT | |
| X | 3 |

---

¡IGUAL! ¡HEMOS HECHO TRES LLAMADAS A FACT, PERO NO HEMOS TERMINADO NINGUNA HASTA AHORA!

$return\ 1$

| FACT | |
|---|---|
| X | 1 |
| FACT | |
| X | 2 |
| FACT | |
| X | 3 |

ESTA ES LA PRIMERA CAJA A RETIRAR DE LA PILA, LO QUE SIGNIFICA QUE ES LA PRIMERA LLAMADA DESDE LA QUE REGRESAMOS.

**DEVUELVE 1**

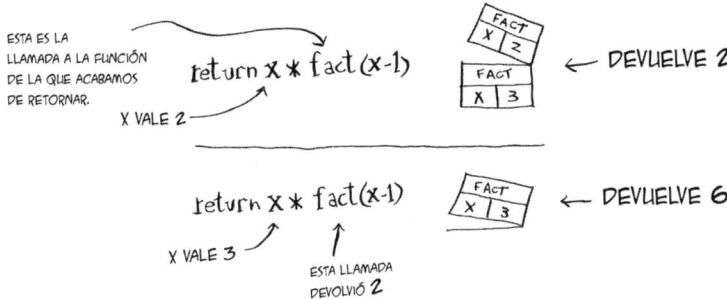

Observa que cada llamada a función tiene su propia copia de la variable x. No puedes acceder a una copia de x perteneciente a una función diferente.

La pila de llamadas juega un papel muy importante en la recursividad. En el ejemplo inicial, teníamos dos enfoques para buscar la llave. Aquí tienes de nuevo el primero.

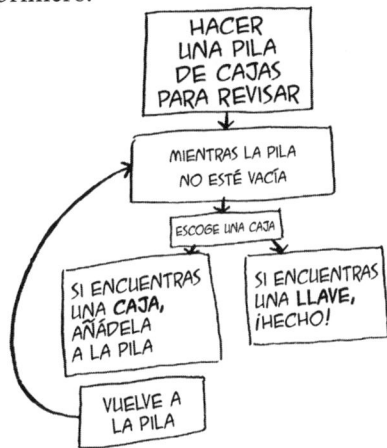

De esta forma, creas una pila de cajas en la que buscar, así que siempre conoces en qué cajas tienes que buscar.

Pero en el enfoque recursivo no tenemos tal pila.

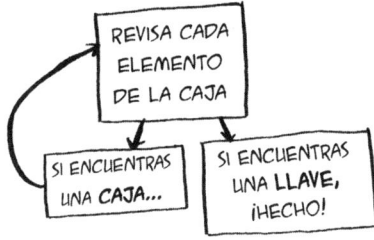

Si no tenemos una pila, ¿cómo sabe el algoritmo en qué cajas aún no has buscado?

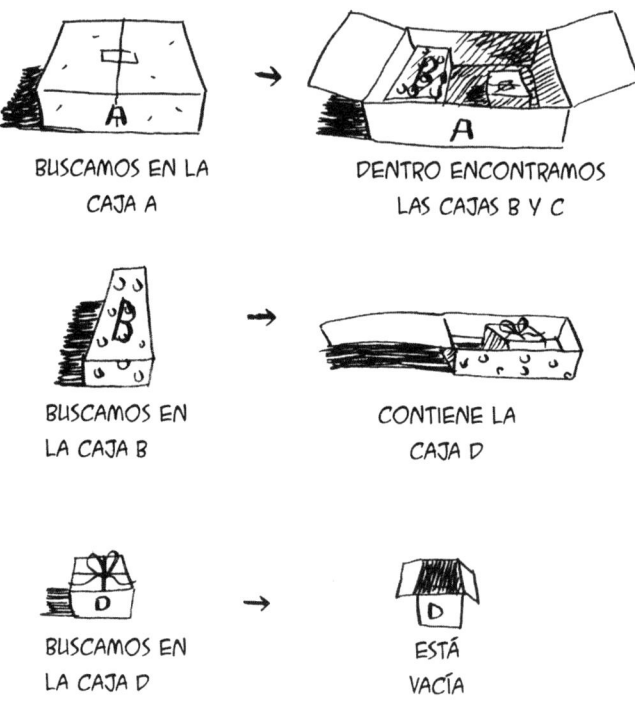

En este punto la pila de llamadas se ve así:

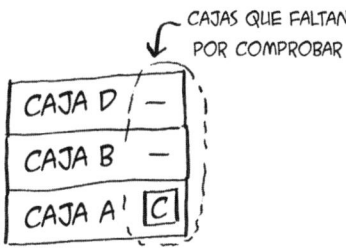

¡La «pila de cajas» está guardada en la pila de llamadas! Es una pila de llamadas parcialmente completadas, cada una con su propia lista incompleta de cajas en las que buscar. Usar la pila de llamadas es conveniente porque no necesitas llevar cuenta de una pila de cajas por ti mismo; la pila de llamadas lo hace por ti.

Usar la pila de llamadas es conveniente, pero tiene asociado un coste: almacenar toda esa información puede consumir mucha memoria.

Cada una de esas llamadas a función necesita un poco de memoria y, cuando tu pila de llamadas es grande, tu ordenador guarda información para demasiadas llamadas a función. En ese punto tienes dos opciones:

- Reescribir tu código para utilizar un bucle en vez de recursividad.
- Utilizar algo conocido como «recursión de cola». Ese es un concepto avanzado de recursividad que está fuera del alcance de este libro. Además, solo lo soportan algunos lenguajes, no todos.

## EJERCICIO

**3.2**  Supón que accidentalmente escribes una función recursiva que se ejecuta infinitamente. Como ves, tu ordenador reserva memoria en la pila para cada llamada a función. ¿Qué sucede con la pila cuando tu función recursiva se ejecuta infinitamente?

## Recapitulación

- Recursión es que una función se llame a sí misma.
- Cada función recursiva tiene dos casos: el base y el recursivo.
- Una pila tiene dos operaciones: apilar y retirar (*push* y *pop*).
- Todas las llamadas a función van a la pila de llamadas.
- La pila de llamadas puede crecer mucho y, por consiguiente, ocupar mucha memoria.

## En este capítulo:

- Aprenderás sobre divide y vencerás. En ocasiones encuentras problemas que no se pueden solucionar con ninguno de los algoritmos que has aprendido. No te rindas. Tienes todo un arsenal de técnicas que puedes utilizar mientras intentas llegar a una solución. Divide y vencerás es la primera de dichas técnicas.

- Conocerás «quicksort», un elegante algoritmo de ordenación que se usa con frecuencia. Quicksort utiliza divide y vencerás.

Aprendiste sobre recursividad en el capítulo anterior. Este se enfoca en utilizar tu nueva habilidad para resolver problemas. Exploraremos divide y vencerás (D&V), una técnica recursiva bien conocida en la solución de problemas. Nos adentraremos en la esencia de los algoritmos. Después de todo, un algoritmo no es muy útil si solo puede resolver un tipo de problemas. En su lugar, D&V proporciona una nueva forma de pensar sobre cómo resolver problemas. D&V es otra herramienta en tu arsenal. Ante un nuevo problema no te quedes perplejo. De lo contrario, pregúntate: «¿Puedo resolverlo si utilizo divide y vencerás?».

Al final del capítulo, aprenderás tu primer algoritmo principal de D&V: ordenación rápida. Quicksort es un algoritmo de ordenación, y mucho más rápido que ordenación por selección (que aprendiste en el capítulo 2). Es un buen ejemplo de código elegante.

## Divide y vencerás

Puede llevar algo de tiempo entender correctamente D&V. Por ello, trabajaremos con tres ejemplos.

Primero, mostraré un ejemplo visual. Luego, veremos un ejemplo de código, que es menos bonito pero quizás más fácil. Finalmente, estudiaremos quicksort, un algoritmo de ordenación que utiliza D&V.

Supón que eres un granjero con una parcela de tierra.

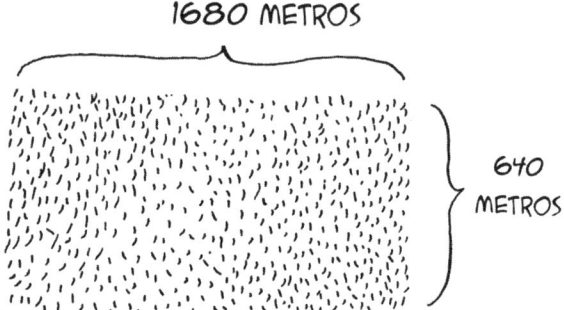

Quieres dividir la tierra uniformemente en parcelas cuadradas. Quieres parcelas lo más grandes posible, así que ninguna de las siguientes funcionará.

¿Cómo encontrarías el mayor tamaño de cuadrado que puedes usar para las parcelas de tierra? ¡Utiliza la estrategia D&V! Los algoritmos D&V son recursivos. Hay dos pasos para resolver un problema con D&V:

1. Define el caso base, que debe ser el más sencillo posible.
2. Divide o disminuye el tamaño del problema hasta que encuentres el caso base.

Utilicemos D&V para solucionar este problema. ¿Cuál es el mayor tamaño de cuadrado que puedes utilizar?

Primero, veamos el caso base. El caso más sencillo sería que un lado sea múltiplo del otro.

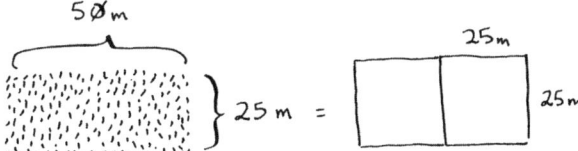

Supón que un lado tiene 25 m y el otro 50 m. Entonces, la parcela más grande que puedes construir es de 25 m × 25 m. Necesitas dos de esas para dividir la tierra.

Ahora tienes que encontrar el caso recursivo. Aquí es donde aparece D&V. De acuerdo con D&V, con cada llamada recursiva tienes que reducir tu problema. ¿Cómo disminuyes tu problema aquí? Comencemos por marcar las parcelas más grandes que podríamos usar.

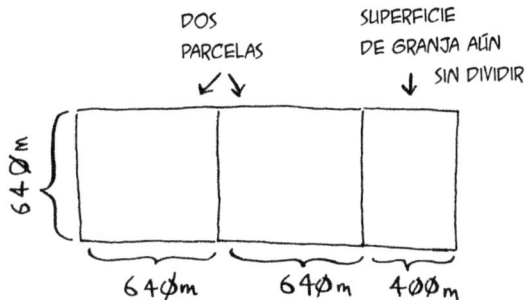

Puedes colocar dos parcelas de 640 m x 640 m en este espacio y aún queda un poco de tierra a repartir. Ahora viene el ¡ah! Si aún queda tierra para dividir, ¿por qué no aplicar el mismo algoritmo a este segmento?

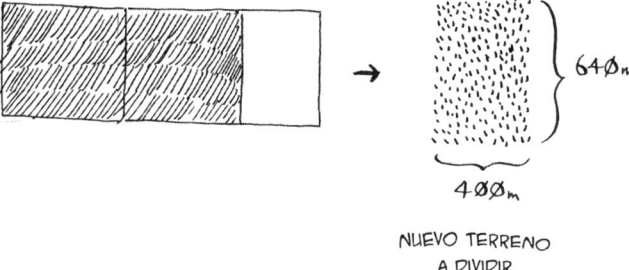

NUEVO TERRENO
A DIVIDIR

Entonces comenzaste con una finca de 1680 m ×640 m que debía ser dividida. Pero ahora tienes que separar un segmento más pequeño de 640 m × 400 m. Si encuentras la parcela más grande que funcionaría para estas dimensiones, sería también la parcela más grande que funcionaría para la finca completa. Acabas de reducir tu problema de una finca de 1680 m × 640 m a otra de 640 m × 400 m.

## Algoritmo de Euclides

«Si encuentras la parcela más grande que funcionará para estas dimensiones, scrá también la que funcionaría para la finca completa». Si no es obvio para ti por qué esta afirmación es verdadera, no te preocupes. No es obvio. Por desgracia, la demostración de por qué funciona es un poco larga para incluirla en el libro, así que por ahora créeme que es así. Si quieres entender la demostración busca el algoritmo de Euclides. En Khan Academy tienes una buena explicación (http://mng.bz/orm2).

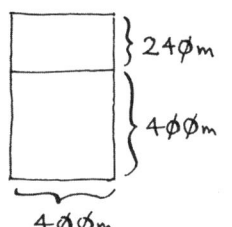

Apliquemos otra vez el mismo algoritmo. Comenzando con una finca de 640 m × 400 m. La parcela más grande que puedes crear es de 400 m ×400 m.

Esto te deja con un segmento menor de 400 m × 240 m.

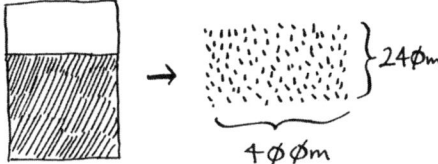

Ahí puedes dibujar una parcela para obtener un segmento aún «menor»: 240 m × 160 m.

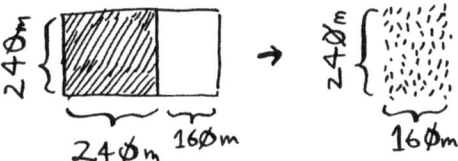

Luego dibujas una parcela para obtener otro segmento aún «más pequeño».

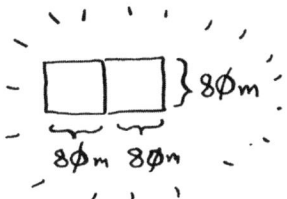

¡Ey!, ahora estás en el caso base: 80 es un divisor de 160. Si divides este segmento, ¡no queda ningún espacio a repartir!

Entonces, para la granja original, el mayor tamaño de parcela que puedes utilizar es de 80 m × 80 m.

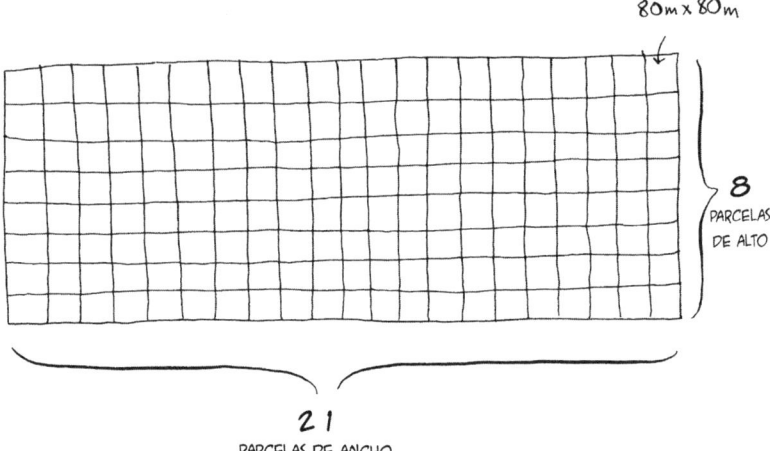

Para recapitular, D&V funciona así:

1.  Busca un caso base sencillo.
2.  Encuentra cómo reducir tu problema y llegar al caso base.

D&V no es un algoritmo sencillo que puedas aplicar a cualquier problema. Por el contrario, es una forma de pensar sobre un problema. Veamos un ejemplo más.

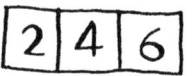 Recibes un array de números. Tienes que sumar todos los números y devolver el total. Es bien fácil de hacer con un bucle:

```python
def suma(array):
    total = 0
    for x in array:
        total += x
    return total

print(suma([1, 2, 3, 4]))
```

Pero ¿cómo harías esto con una función recursiva?

**Paso 1:** Encuentra el caso base. ¿Cuál es el array más sencillo que puedes recibir? Si tienes un array de 0 o 1 elemento, es bien fácil de sumar.

CASO
BASE $\left\{ \vphantom{\begin{array}{c} 1 \\ 2 \end{array}} \right.$ [ ] 0 ELEMENTOS = SUMA VALE 0

7 1 ELEMENTO = SUMA VALE 7

Entonces este sería el caso base.

**Paso 2:** Necesitas acercarte a un array vacío con cada llamada recursiva.

¿Cómo reduces el tamaño del problema? Aquí tienes una manera.

$$\text{SUMA}\left(\boxed{2\ 4\ 6}\right) = 12$$

Es lo mismo que

$$2 + \text{SUMA}\left(\boxed{4\ 6}\right) = 2 + 1\emptyset = 12$$

En cualquier caso, el resultado es 12. Pero en la segunda versión, estás pasando un array menor a la función suma. «¡Así es como disminuyes el tamaño del problema!».

La función suma podría funcionar como sigue:

Aquí está en acción.

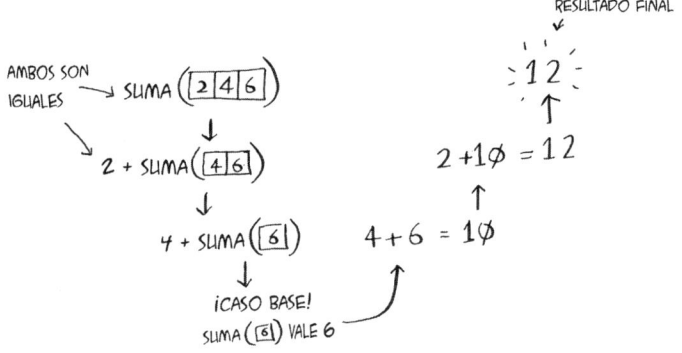

Recuerda que la recursividad lleva un registro del estado.

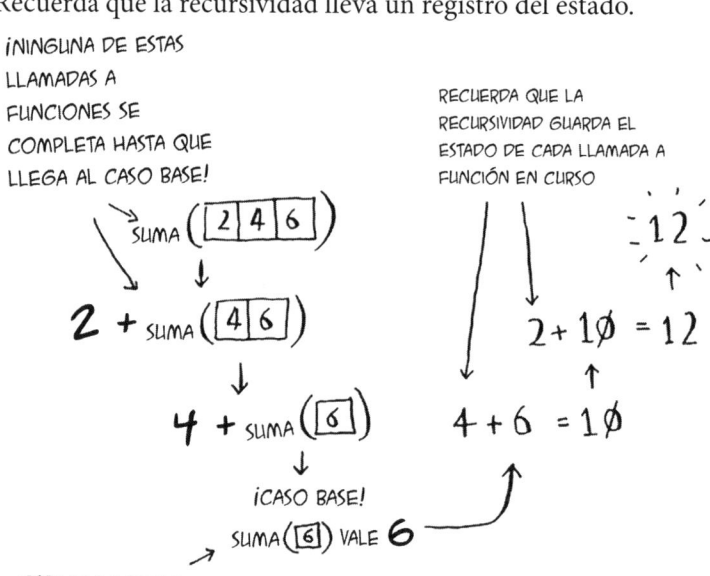

---

### Pista

Cuando escribes una función recursiva que involucra a un array, el caso base es por lo general un array vacío o de un solo elemento. Si te bloqueas, intenta eso primero.

## Un vistazo a la programación funcional

«¿Por qué haría esto de forma recursiva si puedo hacerlo fácilmente con un bucle?», podrías estar pensando. Bueno, ¡esta es una aproximación rápida a la programación funcional! Los lenguajes de programación funcional como Haskell no tienen bucles, por tanto debes utilizar recursividad para escribir funciones como esta. Si entiendes bien la recursividad, los lenguajes funcionales serán más fáciles de aprender. Por ejemplo, así es como escribirías la función suma en Haskell:

```
suma [] = 0                              ❶
suma (x:xs) = x + (suma xs)              ❷
```

❶ Caso base
❷ Caso recursivo

Observa que pareces tener dos definiciones de la función. La primera se ejecuta cuando llegas al caso base. La segunda se ejecuta en el caso recursivo. También puedes escribir la función en Haskell utilizando un `if`:

```
suma arr = if arr == []
              then 0
              else (head arr) + (suma (tail arr))
```

Pero la primera definición es más fácil de leer. Dado que Haskell hace un uso extensivo de la recursión, incluye todo tipo de comodidades como esta para facilitar la recursividad. Si te gusta la recursividad o estás interesado en aprender un lenguaje nuevo, estudia por tu cuenta Haskell.

## EJERCICIO

**4.1** Escribe el código para la función suma.

**4.2** Escribe una función recursiva para contar la cantidad de elementos de una lista.

**4.3** Escribe una función recursiva para encontrar el valor máximo de una lista.

**4.4** ¿Recuerdas la búsqueda binaria en el capítulo 1? Es también un algoritmo de divide y vencerás. ¿Puedes definir cuál es el caso base y cuál el recursivo en búsqueda binaria?

# Quicksort

Quicksort es un algoritmo de ordenación. Es mucho más rápido que el de ordenación por selección y se usa con frecuencia en la vida real. Quicksort también utiliza D&V.

Usemos quicksort para ordenar un array. ¿Cuál es el array más sencillo que un algoritmo de ordenación puede manejar (recuerda la pista del capítulo anterior)? Resulta que algunos arrays no necesitan en absoluto ser ordenados.

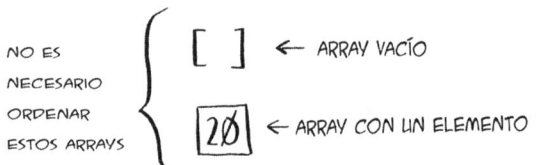

NO ES NECESARIO ORDENAR ESTOS ARRAYS
[ ] ← ARRAY VACÍO
|20| ← ARRAY CON UN ELEMENTO

Los arrays vacíos o con un solo elemento definen el caso base. Puedes devolver esos arrays como si no hubiese nada que ordenar:

```
def quicksort(arr):
    if len(array) < 2:
        return array
```

Veamos qué pasa con arrays más grandes. Un array de dos elementos es bien fácil de ordenar también.

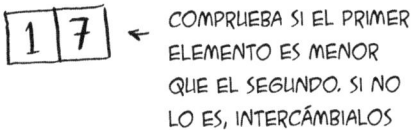

| 1 | 7 | ← COMPRUEBA SI EL PRIMER ELEMENTO ES MENOR QUE EL SEGUNDO. SI NO LO ES, INTERCÁMBIALOS

¿Y qué pasaría con un array de tres elementos? 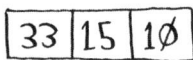 | 33 | 15 | 10 |

Recuerda que estás utilizando D&V. Así que quieres dividir el array hasta que llegues al caso base. Quicksort funciona como sigue. Primero escoges un elemento del array, llamado «pivote».

PIVOTE

Veremos cómo se elige el pivote más adelante. Por ahora digamos que el pivote es el primer elemento del array.

Ahora encuentra los elementos más pequeños que el pivote y los más grandes.

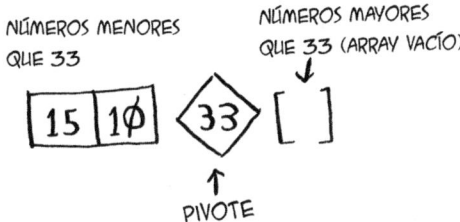

Esto se conoce como «particionar». Ahora tienes:

- Un subarray con todos los números menores que el pivote.
- El pivote.
- Un subarray con todos los números mayores que el pivote.

Los subarrays no están ordenados, simplemente particionados. Pero si «estuvieran» ordenados, entonces la ordenación del array completo sería muy sencilla.

Si los subarrays están ordenados, entonces puedes combinarlo todo como sigue: `array izquierdo` + `pivote` + `array derecho` y obtienes un array ordenado. En este caso sería [10, 15] + [33] + [] = [10, 15, 33], el cual es un array ordenado.

¿Cómo ordenas los subarrays? En este caso, el caso base de quicksort ya puede ordenar arrays vacíos (el array de la derecha) y puede ordenar de forma recursiva arrays de dos elementos (el subarray de la izquierda). Entonces, si ejecutas quicksort en los dos subarrays y combinas los resultados, obtienes un array ordenado:

```
quicksort([15, 10]) + [33] + quicksort([])
> [10, 15, 33]                              ❶
```

❶ Un array ordenado

Esta estrategia funciona con cualquier pivote. Supón que escoges 15 como pivote.

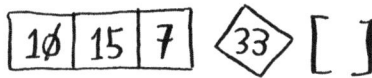

Ambos subarrays tienen un solo elemento y ahora sabes cómo ordenarlos. Entonces los pasos para ordenar un array de tres elementos son:

1. Escoger un pivote.
2. Particionar el array en dos subarrays: los elementos menores que el pivote y los elementos mayores que el pivote.
3. Ejecutar quicksort recursivamente en ambos subarrays.

¿Qué tal un array de cuatro elementos?

$$\boxed{33}\,\boxed{1\emptyset}\,\boxed{15}\,\boxed{7}$$

Supón que, de nuevo, escoges 33 como pivote.

El array en la izquierda tiene tres elementos. Ya sabes cómo ordenar un array de tres elementos: ejecutas quicksort de forma recursiva.

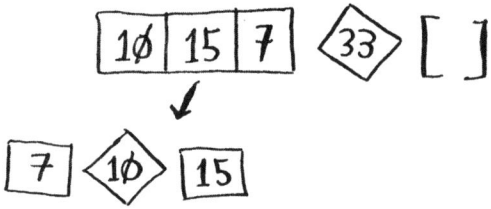

Entonces puedes ordenar un array de cuatro elementos. Si puedes
ordenar un array de cuatro elementos, también puedes ordenar uno de
cinco. ¿Por qué? Supón que tienes este array de cinco elementos.

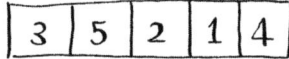

Estas son todas las maneras en que puedes particionar el array,
dependiendo del pivote que escojas.

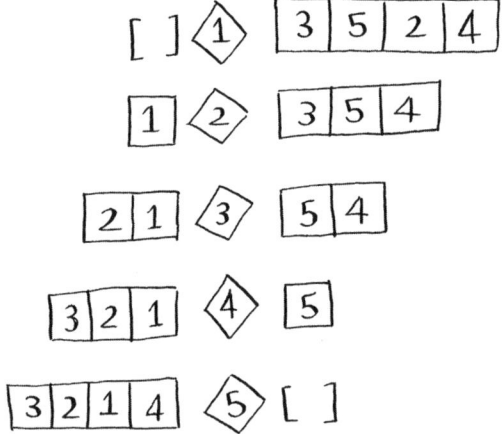

Ten en cuenta que cada uno de estos subarrays tienen entre cero y
cuatro elementos. Y ya sabes cómo ordenar arrays de ese tamaño
mediante quicksort. Entonces no importa cuál sea el pivote, puedes
llamar a quicksort recursivamente en ambos subarrays.

Por ejemplo, supón que escoges 3 como pivote. Llamas a quicksort en los subarrays.

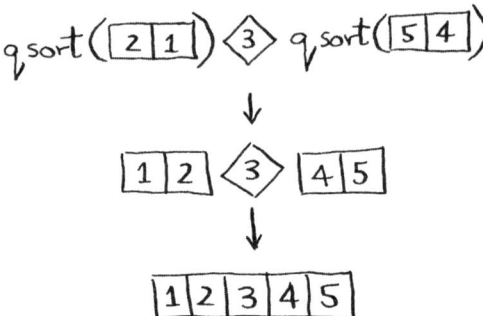

Los subarrays se ordenan y luego lo combinas todo para obtener el array ordenado. Esto funciona incluso si escoges 5 como pivote.

Cualquier elemento funciona como pivote, así que puedes ordenar un array de cinco elementos. Utilizando la misma lógica, puedes ordenar un array de seis elementos y así sucesivamente.

# Demostración por inducción

Acabas de ver un pequeño avance de una «demostración por inducción». Las demostraciones por inducción son una forma de probar que tu algoritmo funciona. Cada demostración tiene dos pasos: el caso base y el inductivo. ¿Te suena familiar? Por ejemplo, supón que quiero probar que soy capaz de subir una escalera. En el caso inductivo, si mis piernas están en un escalón, puedo mover mis piernas al siguiente escalón. Entonces, si estoy en el escalón 2, puedo moverme al escalón 3. Ese es el caso inductivo. Para el caso base digamos que estoy en el escalón 1. Por lo tanto, puedo escalar todo el trayecto, subiendo un escalón a la vez.

Se usa un razonamiento similar para quicksort. En el caso base, mostré cómo el algoritmo funciona para arrays de tamaño 0 o 1. En el caso inductivo, mostré cómo, si quicksort funciona para un array de 1 elemento, entonces también funcionará para un array de 2 elementos. Y si funciona para un array de tamaño 2, lo hace por igual para uno de tamaño 3 y así sucesivamente. Entonces se puede afirmar que quicksort funcionará para arrays de cualquier tamaño. No profundizaré en las demostraciones por inducción; no obstante, son divertidas y van de la mano de D&V.

Aquí tienes el código de quicksort:

```
def quicksort(array):
    if len(array) < 2:
        return array                                              ❶
    else:
        pivote = array[0]                                         ❷
        menores = [i for i in array[1:] if i <= pivote]           ❸
        mayores = [i for i in array[1:] if i > pivote]            ❹
        return quicksort(menores) + [pivote] + quicksort(mayores)

print(quicksort([10, 5, 2, 3]))
```

❶ Caso base: arrays de 0 o 1 elementos ya están ordenados
❷ Caso recursivo
❸ Subarray con todos los elementos menores que el pivote
❹ Subarray con todos los elementos mayores que el pivote

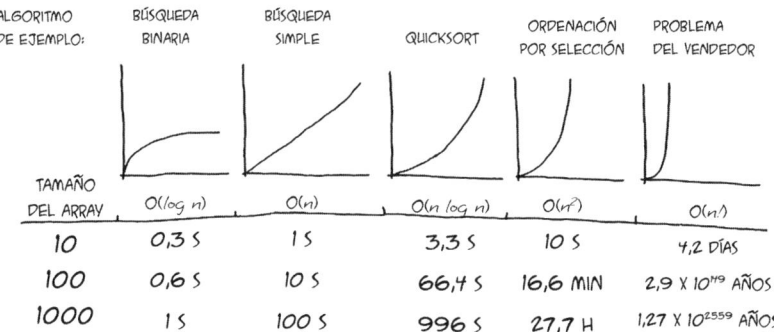

# Notación O grande revisada

Quicksort es único porque su velocidad depende del pivote que se escoge. Antes de hablar de quicksort revisemos los tiempos de ejecución más comunes de la notación O grande.

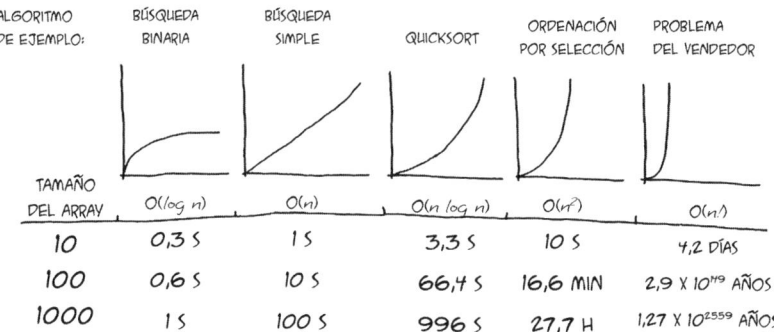

| ALGORITMO DE EJEMPLO: | BÚSQUEDA BINARIA | BÚSQUEDA SIMPLE | QUICKSORT | ORDENACIÓN POR SELECCIÓN | PROBLEMA DEL VENDEDOR |
| --- | --- | --- | --- | --- | --- |
| TAMAÑO DEL ARRAY | $O(\log n)$ | $O(n)$ | $O(n \log n)$ | $O(n^2)$ | $O(n!)$ |
| 10 | 0,3 S | 1 S | 3,3 S | 10 S | 4,2 DÍAS |
| 100 | 0,6 S | 10 S | 66,4 S | 16,6 MIN | $2,9 \times 10^{119}$ AÑOS |
| 1000 | 1 S | 100 S | 996 S | 27,7 H | $1,27 \times 10^{2559}$ AÑOS |

Estimaciones para un ordenador lento que realiza diez operaciones por segundo.

Los tiempos de ejecución de este ejemplo son estimaciones que suponen una velocidad de diez operaciones por segundo. Estos gráficos no son precisos, son solo para darte una idea de cuán distintos son los tiempos de ejecución. En la realidad, tu ordenador puede realizar muchas más de 10 operaciones por segundo.

Cada tiempo de ejecución tiene un algoritmo asociado. Por ejemplo, la ordenación por selección, que aprendiste en el capítulo 2, es $O(n^2)$. Eso es un algoritmo bastante lento.

Existe otro algoritmo de ordenación llamado «merge sort» (ordenación por mezcla) que es $O(n \log n)$. Mucho más rápido. Quicksort es un caso engañoso. En el peor caso quicksort necesita un tiempo $O(n^2)$.

¡Es tan lento como la ordenación por selección! Pero ese es el peor caso. En el caso promedio, quicksort demora $O(n \log n)$. Entonces te podrías estar preguntando:

¿Qué significa «peor caso» y «caso promedio» aquí?

Si quicksort es $O(n \log n)$ de promedio, pero merge sort es $O(n \log n)$ siempre, ¿por qué no utilizar merge sort? ¿No es más rápido?

# Merge sort vs. quicksort

Supón que tienes una simple función para imprimir cada elemento de una lista:

```python
def imprime_elementos(mi_lista):
    for item in mi_lista:
        print(item)
```

Esta función recorre cada elemento de la lista y lo imprime. Dado que recorre la lista completa una sola vez, su tiempo de ejecución es O(*n*). Ahora, supón que puedes cambiar la función para que espere un segundo antes de imprimir un elemento:

```python
from time import sleep
def imprime_elementos2(mi_lista):
    for item in mi_lista:
        sleep(1)
    print(item)
```

Antes de imprimir el elemento, pausará por un segundo. Supón que imprimes una lista de cinco elementos usando ambas funciones.

```
2 4 6 8 10
  ↓
```

IMPRIME_ELEMENTOS: 2 4 6 8 10

IMPRIME_ELEMENTOS2: ⟨SLEEP⟩   2 ⟨SLEEP⟩   4 ⟨SLEEP⟩   6 ⟨SLEEP⟩     8 ⟨SLEEP⟩   10

Ambas funciones recorren el array una sola vez, así que ambas son O(*n*). ¿Cuál crees que será más rápida en la práctica? Yo creo que `imprime_elementos` será mucho más rápida porque no espera 1 segundo antes de imprimir cada elemento. Entonces, aunque ambas funciones tienen la misma velocidad en cuanto a notación O grande, `imprime_elementos` es más rápida en la práctica. Cuando escribes notación O grande como O(*n*), realmente significa esto:

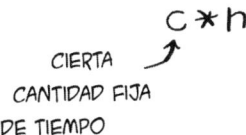

$$c * n$$

CIERTA
CANTIDAD FIJA
DE TIEMPO

c es alguna cantidad fija de tiempo que tu algoritmo demora. Se conoce como «constante». Por ejemplo `10 milisegundos * n` para `imprime_elementos` vs. `1 segundo * n` para `imprime_elementos2`.

Usualmente ignoramos esa constante, porque si dos algoritmos tienen diferentes tiempos de ejecución en notación O grande, la constante no es importante. Toma la búsqueda binaria y la búsqueda simple como ejemplo. Supón que ambos algoritmos tienen asociadas estas constantes.

$$\underset{\text{BÚSQUEDA SIMPLE}}{10 \text{ MS} * N} \qquad \underset{\text{BÚSQUEDA BINARIA}}{1 \text{ S} * \text{LOG } N}$$

Podrías decir, «¡Guau!, la búsqueda simple tiene una constante de 10 ms, pero la búsqueda binaria tiene una constante de un segundo. La búsqueda simple es mucho más rápida». Ahora supongamos que estás buscando en una lista de 4 mil millones de elementos. Aquí tienes los tiempos.

BÚSQUEDA SIMPLE | 10 MS * 4 MIL MILLONES = 463 DÍAS

BÚSQUEDA BINARIA | 1 S * 32 = 32 SEGUNDOS

Estamos usando 32 para la búsqueda binaria porque se ejecuta en tiempo logarítmico, y log(4 mil millones) da 32. Como puedes ver, la búsqueda binaria aún es mucho más rápida. La constante no supuso diferencia alguna.

Pero algunas veces la constante «puede» marcar la diferencia. Quicksort vs. merge sort es un ejemplo. A menudo, dada la forma en la que quicksort y merge sort se implementan, si ambos son O($n$ log $n$), quicksort es más rápido. Y quicksort es más rápido en la práctica porque se encuentra más veces el caso promedio que el peor.

Ahora te estarás preguntando: ¿Qué es el caso promedio vs. el caso peor?

## Caso promedio vs. caso peor

El rendimiento de quicksort depende en gran medida del pivote que escojas. Supón que siempre escoges el primer elemento como pivote y ejecutas quicksort con un array «ya ordenado». Quicksort no comprueba si el array de entrada ya está ordenado, así que intentará ordenarlo.

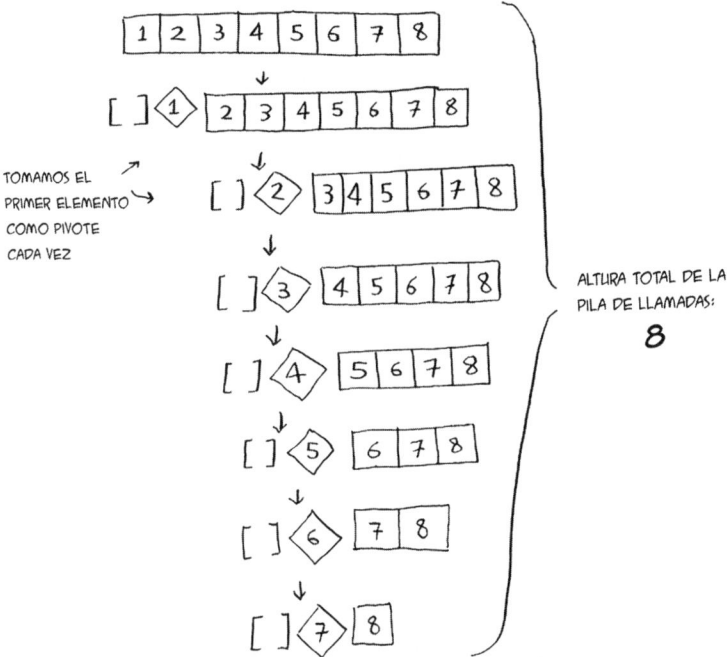

Observa que los subarrays no se dividen en dos mitades. En su lugar uno de los subarrays siempre está vacío, por eso la pila de llamadas es tan grande. Ahora, supón que siempre escoges el elemento del medio como pivote. Fíjate en la pila de llamadas para este caso.

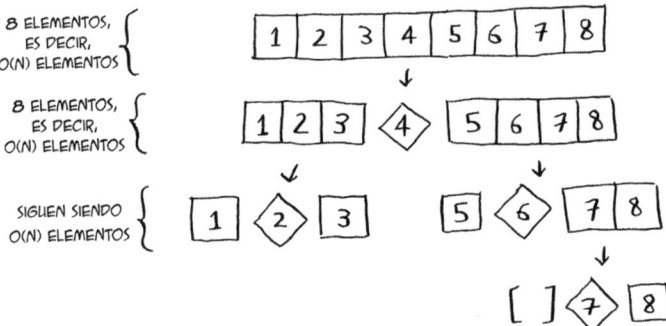

¡Es bien pequeña! Dado que divides el array a la mitad en cada caso, no es necesario realizar muchas llamadas recursivas. Encuentras el caso base más rápido y la pila de llamadas es menor.

El primer ejemplo corresponde al caso peor y el segundo es el caso mejor. En el caso peor, el tamaño de la pila de llamadas es O(*n*). En el caso mejor es O(log *n*). Sigue leyendo para descubrir como esto afecta a los tiempos de ejecución en los casos peor y promedio.

Mira al primer nivel de la pila. Se coge un elemento como pivote y el resto de los elementos se dividen en subarrays. Se tocan todos los elementos del array, así que esta operación lleva un tiempo O(*n*). De hecho, en cada nivel de la pila de llamadas se tocan O(*n*) elementos.

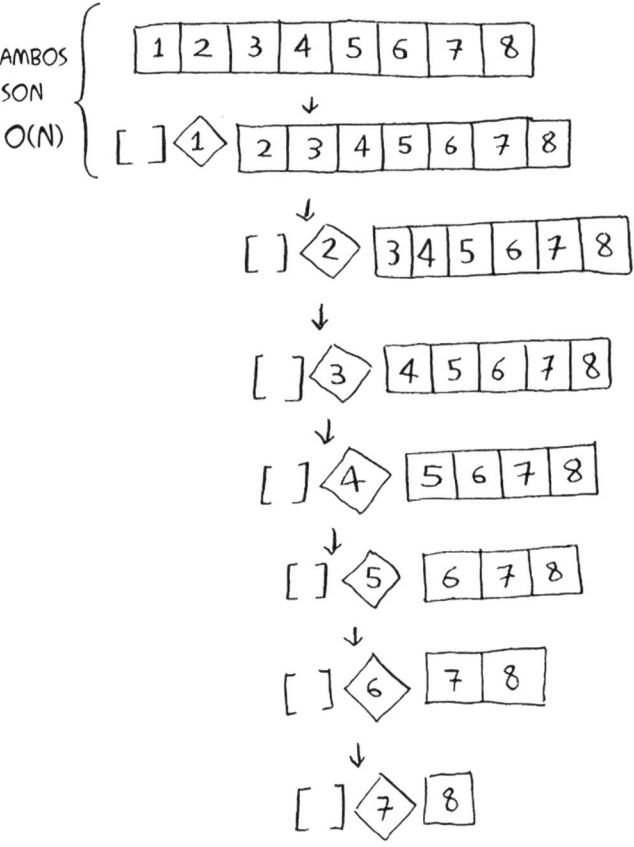

Incluso si se particiona el array de forma diferente, aún es necesario procesar O(*n*) elementos cada vez.

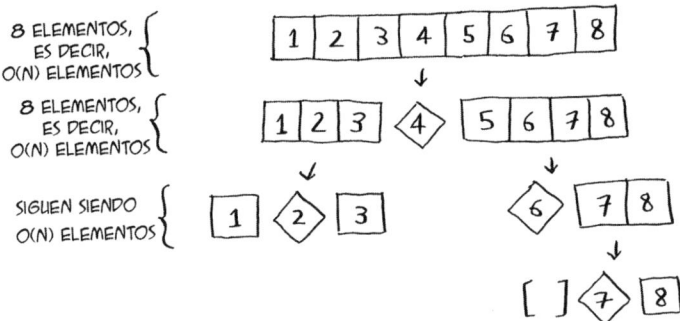

En este ejemplo, hay O(log *n*) niveles (la expresión técnica correcta para decir esto es «la altura de la pila de llamadas es O(log *n*)»). Cada nivel necesita un tiempo O(*n*). El algoritmo completo tomará O(*n*) * O(log *n*) = O(*n* * log *n*). Este es el caso del mejor escenario.

En el caso peor, hay O(*n*) niveles, así que el algoritmo tomará O(*n*) * O(*n*) = O(*n*²).

Adivina. Te aseguro que el mejor caso también es el caso promedio. «Si siempre escoges aleatoriamente un elemento del array como el pivote», quicksort terminará en un tiempo promedio de O(*n* log *n*). (Hay una excepción: si todos los elementos de tu array son iguales, siempre se dará el tiempo de ejecución del peor caso, salvo que se añada cierta lógica adicional).

Quicksort es de los algoritmos más rápidos y es un muy buen ejemplo de D&V.

## EJERCICIO

¿Cuánto tiempo tomarían cada una de estas operaciones en notación O grande?

**4.5**   Imprimir el valor de cada elemento en un array.

**4.6**   Duplicar el valor de cada elemento en un array.

**4.7**   Duplicar solo el valor del primer elemento en un array.

**4.8** Crear una tabla de multiplicación con todos los elementos de un array. Si tu array es [2, 3, 7, 8, 10], primero multiplicas cada elemento por 2, luego multiplicas cada elemento por 3, luego por 7 y así sucesivamente.

| | 2 | 3 | 7 | 8 | 10 |
|---|---|---|---|---|---|
| 2 | 4 | 6 | 14 | 16 | 20 |
| 3 | 6 | 9 | 21 | 24 | 30 |
| 7 | 14 | 21 | 49 | 56 | 70 |
| 8 | 16 | 24 | 56 | 64 | 80 |
| 10 | 20 | 30 | 70 | 80 | 100 |

## Recapitulación

- D&V funciona dividiendo el problema en piezas más pequeñas. Si estás usando D&V en una lista, el caso base probablemente sea un array vacío o un array de un elemento.

- Si estás implementando quicksort, escoge un elemento aleatorio como pivote. El tiempo de ejecución promedio de quicksort es O($n$ log $n$).

- Dados dos algoritmos con el mismo tiempo de ejecución O grande, uno puede ser considerablemente más rápido. Precisamente por eso, quicksort es más rápido que merge sort.

- La constante casi nunca es significativa cuando comparas la búsqueda simple y la búsqueda binaria, porque O(log $n$) es mucho más rápido que O($n$) cuando la lista crece.

# En este capítulo:

- Aprenderás sobre las tablas hash, una de las estructuras más útiles. Las tablas hash tienen muchos usos; este capítulo cubre los casos más comunes.

- Aprenderás sobre la implementación interna, colisiones y funciones de hash. Estas propiedades te ayudarán a analizar el rendimiento de una tabla hash.

Supón que trabajas en el supermercado. Cuando un cliente compra un producto, tienes que buscar el precio en un catálogo. Si no está ordenado alfabéticamente, te puede tomar un buen tiempo buscar la «manzana» en cada una de las líneas. Estarías haciendo una búsqueda simple, como en el capítulo 1, en donde pasas por cada línea. ¿Recuerdas cuánto tiempo te tomaría eso? Tiempo $O(n)$. Si el catálogo está ordenado alfabéticamente, es posible realizar una búsqueda binaria para encontrar el precio de la manzana. Solo necesitarías $O(\log n)$ operaciones.

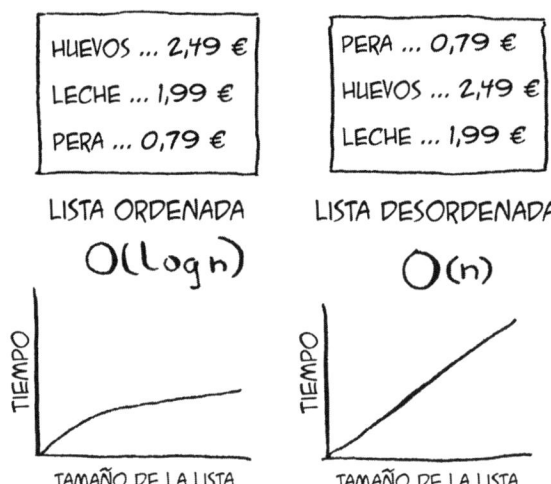

Recuerda que ¡hay una gran diferencia entre los tiempos O($n$) y O(log $n$)! Supón que pudieras recorrer 10 líneas del catálogo por segundo. Aquí ves cuánto tiempo tomaría cada una.

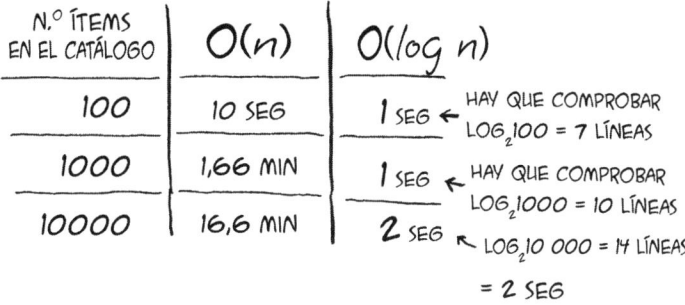

Ya sabes que la búsqueda binaria es en extremo rápida. Pero como cajero, buscar cosas en un catálogo es una molestia, incluso si está ordenado. Puedes sentir que los clientes se molestan a medida que buscas. Lo que realmente necesitas es una compañera que tenga memorizados todos los precios y nombres. Entonces no tienes que buscar nada: le preguntas a ella y responde de inmediato.

Tu amiga Marga es capaz de dar el precio de un producto en tiempo O(1), sin importar cuán grande sea el catálogo. Es incluso más rápida que la búsqueda binaria.

| N.º ÍTEMS EN EL CATÁLOGO | BÚSQUEDA SIMPLE O(n) | BÚSQUEDA BINARIA O(log n) | MARGA O(1) |
|---|---|---|---|
| 100 | 10 SEG | 1 SEG | INSTANTÁNEO |
| 1000 | 1,6 MIN | 1 SEG | INSTANTÁNEO |
| 10000 | 16,6 MIN | 2 SEG | INSTANTÁNEO |

¡Qué persona tan maravillosa! ¿Cómo se consigue una «Marga»?

Pongámonos en modo estructura de datos. Por ahora conoces dos estructuras de datos: arrays y listas (no hablaremos sobre las pilas, porque en realidad no puedes «buscar» algo en una pila). Podrías implementar el libro como un array.

| (HUEVOS, 2,49) | (LECHE, 1,99) | (PERA, 0,79) |

Cada elemento del array contiene en realidad dos elementos: el nombre del producto y el precio. Si ordenas este array por nombre, puedes ejecutar la búsqueda binaria para encontrar el precio de un producto. Así que puedes encontrar productos en O(log *n*). Pero quieres encontrarlos en O(1), tal como lo hace «Marga». Ahí es cuando las funciones hash entran en juego.

# Funciones hash

Una función hash es una función en la que se coloca un «string» (*string* aquí significa cualquier tipo de dato, una secuencia de bytes) y se obtiene un número.

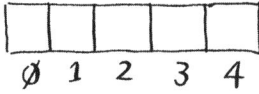

En terminología técnica diríamos que una función hash «mapea (establece una asociación) de strings a números». Podrías decir que no existe un patrón discernible para el número que obtienes a partir de un determinado string. Pero hay ciertos requerimientos para las funciones hash:

- Deben ser coherentes. Por ejemplo, supón que le pasas «manzana» y obtienes «3». Cada vez que le pases «manzana» debes obtener «3» como respuesta. Sin esta propiedad la tabla hash no funcionará.

- Debe asociar palabras diferentes a números diferentes. Por ejemplo, una función hash no nos sirve si siempre devuelve «1». En el mejor caso, cada palabra distinta debe tener asociado un número distinto.

Entonces, si una función hash asocia números a strings, ¿para qué nos sirve? Bueno, podemos usarla para construir nuestra «Marga».

Comencemos con un array vacío:

Se guardarán todos los precios en este array. Primero el precio de una manzana. Pásale «manzana» a la función hash.

La función hash devuelve «3». Guardamos el precio de la manzana en el índice 3 del array.

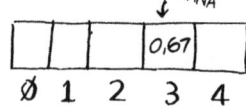

Incluyamos la leche. Le pasamos «leche» a la función hash.

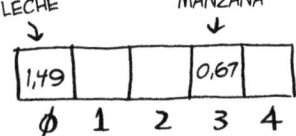

La función hash dice «0», así que pondremos el precio de la leche en el índice 0.

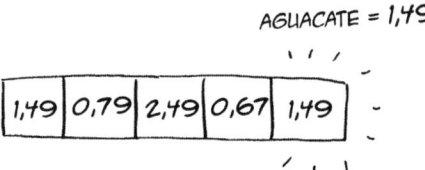

Continuamos así y todo el array acaba lleno de precios.

| 1,49 | 0,79 | 2,49 | 0,67 | 1,49 |
|------|------|------|------|------|

Ahora te preguntas: «¿Cuál es el precio de un aguacate?». No necesitas buscarlo. Simplemente le pasas a la función hash el string «aguacate».

«AGUACATE» → ⇒ 4

Te dice que el precio está almacenado en la posición 4. Y en efecto ahí se encuentra.

AGUACATE = 1,49

| 1,49 | 0,79 | 2,49 | 0,67 | 1,49 |
|------|------|------|------|------|

La función hash dice exactamente dónde está ubicado el precio, ¡así que no hace falta buscar! Esto funciona porque:

- La función hash asocia de forma coherente un nombre a un mismo índice. Cada vez que le pasas «aguacate» obtienes el mismo número. Entonces la puedes usar la primera vez para definir dónde guardar el precio del aguacate y luego para buscar el precio.
- La función hash asocia strings distintos a índices diferentes. A «aguacate» se le asigna el índice 4 y a la «leche» el índice 0. A cada elemento se le asocia a una posición distinta del array donde puedes guardar su precio.
- La función hash conoce cuán grande es tu array y solo devuelve índices válidos. Así que si tu array tiene cinco elementos, la función hash no devuelve 100… este no sería un índice válido en el array.

¡Acabas de construir una «Marga»! Juntas un array y una función hash y obtienes una estructura de datos conocida como «tabla hash». La tabla hash es la primera estructura de datos que aprendes que tiene lógica extra asociada. Los arrays y las listas apuntan directamente a una dirección de memoria, pero las tablas hash son más inteligentes. Utilizan una función hash para definir dónde almacenar sus elementos.

Las tablas hash son probablemente la estructura de datos compleja más útil que aprenderás. También son conocidas como mapas hash, mapas, diccionarios y arrays asociativos. ¡Las tablas hash son rápidas! ¿Recuerdas nuestra discusión sobre arrays y listas del capítulo 2? Puedes acceder a un elemento de un array instantáneamente. Las tablas hash utilizan un array para almacenar sus datos, así que son igual de rápidas.

## ¿Cuál es el truco?

La función hash que acabamos de ver se llama «función hash perfecta». Asigna hábilmente cada artículo de comestibles a su propia posición en el array:

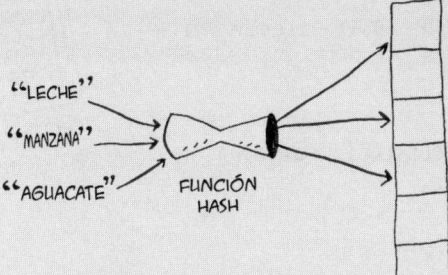

Míralos a todos cómodamente en sus propias posiciones. En realidad, es probable que no se obtenga un mapeo perfecto uno a uno como este. Los artículos deberán compartir espacio. Algunos artículos de comestibles se asignarán a la misma posición, mientras que otros espacios quedarán vacíos.

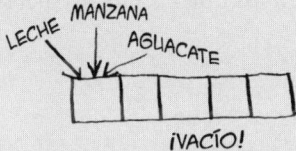

Hay una sección sobre colisiones que analiza esto. Por ahora, basta saber que, si bien las tablas hash son muy útiles, rara vez asignan elementos a las posiciones de manera tan perfecta.

Por cierto, este tipo de mapeo uno a uno se denomina «función inyectiva». ¡Úsalo para impresionar a tus amigos!

Probablemente nunca tengas que implementar una tabla hash por ti mismo. Cualquier lenguaje de programación moderno tiene una implementación de tablas hash. En Python se llaman «diccionarios». Puedes crear una nueva tabla hash usando las llaves vacías:

```
>>> libro = {}
```

UNA TABLA
HASH VACÍA

libro es una nueva tabla hash. Añadamos algunos precios al libro:

```
>>> libro["manzana"] = 0.67
>>> libro["leche"] = 1.49
>>> libro["aguacate"] = 1.49
>>> print(libro)
{'aguacate': 1.49, 'manzana': 0.67, 'leche': 1.49}
```

**❶** Una manzana cuesta 67 céntimos.
**❷** La leche cuesta 1,49 €.

UNA TABLA HASH DE
PRECIOS DE PRODUCTOS

¡Bien fácil! Ahora preguntemos el precio de un aguacate:

```
>>> print(libro["aguacate"])
1.49
```
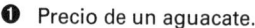

**❶** Precio de un aguacate.

Una tabla hash tiene claves y valores. En la tabla hash libro, los nombres de productos son las claves y los precios sus valores. Una tabla hash asocia claves a valores.

En la próxima sección, verás ejemplos en los que las tablas hash son realmente útiles.

## EJERCICIOS

Es importante para las tablas hash ser coherentes y devolver la misma salida dada la misma entrada. Si no lo hacen, no serías capaz de encontrar tu elemento tras guardarlo en la tabla hash.

¿Cuáles de estas funciones son coherentes?

**5.1** `f(x) = 1` ❶

**5.2** `f(x) = rand()` ❷

**5.3** `f(x) = proximo_espacio_vacio()` ❸

**5.4** `f(x) = len(x)` ❹

**❶** Devuelve 1 para toda entrada.
**❷** Devuelve un número aleatorio cada vez.
**❸** Devuelve el índice del próximo espacio vacío en la tabla hash.
**❹** Utiliza el tamaño del string como su índice.

# Casos de uso

Las tablas hash son usadas por doquier. Esta sección te mostrará algunos de sus usos.

## Utilizar tablas hash para consultas

Tu teléfono tiene integrada una agenda telefónica muy útil. Cada nombre tiene un número de teléfono asociado.

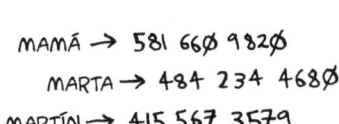

MAMÁ ➝ 581 660 9820

MARTA ➝ 484 234 4680

MARTÍN ➝ 415 567 3579

Supón que quieres construir una agenda telefónica como esta. Estarías asociando nombres de personas a números telefónicos. La agenda necesita la siguiente funcionalidad:

- Añadir el nombre de una persona y su número de teléfono.

- Teclear el nombre de una persona y obtener el teléfono asociado a ella.

Esto es un ejemplo perfecto de una tabla hash. Las tablas hash son geniales cuando quieres:

- Crear una asociación de una cosa con otra.

- Buscar algo.

Construir esta agenda telefónica es muy sencillo. Primero, hagamos una tabla hash:

```
>>> agenda = {}
```

Incluyamos los números de algunas personas en el libro:

```
>>> agenda["juana"] = "8675309"
>>> agenda["emergencias"] = "112"
```

Eso es todo. Ahora supón que quieras encontrar el número de Juana. Solo necesitas pasarle la clave al diccionario:

```
>>> print(agenda["juana"])
8675309                           ❶
```

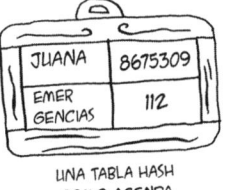

UNA TABLA HASH COMO AGENDA

❶ Teléfono de Juana.

Imagina si tuvieras que hacer esto usando un array.

¿Cómo lo harías? Las tablas hash facilitan modelar una relación de un elemento con otro.

Las tablas hash se utilizan para realizar búsquedas en una escala mucho mayor. Por ejemplo, digamos que visitas el sitio http://adit.io. Tu ordenador tiene que convertir adit.io en una dirección IP.

$$ADIT.IO \rightarrow 173.255.248.55$$

Para cualquier sitio web, es preciso traducir la dirección en una dirección IP.

$$GOOGLE.COM \rightarrow 74.125.239.133$$
$$FACEBOOK.COM \rightarrow 173.252.120.6$$
$$SCRIBD.COM \rightarrow 23.235.47.175$$

¡Ey! ¿Asociar una dirección web a una dirección IP? ¡Suena como un caso de uso perfecto para una tabla hash! Este proceso se conoce como «resolución de DNS». Las tablas hash son una de las formas de proporcionar esta funcionalidad. El ordenador tiene una «caché de DNS», que almacena esta asignación para los sitios web que ha visitado hace poco, y una buena manera de crear una caché de DNS es usar una tabla hash.

## Evitar entradas duplicadas

Supón que estás gestionando una cabina de votación. Lo normal es que cada persona pueda votar solo una vez. ¿Cómo te aseguras de que no han votado antes? Cuando alguien viene a votar, le preguntas su nombre completo. Entonces lo buscas en la lista de los que ya han votado.

Si su nombre está en la lista, esta persona ya votó; ¡échala a patadas!
De lo contrario, agrega su nombre a la lista y le permites votar. Ahora
supongamos que mucha gente viene a votar y la lista de votantes es
realmente larga.

Cada vez que alguien nuevo llega a votar tienes que recorrer esta lista
gigante para ver si ya lo hizo. Pero hay un mejor mecanismo: ¡Usar un hash!

Primero construye un hash para mantener un registro de las personas
que ya votaron:

```
>>> votantes = {}
```

Cuando llega alguien a votar, compruebas si ya se encuentra en el hash:

```
>>> valor = "tomás" in votantes
```

`valor` es ahora `True` si «tomás» sí se encuentra en la tabla hash; de lo
contrario, es `False`. ¡Se puede usar esto para comprobar si alguien ya votó!

Aquí tienes el código:

```
votantes = {}
def comprueba_votante(nombre):
    if nombre in votantes:
        print("¡echadlo de ahí!")
    else:
        votantes[nombre] = True
        print("¡dejadlo votar!")
```

Probémoslo varias veces:

```
>>> comprueba_votante("tomás")
¡dejadlo votar!
>>> comprueba_votante("miguel")
¡dejadlo votar!
>>> comprueba_votante("miguel")
¡echadlo de ahí!
```

La primera vez que Tomás entra, la tabla hash imprime «¡dejadlo votar!», luego Miguel llega e imprime «¡dejadlo votar!». Entonces Miguel intenta votar por segunda vez y obtenemos «¡echadlo de ahí!».

Recuerda que si estuviésemos almacenando estos nombres en una lista de personas, la función se volvería muy lenta porque tendría que ejecutar la búsqueda simple en la lista completa. Por el contrario, estamos guardando los nombres en una tabla hash y con ella sabremos de inmediato si el nombre de la persona está almacenado.

Comprobar si existen duplicados es muy rápido al utilizar una tabla hash.

## Usar tablas hash como caché

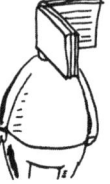

Veamos un último caso de uso: el almacenamiento caché. Si trabajas en un sitio web, puede que hayas escuchado este término como una buena práctica. Supón que visitas https://facebook.com:

1. Haces usa solicitud al servidor de Facebook.
2. El servidor demora unos segundos y te envía una página web como respuesta.
3. Obtienes una página web.

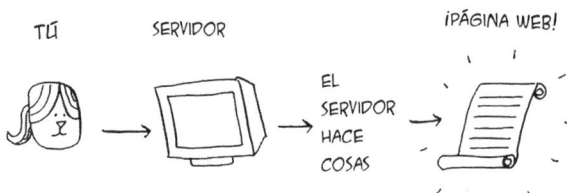

Por ejemplo, en Facebook, el servidor podría guardar toda la actividad de tus amigos para mostrártela. Se necesitan algunos segundos para hacerlo. Ese par de segundos pueden parecer una eternidad para un usuario. Puedes pensar: «¿Por qué Facebook va tan lento?». Por otra parte, los servidores de Facebook responden a millones de pedidos, así que unos pocos segundos en cada uno, van sumando... Los servidores de Facebook trabajan para satisfacer todos esos pedidos. ¿Existe alguna forma de hacer que sea más rápido y que sus servidores realicen menos trabajo al mismo tiempo?

Imagina que tienes una sobrina que pregunta continuamente sobre los planetas. «¿Cuán lejos está Marte de la Tierra?», «¿cuán lejos está la Luna?», «¿cuán lejos está Júpiter?». Cada vez tienes que hacer una búsqueda en Google y darle una respuesta. Te lleva un par de minutos. Ahora supón que ella siempre pregunta: «¿cuán lejos está la Luna?». Bien rápido memorizarás que la Luna se encuentra a 384 401 km de distancia. No necesitas en ese caso buscarlo en Google, simplemente recuerdas y respondes. De la misma forma funciona una caché: los sitios web recuerdan los datos en lugar de recalcularlos.

Si estás autenticado en Facebook, todo el contenido que ves está personalizado para tu usuario. Cada vez que entras en https://facebook. com sus servidores tienen que pensar en qué contenido estás interesado. Por el contrario, si no estás autenticado, ves la página de login. Todos vemos la misma página de login. Facebook recibe la misma petición una y otra vez: dame la página de login cuando no estoy autenticado. Entonces deja de realizar el trabajo en el servidor de definir cómo se ve la página de login y en su lugar memoriza la respuesta y te la envía.

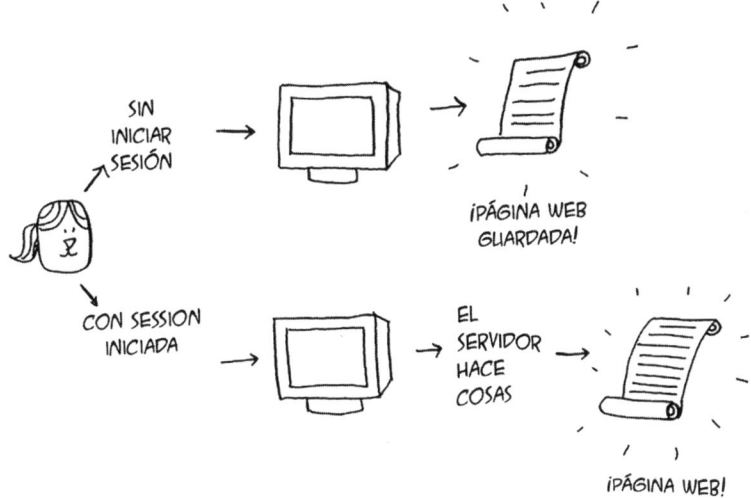

Esto se conoce como «caching» y tiene dos ventajas:

• Obtienes la página web mucho más rápido, al igual que cuando
  memorizaste la distancia de la Tierra a la Luna. La próxima vez
  que tu sobrina pregunte no tendrás que buscarlo. Puedes responder
  de inmediato.
• Facebook necesita realizar mucho menos trabajo.

Usar una caché es una manera muy común de agilizar un
procesamiento. Todos los grandes sitios utilizan algún tipo de caché.
¡Y todos esos datos se almacenan en una tabla hash!

Facebook no solo «cachea» la página inicial. También se guarda en la caché
la página de Contacto, los Términos y condiciones y mucho más. Por lo
tanto, se necesita una asociación entre la URL de la página y su contenido.

facebook.com/about → DATOS PARA LA PÁGINA ACERCA DE

facebook.com → DATOS PARA LA PÁGINA DE INICIO

Cuando visitas una página en Facebook, primero comprueba si la
página está guardada en la tabla hash.

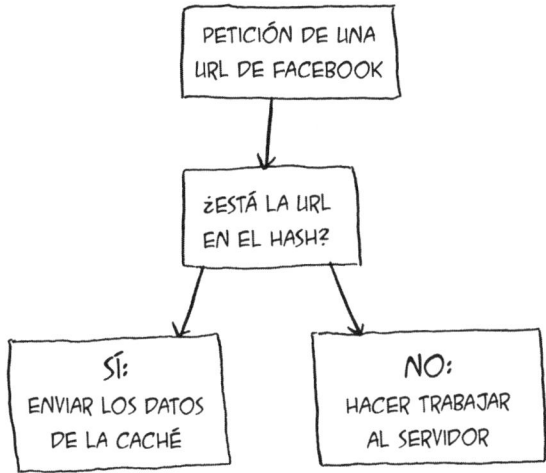

He aquí el código:

```
cache = {}
def pagina(url):
    if url in cache:
        return cache[url]          ❶
    else:
        data = pagina_del_servidor(url)
        cache[url] = data          ❷
        return data
```

❶  Devuelve datos desde la caché.
❷  Guarda los datos en la caché.

Aquí, mandas al servidor a realizar el trabajo solo si la URL no se encuentra en la caché. Antes de devolver el contenido, este se almacena en la caché. La próxima vez que alguien pida la misma URL, se puede enviar la página desde la caché, en lugar de construirla en el servidor.

## Recapitulación

Las tablas hash son buenas para:

- Modelar relaciones de una cosa con otra.
- Filtrar duplicados.
- Memorizar (cachear) datos en lugar de realizar el trabajo cada vez en tu servidor.

# Colisiones

Como ya dije, la mayoría de los lenguajes implementan tablas hash. No necesitas conocer cómo implementar una por ti mismo. Por lo tanto, no hablaremos sobre los detalles internos de una tabla hash en profundidad. No obstante, aún te interesa su rendimiento y, para entender el de una tabla hash, necesitas conocer qué son las colisiones. En las próximas dos secciones profundizaré en las colisiones y el rendimiento.

Aunque te he dicho una mentira inocente. Afirmé que una función hash siempre asocia llaves distintas a posiciones diferentes en el array.

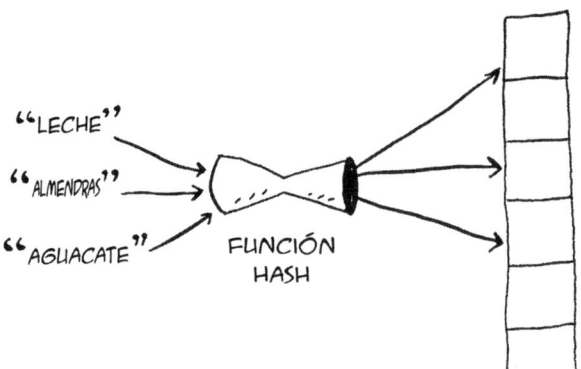

En la práctica es casi imposible escribir una función hash que se comporte así. Veamos un ejemplo simple. Supón que tu array contiene

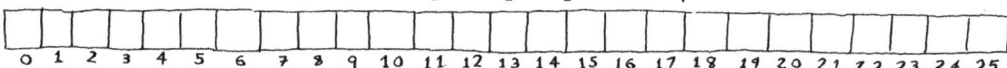

Y que tu función hash es muy sencilla: asigna una posición en el array por orden alfabético.

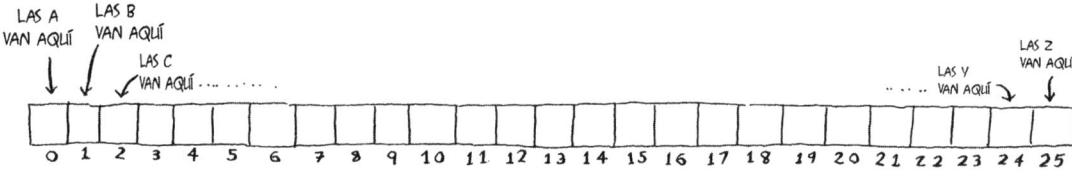

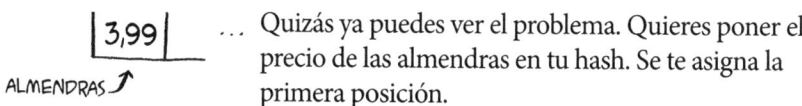

... Quizás ya puedes ver el problema. Quieres poner el precio de las almendras en tu hash. Se te asigna la primera posición.

Luego quieres poner el precio de las berenjenas y se te asigna la segunda posición.

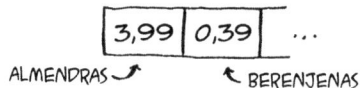

¡Todo marcha bien por ahora! Pero si quisiera incluir el precio de los aguacates en tu hash, te asignarían la primera posición nuevamente.

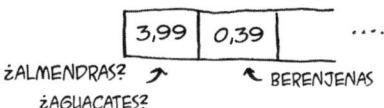

¡Oh, no! ¡Las almendras ya ocupan ese espacio! ¿Qué se puede hacer? Esto se conoce como colisión: asignar dos claves a la misma posición, lo cual es un problema. Si guardas el precio de los aguacates en esa posición estarías sobrescribiendo el precio de las almendras. Entonces la próxima vez que alguien pregunte por el precio de las almendras, ¡obtendría el de los aguacates! Las colisiones son perjudiciales y hay que acomodarlas para que no sean un problema. Hay muchas maneras de resolver las colisiones. La más simple es esta: si se asocian múltiples claves a la misma posición, deberías utilizar una lista enlazada para almacenarlas en dicha posición.

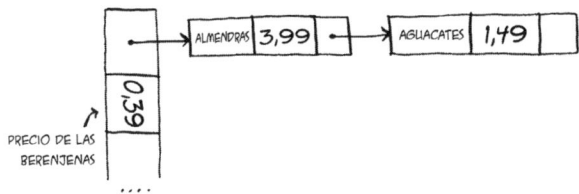

En este ejemplo, ambos almendras y aguacates se han asignado a la misma posición. Por tanto, comienzas una lista enlazada en esa posición. Si necesitas saber el precio de las berenjenas la respuesta es inmediata. Si buscas el precio de las almendras es un poco más lento. Tienes que buscar en la lista enlazada hasta que encuentres la clave «almendras». Si la lista enlazada es pequeña, no resulta un gran problema, tienes que buscar tres o cuatro elementos. Pero supón que trabajas en un supermercado donde solo venden productos que comienzan con la letra A.

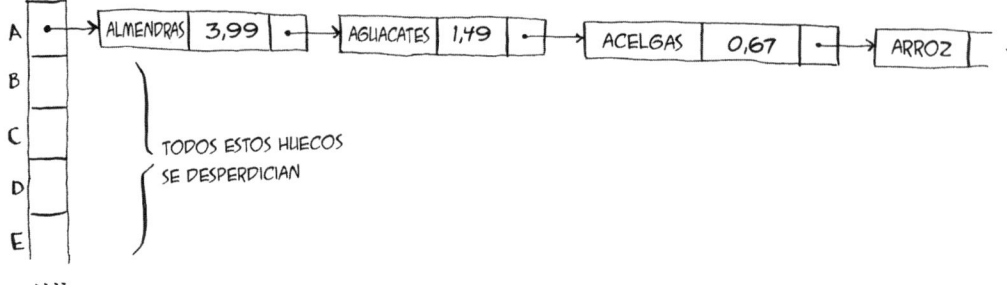

¡Ey, espera un minuto! La tabla hash está vacía, a excepción de la primera posición. Esa posición contiene una lista enlazada gigante. Cada elemento de la tabla hash se encuentra en esta lista enlazada. Eso es igual de ineficiente que poner todos los elementos en una lista enlazada desde un principio. Eso haría muy lenta a la tabla hash.

Hay dos lecciones a aprender aquí:

- «Tu función hash es realmente importante». Tu función hash asocia todas las claves con una sola posición. Lo ideal sería que tu función hash asociara todas las claves de forma equitativa en todo el array.
- Si esas listas enlazadas crecen en tamaño, disminuye la velocidad de tu función hash. Pero no serán muy grandes «si utilizas una buena función hash».

Las funciones hash son importantes. Una buena función hash creará pocas colisiones. Entonces… ¿cómo escoges una buena función hash? Eso lo examinaremos en la próxima sección.

# Rendimiento

Comenzamos este capítulo en el supermercado. Queríamos construir algo que dijera los precios «instantáneamente». Bueno, las tablas hash son realmente rápidas.

|  | CASO PROMEDIO | CASO PEOR |
|---|---|---|
| BÚSQUEDA | $O(1)$ | $O(n)$ |
| INSERCIÓN | $O(1)$ | $O(n)$ |
| BORRADO | $O(1)$ | $O(n)$ |

RENDIMIENTO DE LAS TABLAS HASH

En el caso promedio, las tablas hash toman $O(1)$, también conocido como «tiempo constante», para todas las operaciones. No habíamos visto tiempo constante antes. No significa instantáneo. Significa que el tiempo que toma se mantendrá igual, sin importar cuánto crezca la tabla hash. Por ejemplo, la búsqueda simple toma un tiempo lineal.

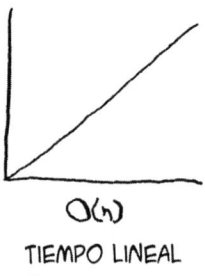

O(n)

TIEMPO LINEAL

(BÚSQUEDA SIMPLE)

La búsqueda binaria es más rápida, es un tiempo logarítmico:

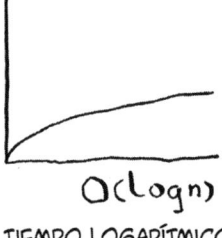

O(Log n)

TIEMPO LOGARÍTMICO

(BÚSQUEDA BINARIA)

Buscar algo en una tabla hash toma tiempo constante.

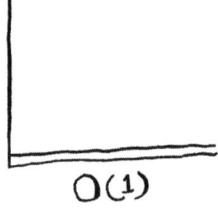

O(1)

TIEMPO CONSTANTE

(TABLAS HASH)

¿Te das cuenta de que es una línea plana? Eso significa que no importa si tu tabla hash tiene un elemento o mil millones, obtener un elemento tomará la misma cantidad de tiempo. De hecho, sí has visto tiempo constante previamente. Recuperar un elemento de array toma tiempo constante. No importa cuán grande sea tu array, siempre necesitas la misma cantidad de tiempo para acceder a un elemento. En el caso promedio las tablas hash son realmente rápidas.

En el caso peor, la tabla hash toma tiempo O(n) —tiempo lineal— para todas las operaciones, lo cual es realmente lento. Comparemos las tablas hash con los arrays y las listas.

|  | TABLAS HASH (PROMEDIO) | TABLAS HASH (PEOR) | ARRAYS | LISTAS ENLAZADAS |
|---|---|---|---|---|
| BÚSQUEDA | O(1) | O(n) | O(1) | O(n) |
| INSERCIÓN | O(1) | O(n) | O(n) | O(1) |
| BORRADO | O(1) | O(n) | O(n) | O(1) |

Fíjate en el caso promedio para las tablas hash. Son tan rápidas como los arrays al buscar (obtener un valor en cierto índice). Y son tan rápidas como las listas enlazadas al insertar y eliminar. ¡Es lo mejor de ambos mundos! Pero en el caso peor las tablas hash son tan lentas como las otras opciones, por lo cual es importante no llegar al caso peor en las tablas hash. Para garantizarlo necesitas evitar colisiones. Para evitar colisiones hace falta:

- Un factor de carga bajo.
- Una buena función hash.

---

**Nota**

Antes de que comiences la próxima sección, ten en cuenta que no es obligatoria. Voy a hablar sobre cómo implementar una tabla hash, pero no creo que tengas que hacerlo nunca. Cualquier lenguaje de programación que utilices tendrá una implementación de tablas hash integrada. Puedes utilizar esas tablas hash y asumir que tendrán un buen rendimiento. La siguiente sección te da una idea de cómo hacerlo.

---

## Factor de carga

El factor de carga de una tabla hash es fácil de calcular.

Las tablas hash usan un array para guardar sus elementos, por lo tanto, cuentas la cantidad de espacio ocupados en este array. Por ejemplo, esta tabla hash tiene un factor de carga de 2/5 o 0,4.

$$\frac{\text{NÚMERO DE ELEMENTOS EN LA TABLA HASH}}{\text{NÚMERO TOTAL DE ESPACIOS}}$$

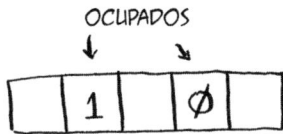

OCUPADOS

FACTOR DE CARGA = 2/5

¿Cuál es el factor de carga de esta otra tabla hash?

¿FACTOR DE CARGA?

Si dices 1/3, estás en lo correcto. El factor de carga da una medida de cuán llena está la tabla hash.

Supón que necesitas guardar el precio de 100 productos en tu tabla hash y esta tiene 100 espacios disponibles. En el mejor caso cada elemento recibirá su propio espacio.

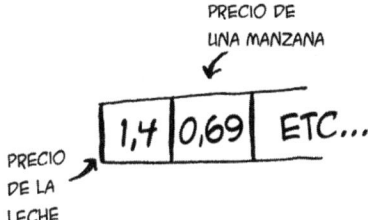

PRECIO DE UNA MANZANA

PRECIO DE LA LECHE

Esta tabla hash tendría un factor de carga de 1. ¿Qué pasaría si tu tabla hash tuviese solo 50 posiciones? Entonces tendría un factor de carga de 2. No habría manera de que a cada elemento se le asocie su propio espacio, porque no hay suficientes disponibles. Tener un factor de carga mayor que 1 significa que tienes más elementos que espacios en tu array. Una vez que el factor de carga empieza a crecer, necesitas añadir más capacidad a tu array. Esto se conoce como «redimensionar». Por ejemplo, supón que tienes esta tabla hash que está casi llena.

FACTOR DE CARGA = 3/4

Hay que redimensionar la tabla hash. Primero se crea un array de mayor tamaño. Por lo general, del doble de tamaño del original.

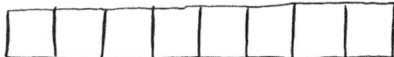

Ahora hay que insertar todos los elementos en la nueva tabla hash, utilizando la función hash:

FACTOR DE CARGA = 3/8

Esta nueva tabla tiene un factor de carga de 3/8. ¡Mucho mejor! Con un factor de carga menor, habrá menos colisiones y la tabla hash ofrecerá un mejor rendimiento. Una buena regla general es redimensionar la tabla hash cuando el factor de carga supera el 0,7.

Tal vez estás pensando: «¡Este redimensionamiento tomará mucho tiempo!». Y estás en lo cierto. Redimensionar es costoso y no conviene hacerlo muy a menudo. Pero de promedio, incluso al redimensionar, las tablas hash toman un tiempo $O(1)$.

## Una buena función hash

Una buena función hash distribuye los valores en el array de forma equitativa.

Una mala función hash agrupa muchos valores juntos y produce muchas colisiones.

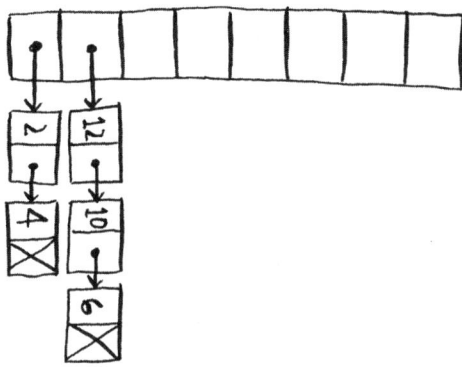

¿Qué es entonces una buena función hash? Eso es algo de lo que nunca tendrás que preocuparte. Muchas personas inteligentes se sientan en habitaciones oscuras para ocuparse de ello. Si de verdad te interesa, puedes buscar la función CityHash. Es la que utiliza la biblioteca Abseil de Google. Abseil es una biblioteca C++ de código abierto basada en código interno de Google. Proporciona todo tipo de funciones de propósito general en C++. Abseil es un bloque básico para el código de Google, por lo que si usa CityHash, puedes estar seguro de que CityHash es bastante bueno. Podrías usarlo como función hash.

## EJERCICIOS

Es importante para las funciones hash tener una buena distribución. Estas deberían asociar los elementos de la forma más espaciada posible. En el caso peor una función hash asigna todos los elementos a la misma posición en el array.

Supón que tienes cuatro funciones hash que trabajan con strings:

1. Retorna «1» para cualquier entrada.

2. Utiliza el tamaño del string como el índice.

3. Usa el primer carácter del string como índice. Por lo tanto, todos los strings que comienzan con «a» son asignados a la misma posición, y así sucesivamente.

4. Asocia cada letra a un número primo: a = 2, b = 3, c = 5, y así sucesivamente. Dado un string, la función hash es el resultado de sumar el valor de todos los caracteres, módulo el tamaño del array. Por ejemplo, si el tamaño de tu hash es 10 y el string es «beca», el índice es $(3 + 11 + 5 + 2) \% 10 = 1$.

Para cada uno de los siguientes ejemplos, ¿qué funciones hash garantizan una buena distribución? Asume que el hash tiene un tamaño de 10 espacios.

5.5 Una agenda telefónica donde las claves son nombres y los valores son números de teléfono. Los nombres son los siguientes: Ester, Berta, Borja y Daniel.

5.6 Una asociación entre la talla de una pila y capacidad eléctrica. Las tallas son A, AA, AAA y AAAA.

5.7 Una asociación entre títulos de libros y autores. Los títulos son *Maus, Fun Home* y *Watchmen*.

# Recapitulación

- Casi nunca tendrás que implementar una tabla hash por ti mismo. El lenguaje de programación que uses debería proveerte de una implementación. Puedes usar las tablas hash de Python y asumir que obtendrás el caso promedio en rendimiento: tiempo constante.

- Las tablas hash son estructuras de datos potentes porque son rápidas y permiten modelar los datos de una forma distinta. Pronto empezarás a usarlas todo el rato.

- Puedes hacer una tabla hash al combinar una función hash con un array.

- Las colisiones son malas. Necesitas una función hash que las minimice.

- Las tablas hash son rápidas de verdad al buscar, insertar y eliminar.

- Las tabla hash son idóneas para modelar relaciones de un elemento con otro.

- Una vez que el factor de carga es mayor que 0,7, es hora de redimensionar la tabla hash.

- Las tablas hash se utilizan como caché (por ejemplo, en un servidor web).

- Las tablas hash son ideales para detectar duplicados.

# Búsqueda a lo ancho | **6**

## En este capítulo:

- Estudiarás cómo modelar una red usando una nueva estructura de datos abstracta: los grafos.

- Conocerás la búsqueda a lo ancho, un algoritmo que puedes ejecutar en un grafo para responder preguntas como «¿Cuál es el camino más corto para llegar a X?».

- Aprenderás sobre grafos dirigidos y grafos no dirigidos.

- Descubrirás el orden topológico, un tipo distinto de algoritmo de ordenación que expone dependencias entre nodos.

Este capítulo introduce los grafos. Definiré qué son los grafos (que no involucran a un eje $X$ o $Y$). Luego te mostraré tu primer algoritmo de grafos. Se le llama la «búsqueda a lo ancho» (BFS, por sus siglas en inglés).

La búsqueda a lo ancho permite encontrar la menor distancia entre dos cosas. Pero la distancia más corta puede significar muchas cosas. Puedes utilizar la búsqueda a lo ancho para:

- Escribir un corrector ortográfico (la menor cantidad de ediciones desde el error ortográfico hasta una palabra real, por ejemplo, LIBRU → LIBRO es una modificación).

- Encontrar el médico más cercano a ti entre los de tu seguro médico.
- Crear un rastreador de motores de búsqueda.

Los algoritmos de grafos son de los más potentes que conozco. Asegúrate de leer los próximos capítulos con detenimiento. Podrás aplicar estos algoritmos una y otra vez.

# Introducción a los grafos

Supón que te encuentras en San Francisco y quieres ir desde Twin Peaks al puente Golden Gate en autobús con la menor cantidad de intercambios posible. Aquí tienes tus opciones.

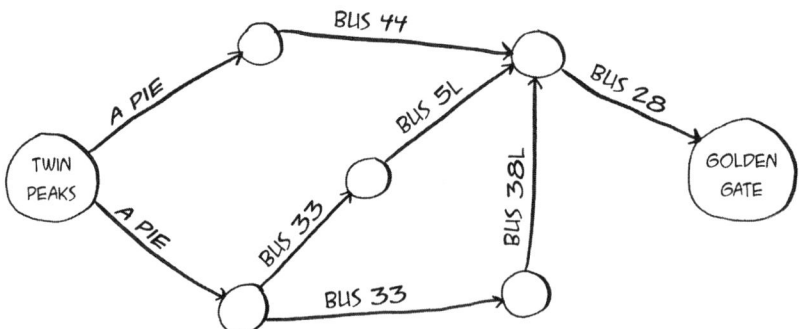

¿Cuál es tu algoritmo para encontrar el camino con el menor número de pasos?

Bueno, ¿puedes llegar allí en un solo paso? Aquí tienes todos los lugares a los que puedes llegar:

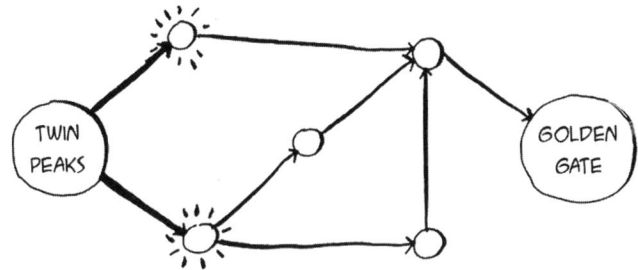

El puente no está resaltado; así que no puedes llegar en un solo paso.

¿Podrías llegar en dos pasos?

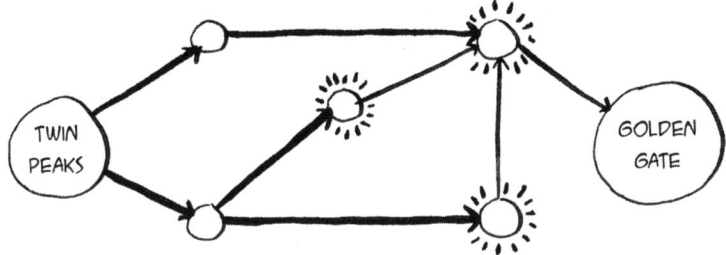

Tampoco está resaltado el puente, así que no puedes llegar en dos pasos. ¿Qué tal en tres?

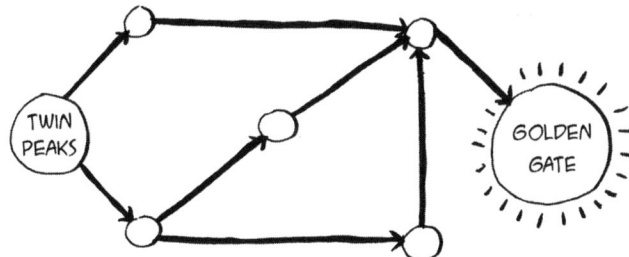

¡Ah!, ahora el puente Golden Gate sí aparece. Entonces son necesarios tres pasos para llegar desde Twin Peaks al puente usando esta ruta.

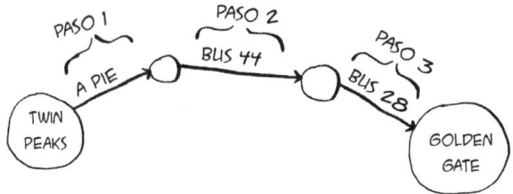

Hay otras rutas que permiten llegar al puente, pero son más largas (cuatro pasos). El algoritmo encontró que la ruta más corta al puente consta de tres pasos. Este tipo de problemas se conocen como «problemas del camino más corto». Siempre intentas encontrar lo más corto. Podría ser la ruta más corta a la casa de un amigo. O tal vez estés navegando por la web. Sin que lo sepas, la red está buscando el camino más corto entre tu ordenador y el servidor de un sitio web. El algoritmo para resolver este tipo de problemas se llama «búsqueda a lo ancho».

Hacen falta dos pasos para encontrar cómo llegar desde Twin Peaks al puente Golden Gate:

1.  Modelar el problema como un grafo.

2.  Resolver el problema utilizando la búsqueda a lo ancho.

A continuación veremos qué son los grafos. Luego entraremos en detalle sobre la búsqueda a lo ancho.

# ¿Qué es un grafo?

Un grafo modela un conjunto de conexiones. Por ejemplo, supón que tú y tu amigo jugáis al póker y quieres representar quién le debe dinero a quién. Así es como podrías expresarlo: «Alex le debe dinero a Rama».

El grafo completo podría verse así:

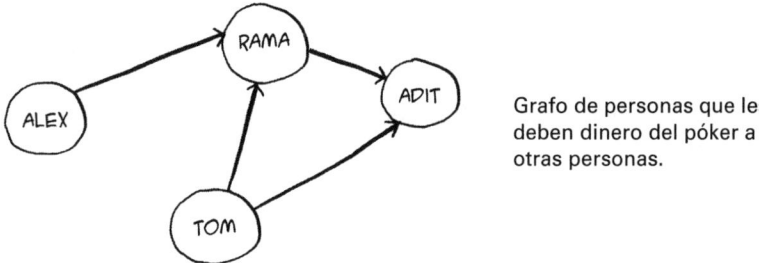

Grafo de personas que les deben dinero del póker a otras personas.

Alex le debe dinero a Rama, Tom le debe dinero a Adit y así sucesivamente. Cada grafo está formado por nodos y aristas.

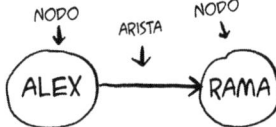

¡Eso es todo! Los grafos se componen de nodos y aristas. Un nodo se puede conectar directamente a muchos otros nodos. Esos nodos se denominan «vecinos de entrada» o «vecinos de salida».

Dado que Alex está señalando a Rama, Alex es «vecino de entrada» de Rama, y Rama es «vecino de salida» de Alex. Esta terminología resulta algo confusa, así que mejor la vemos en un diagrama.

En el grafo, Adit no es «vecino de entrada» ni «vecino de salida» de Alex porque no están conectados directamente. Pero Adit es «vecino de salida» de Rama y Tom.

Los grafos son una forma de modelar cómo distintas entidades se conectan entre sí. Ahora veamos la búsqueda a lo ancho.

# Búsqueda a lo ancho

Aprendimos un algoritmo de búsqueda en el capítulo 1: la búsqueda binaria. La búsqueda a lo ancho es un tipo distinto de algoritmo de búsqueda: se trabaja sobre grafos. Puede ayudar a responder dos tipos de preguntas:

- Tipo 1: ¿Existe un camino entre el nodo A y el nodo B?
- Tipo 2: ¿Cuál es el camino más corto desde el nodo A al nodo B?

Ya viste búsqueda a lo ancho una vez, cuando calculamos la ruta más corta entre Twin Peaks y el puente Golden Gate. Esa fue una pregunta del tipo 2: «¿Cuál es el camino más corto?». Ahora veamos el algoritmo en detalle. Realizarás una pregunta del tipo 1: «¿Existe un camino?».

Imagina que eres el orgulloso dueño de una finca de mangos. Estás buscando un vendedor de mangos para que los comercialice. ¿Estás conectado con algún vendedor de mangos en Facebook? Bueno, puedes buscar entre tus amigos.

Esta búsqueda es bastante sencilla. Primero, haz una lista de amigos.

Ahora, ve a cada persona de la lista y comprueba si vende mangos.

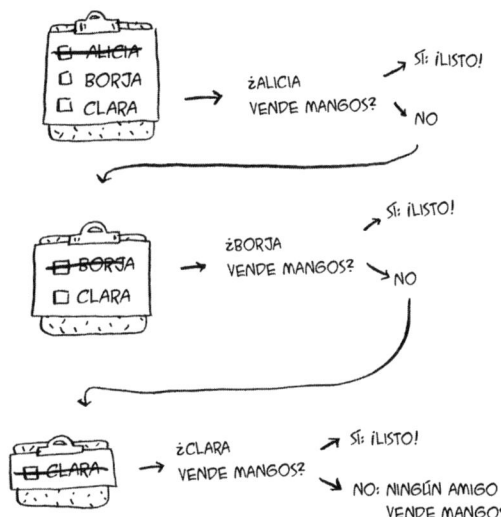

Supón que ninguno de tus amigos es vendedor de mangos. Ahora tienes que buscar entre los amigos de tus amigos.

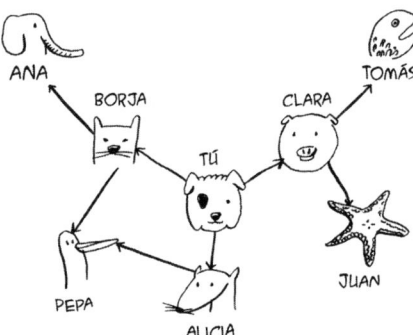

Cada vez que buscas a alguien en la lista, añades a todos sus amigos.

De esta forma, no solamente buscas en tus amigos, sino también en los suyos. Recuerda que el objetivo es encontrar un vendedor de mangos. Así que si Alicia no vende mangos, añades a sus amigos a la lista. Esto significa que buscarás en sus amigos, y en los amigos de sus amigos y así sucesivamente. Con este algoritmo buscarás en toda la red de amigos hasta que encuentres un vendedor de mangos. El algoritmo se conoce como búsqueda a lo ancho.

## Encontrar el camino más corto

Recordemos que hay dos preguntas que la búsqueda a lo ancho responde por ti:

- Tipo 1: ¿Existe un camino desde el nodo A hasta el nodo B? (¿Hay algún vendedor de mangos en tu red de conocidos?).
- Tipo 2: ¿Cuál es el camino más corto del nodo A al nodo B? (¿Quién es el vendedor de mangos más cercano?).

Ya viste cómo responder la pregunta 1; ahora intentemos responder la pregunta 2. ¿Puedes encontrar el vendedor de mangos más cercano a ti? Por ejemplo, tus amigos son una conexión de primer grado y sus amigos son conexiones de segundo grado.

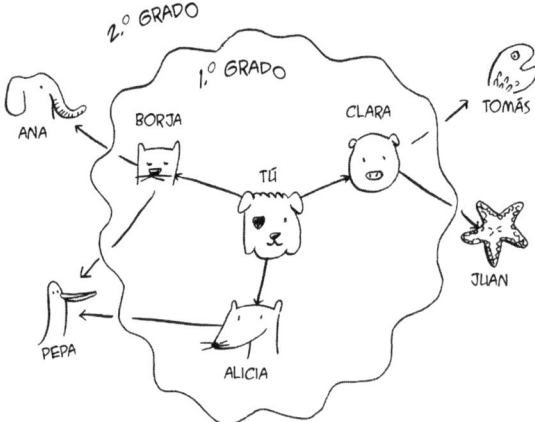

Es preferible una conexión de primer grado a una de segundo, una de segundo grado a una de tercero, y así sucesivamente. Entonces no deberías buscar entre las conexiones de segundo grado antes de asegurarte de que no tienes ninguna de primer grado que sea vendedora de mangos. Bueno, ¡la búsqueda a lo ancho hace precisamente esto! Dada la manera en que funciona la búsqueda a lo ancho, la búsqueda se expande desde el punto inicial. Así que comprobarás las conexiones de primer grado antes de las de segundo grado. Pregunta sorpresa: ¿A quién comprobarás primero: a Clara o a Ana? Respuesta: Clara es una conexión de primer grado y Ana es de segundo, por tanto, Clara será analizada antes que Ana.

Otra forma de ver esto es que las conexiones de primer grado se añaden a la búsqueda antes que las de segundo.

Simplemente se recorre la lista comprobando si cada persona es vendedora de mangos. Las conexiones de primer grado serán analizadas antes que las de segundo, de forma tal que cuando encuentres un vendedor de mangos será el más cercano a ti. La búsqueda a lo ancho no solo encuentra un camino desde A hasta B, sino que halla el más corto.

Ten en cuenta que esto solo funciona si buscas entre las personas en el mismo orden en que son añadidas. Es decir, si Clara fue añadida a la lista antes de Ana, necesitas analizar a Clara antes que a Ana. ¿Qué pasa si compruebas antes a Ana que a Clara y ambas son vendedoras de mangos? Bueno, Ana es un contacto de segundo grado y Clara lo es de primer grado. Por ende, terminarás seleccionando una vendedora de mangos que no es la más cercana a ti entre tu red de conocidos. Así que necesitas buscar a las personas en el orden en que son añadidas. Existe una estructura de datos para esto, se conoce como «cola».

## Colas

Una cola funciona exactamente como en la vida real. Supón que tú y tu amigo estáis esperando en la parada del autobús. Si estás antes que él en la cola, entrarás primero al autobús. Una cola funciona de la misma forma. Las colas son similares a las pilas en cuanto a que no puedes acceder a un elemento aleatorio de la cola. En su lugar solo existen dos operaciones: «encolar» y «desencolar».

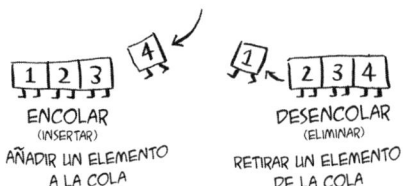

Si encolas dos elementos en la lista, el primero que añadiste será desencolado (eliminado) antes que el segundo elemento. ¡Puedes utilizar esto para buscar entre tu lista de amigos! Las personas añadidas primero serán desencoladas y analizadas primero.

La cola se conoce como una estructura de datos FIFO (*First In First Out* en inglés): el primero que llega es el primero que sale. Por el contrario, la pila es una estructura de datos LIFO (*Last In First Out* en inglés): el último que llega es el primero que sale.

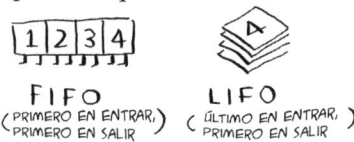

Ahora que conoces cómo funciona una cola, ¡implementemos una búsqueda a lo ancho!

## EJERCICIOS

Ejecuta el algoritmo de búsqueda a lo ancho en cada uno de estos grafos para encontrar la solución.

**6.1** Encuentra la longitud del camino más corto del inicio al final.

**6.2** Encuentra la longitud del camino más corto desde «pata» hasta «mala».

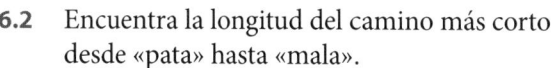

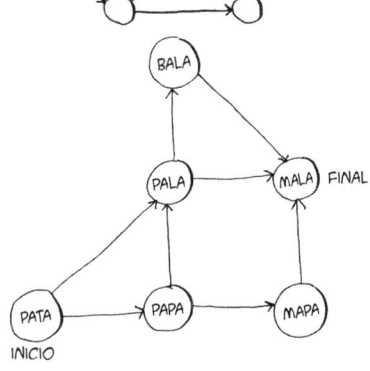

# Implementar el grafo

Primero, necesitas implementar el grafo en código. Un grafo consta de distintos nodos.

Cada nodo está conectado a otros nodos. ¿Cómo expresas una relación del tipo «tú → Borja»? Por suerte, conoces una estructura de datos que permite representar relaciones: ¡una tabla hash!

Recuerda que una tabla hash permite asociar una clave a un valor. En este caso quieres asociar un nodo con todos sus vecinos de salida.

Así es como lo escribirías en Python:

```
grafo = {}
grafo["tú"] = ["alicia", "borja", "clara"]
```

Observa que «tú» está asociado a un array. Entonces `grafo["tú"]` devolverá un array de «tus» vecinos de salida. Recuerda que los vecinos de salida son aquellos a los que apunta el nodo «tú».

Un grafo es simplemente un grupo de nodos y aristas, así que esto es todo lo que necesitas para tener un grafo en Python. ¿Qué tal un grafo más grande, como este?

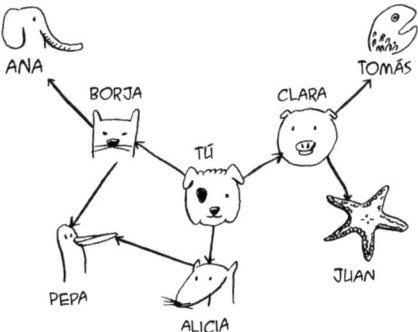

Aquí tienes el código Python:

```python
grafo = {}
grafo["tú"] = ["alicia", "borja", "clara"]
grafo["borja"] = ["ana", "pepa"]
grafo["alicia"] = ["pepa"]
grafo["clara"] = ["tomás", "juan"]
grafo["ana"] = []
grafo["pepa"] = []
grafo["tomás"] = []
grafo["juan"] = []
```

Pregunta sorpresa: ¿Importa el orden en que añades los pares de clave/valor? Por ejemplo, si escribes:

```python
grafo["clara"] = ["tomás", "juan"]
grafo["ana"] = []
```

en lugar de

```python
grafo["ana"] = []
grafo["clara"] = ["tomás", "juan"]
```

Piensa en el capítulo anterior. La respuesta: no importa el orden. Las tablas hash no tienen un orden definido, así que no es relevante el orden en que añades los pares de clave/valor.

Ana, Pepa, Tomás y Juan no tienen ningún vecino de salida. Tienen flechas que apuntan a ellos, pero no hay flechas desde ellos hasta nadie más. A esto se le llama «grafo dirigido»: la relación es en un solo sentido. Un grafo no dirigido no tiene flechas y ambos nodos son vecinos entre sí. Por ejemplo, los siguientes grafos son equivalentes.

Si tenemos un grafo no dirigido, podemos olvidar los términos vecino de entrada y vecino de salida y usar un término más simple: «vecino».

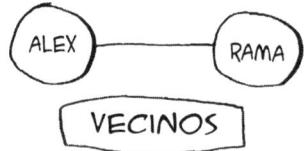

# Implementar el algoritmo

A continuación, recordemos cómo funcionaría la implementación.

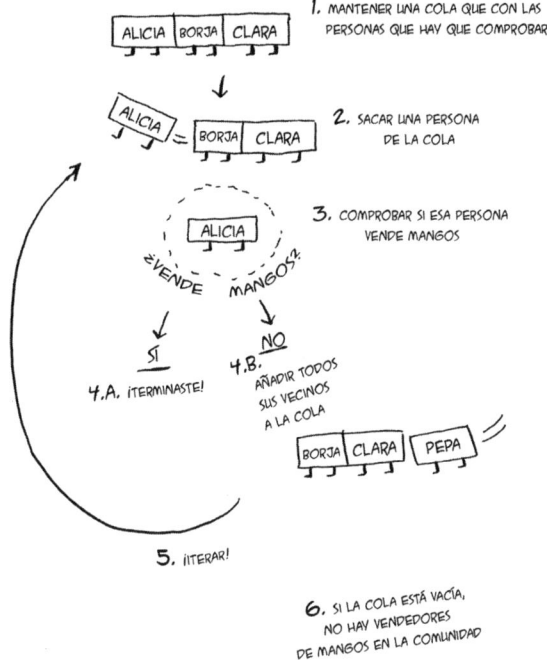

---

### Nota

Al hablar de colas, utilizo los términos «enqueue» y «dequeue». Aunque a veces se usan términos diferentes. Python usa «append» y «popleft» en lugar de «enqueue» y «dequeue».

---

Crea una cola para comenzar. En Python usaremos una función (deque) que proporciona una cola doble:

```python
from collections import deque
cola = deque()                    ❶
cola += grafo["tú"]               ❷
```

❶ Crea una nueva cola.
❷ Añade todos tus vecinos de salida a la cola.

Recuerda que grafo["tú"] devolverá una lista con todos tus vecinos de salida, como ["alicia", "borja", "clara"]. Todos ellos se añaden a la cola.

Veamos el resto:

```
while cola:                                              ❶
    persona = cola.popleft()                             ❷
    if es_vendedor(persona):                             ❸
        print("¡" + persona + " es un vendedor de mangos!") ❹
        return True
    else:
        cola += grafo[persona]                           ❺
return False                                             ❻
```

❶  Mientras la cola no esté vacía...
❷  ... obtén la primera persona de la cola.
❸  Comprueba si la persona es un vendedor de mangos.
❹  Sí, lo es.
❺  No lo es. Añade a todos sus amigos a la cola.
❻  Si llegaste a este punto, ninguna de las personas es un vendedor de mangos.

Por último, necesitas una función es_vendedor para comprobar si una persona es un vendedor. Aquí tienes una:

```
def es_vendedor(nombre):
    return nombre[-1] == 'm'
```

Esta función comprueba si el nombre de la persona termina con la letra «m». En caso afirmativo, la persona es un vendedor de mangos. Un poco tonto, pero funcionará para nuestro ejemplo. Ahora veamos a la búsqueda a lo ancho en acción.

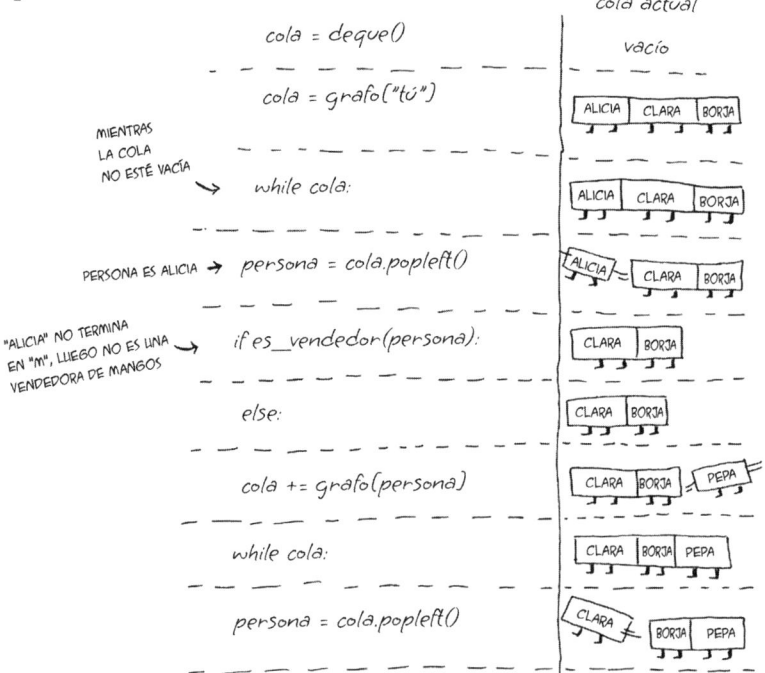

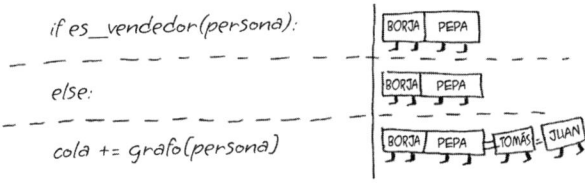

ETC.

El algoritmo continuará hasta que se encuentre un vendedor de mangos o la cola se vacíe y, por tanto, no haya ningún vendedor.

Alicia y Borja comparten una amiga: Pepa. Por ende, Pepa será añadida a la cola dos veces: una vez cuando incluyas a los amigos de Alicia y otra cuando añadas a los de Borja. Terminarías con dos «Pepa» en la cola de búsqueda.

¡OH, OH! ¡ PEPA ESTÁ

DOS VECES

EN LA COLA!

Pero solo se necesita comprobar si Pepa es una vendedora de mangos una sola vez. Si la analizas dos veces, estarás haciendo trabajo innecesario. Entonces, una vez que analices a una persona, deberías marcarla como que ya revisada y no hacerlo de nuevo.

Si no haces esto, puedes terminar en un bucle infinito. Supón que el grafo de los vendedores de mangos es como el siguiente:

Al comenzar, la cola contiene a todos tus vecinos de salida.

Ahora compruebas a Pepa. Dado que no es una vendedora, incluyes a sus vecinos en la cola.

A continuación, compruebas tu propio nodo. No eres un vendedor, por tanto, incluyes a tus vecinos en la cola.

Y así sucesivamente. Esto forma un bucle infinito porque la cola continúa saltando de ti a Pepa.

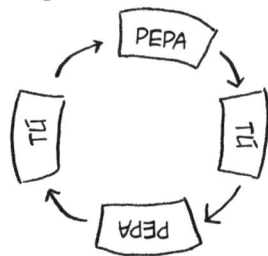

Antes de analizar a una persona, es importante asegurarse de que no ha sido comprobada antes. Para ello, se mantiene una lista con las personas (nodos) que se han analizado.

He aquí el código final para la búsqueda a lo ancho, teniendo en cuenta esto último:

```
def busqueda(nombre):
    cola = deque()
    cola += grafo[nombre]
    visitados = set()                            ❶
    while cola:
        persona = cola.popleft()
        if not persona in visitados:             ❷
            if es_vendedor(persona):
                print("¡" + persona + " es vendedor de mangos!")
                return True
        else:
                cola += grafo[persona]
                visitados.add(persona)           ❸
    return False

busqueda("tú")
```

❶  Este array es para hacer un seguimiento de las personas que se han buscado antes.
❷  Solo procesa a esta persona si aún no ha sido buscada.
❸  Marca esta persona como buscada.

Intenta ejecutar este código por ti mismo. Prueba a cambiar el código de `es_vendedor` por algo más significativo y comprueba si imprime lo que estás esperando.

## Tiempo de ejecución

Si buscas a un vendedor de mangos en toda tu red de conocidos, eso significa que tienes que recorrer cada nodo (recuerda, una arista es la flecha o conexión de una persona a otra). Entonces, el tiempo de ejecución es al menos O(número de aristas).

Además, mantienes una cola de cada persona que debes buscar. Añadir una persona a la cola toma un tiempo constante: O(1). Hacer esto por cada persona llevará en total O(número de personas). La búsqueda a lo ancho necesita O(número de personas + número de aristas), lo cual se suele escribir como O(V+A) (V para el número de vértices, A para el número de aristas).

## EJERCICIOS

Aquí tienes un pequeño grafo de mi rutina matutina.

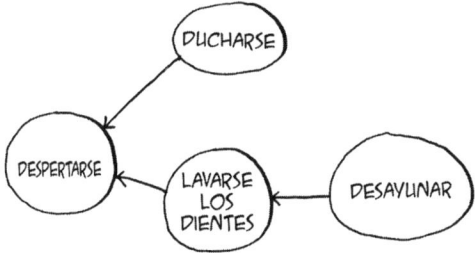

Dice que no puedo desayunar hasta que me haya lavado los dientes. Por tanto «Desayunar» depende de «Lavarse los dientes».

Por otra parte, ducharse no depende de lavarse los dientes porque me ducho antes de lavarme los dientes. A partir de este grafo, puedes hacer una lista del orden de la rutina matutina:

1. Despertarse
2. Ducharse
3. Lavarse los dientes
4. Desayunar

Fíjate que «Ducharse» puede moverse de lugar y la lista continúa siendo válida:

1. Despertarse

2. Lavarse los dientes

3. Ducharse

4. Desayunar

**6.3**   Para las siguientes tres listas, marca si cada una es válida o inválida.

A.

1. DESPERTARSE

2. DUCHARSE

3. DESAYUNAR

4. LAVARSE LOS DIENTES

B.

1. DESPERTARSE

2. LAVARSE LOS DIENTES

3. DESAYUNAR

4. DUCHARSE

C.

1. DUCHARSE

2. DESPERTARSE

3. LAVARSE LOS DIENTES

4. DESAYUNAR

**6.4**   Aquí hay un grafo más grande. Haz una lista válida para este grafo.

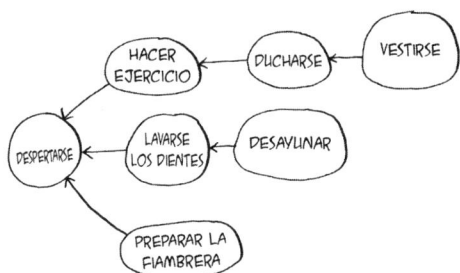

Se podría decir que la lista está ordenada en cierta manera. Si la tarea A depende de la tarea B, entonces la tarea A aparece después en la lista. Esto se conoce como «orden topológico» y es una forma de construir una lista ordenada a partir de un grafo. Por ejemplo, supón que estás planificando una boda y tienes un grafo grande de tareas que cumplir y no sabes por dónde comenzar. Podrías armar un «orden topológico» del grafo y obtener así una lista de tareas ordenadas.

Imagina que tienes un árbol genealógico.

Esto es un grafo, porque tienes nodos (las personas) y aristas.

Las aristas apuntan a los padres del nodo. Pero todas las aristas van hacia abajo, no tendría sentido, en un árbol genealógico, que las aristas apuntasen de vuelta hacia arriba. No sería lógico, por ejemplo, que tu padre sea su propio abuelo.

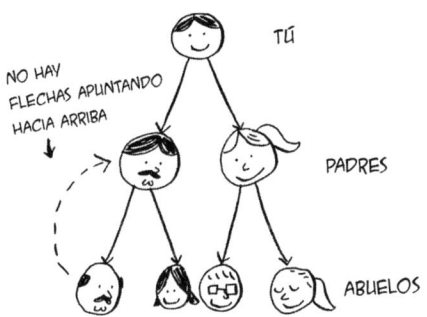

Esto se conoce como «árbol». Un árbol es un tipo especial de grafo, donde no existen aristas que apunten hacia atrás.

**6.5** ¿Cuáles de los siguientes grafos también son árboles?

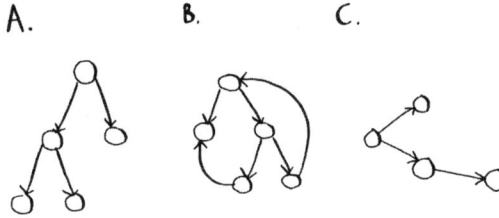

## Recapitulación

- La búsqueda a lo ancho indica si existe un camino desde A hasta B.

- Si existe un camino, la búsqueda a lo ancho encontrará el más corto.

- Si tienes un problema del tipo «encuentra el camino más corto a X», intenta modelarlo como un grafo y utiliza la búsqueda a lo ancho para resolverlo.

- Un grafo dirigido tiene flechas y la relación sigue la dirección de la flecha (por ejemplo, Rama → Adit significa que «Rama le debe dinero a Adit»).

- Los grafos no dirigidos no tienen flechas y la relación va en ambos sentidos (por ejemplo, Raúl — Raquel significa «Raúl salió con Raquel y Raquel salió con Raúl»).

- Las colas son FIFO («First In First Out»).

- Las pilas son LIFO («Last In First Out»).

- Necesitas buscar a las personas en el orden en que son añadidas a la lista de búsqueda, así que la lista necesita ser una cola. De lo contrario, no obtendrás el camino más corto.

- Una vez que analices a alguien, asegúrate de no incluirlo de nuevo en la cola. De lo contrario, podrías terminar en un bucle infinito.

# Árboles | 7

## En este capítulo:

- Conocerás qué es un árbol y la diferencia entre árboles y grafos.

- Te sentirás cómodo ejecutando un algoritmo sobre un árbol.

- Aprenderás a buscar primero en profundidad y verás la diferencia entre la búsqueda en profundidad y la búsqueda en amplitud.

- Estudiarás la codificación Huffman, un algoritmo de compresión que usa los árboles.

¿Qué tienen en común los algoritmos de compresión y el almacenamiento de bases de datos? A menudo hay un árbol debajo haciendo todo el trabajo duro. Los árboles son un subconjunto de los grafos. Vale la pena tratarlos por separado, ya que hay muchos tipos especializados de árboles. Por ejemplo, la codificación Huffman, un algoritmo de compresión que aprenderás en este capítulo, utiliza árboles binarios.

La mayoría de las bases de datos usan un árbol equilibrado como un árbol B, del que aprenderás en el siguiente capítulo. Hay tantos tipos de árboles por ahí. Estos dos capítulos te darán el vocabulario y los conceptos que necesitas para entenderlos.

# Tu primer árbol

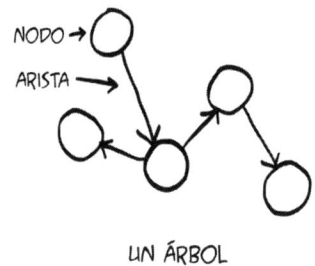

Los árboles son un tipo de grafo. Tendremos una definición más completa más adelante. Primero, aprendamos algo de terminología y veamos un ejemplo.

Al igual que los grafos, los árboles están hechos de nodos y aristas.

UN ÁRBOL

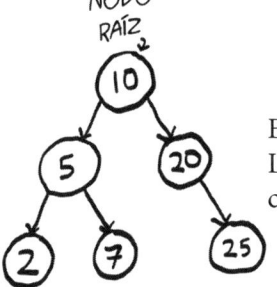

En este libro, trabajaremos con árboles con raíz. Los árboles con raíz tienen un nodo que conduce a todos los demás.

Trabajaremos exclusivamente con árboles con raíz, por lo que cuando digo árbol en este capítulo, me refiero a un árbol con raíz. Los nodos pueden tener hijos y los hijos pueden tener un padre.

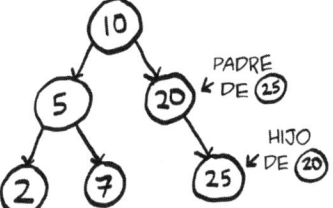

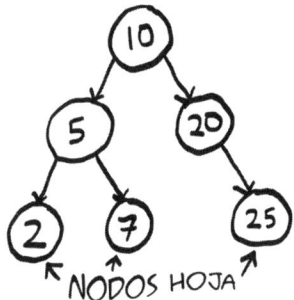

En un árbol, los nodos tienen como máximo un padre. El único nodo que no tiene padres es la raíz. Los nodos sin hijos se denominan nodos hoja.

Si entiendes la raíz, la hoja, el padre y el hijo, ¡estás listo para seguir leyendo!

# Directorios de archivos

Dado que un árbol es un tipo de grafo, podemos ejecutar un algoritmo de grafos en él. En el capítulo 6, aprendimos la búsqueda a lo ancho, un algoritmo para encontrar el camino más corto en un grafo. Vamos a usar la búsqueda a lo ancho en un árbol. Si no te sientes cómodo con la búsqueda a lo ancho, consulta el capítulo 6.

Un directorio de archivos es un árbol con el que todos interactuamos a diario. Supongamos que tengo este directorio de archivos.

Quiero imprimir el nombre de cada archivo del directorio fotos, incluidos todos sus subdirectorios. Aquí solo hay un subdirectorio, 2001. ¡Podemos usar la búsqueda a lo ancho para hacer esto! Primero, permíteme mostrarte cómo se ve este directorio de archivos como un árbol.

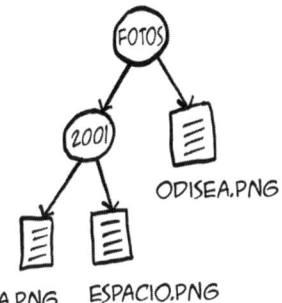

Dado que este directorio de archivos es un árbol, podemos ejecutar un algoritmo de grafos en él. Antes usábamos la búsqueda a lo ancho como algoritmo de búsqueda. Pero no solo sirve para eso. La búsqueda a lo ancho es un algoritmo transversal. Eso significa que es un algoritmo que visita todos los nodos de un árbol, es decir, atraviesa o camina por el árbol. ¡Eso es exactamente lo que necesitamos! Necesitamos un algoritmo que vaya a todos los archivos de este árbol e imprima su nombre. Usaremos la búsqueda a lo ancho para enumerar todos los archivos de un directorio. El algoritmo también entrará en los subdirectorios, encontrará archivos allí e imprimirá sus nombres. Mi lógica será la siguiente:

1. Visita todos los nodos del árbol.

2. Si este nodo es un archivo, imprime su nombre.

3. Si el nodo es una carpeta, agrégalo a una cola de carpetas para buscar archivos.

A continuación se muestra el código. Es muy similar al código de vendedor de mango del capítulo 6:

```python
from os import listdir
from os.path import isfile, join
from collections import deque

def imprime_nombres(dir_inicial):
    cola_busqueda = deque()                              ❶
    cola_busqueda.append(dir_inicial)
    while cola_busqueda:                                 ❷
        dir = cola_busqueda.popleft()
        for fich in sorted(listdir(dir)):                ❸
            ruta_completa = join(dir, fich)
            if isfile(ruta_completa):
                print(fich)                              ❹
            else:
                cola_busqueda.append(ruta_completa) ❺

imprime_nombres("fotos")
```

❶ Usamos una cola para realizar un seguimiento de las carpetas en las que buscar.
❷ Mientras la cola no esté vacía, sacamos una carpeta para revisarla.
❸ Recorremos todos los archivos y carpetas de esta carpeta.
❹ Si se trata de un archivo, escribimos el nombre.
❺ Si se trata de una carpeta, la agregamos a la cola de carpetas para buscar.

Aquí, usamos una cola como lo hicimos en el ejemplo del vendedor de mangos. En la cola llevamos un registro de las carpetas que aún necesitamos buscar. Por supuesto, en ese ejemplo, nos detuvimos una vez que encontramos a un vendedor de mangos, pero aquí vamos a través de todo el árbol.

Hay otra diferencia importante con el código de vendedor de mango. ¿La ves?

En el ejemplo del vendedor de mangos, recordemos que teníamos que llevar un registro de si ya habíamos buscado a una persona:

```python
...
        if persona not in encontradas:              ❶
            if es_vendedor(persona):
...
```

❶ Buscamos a esta persona solo si aún no la hemos encontrado.

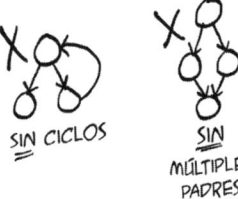

SIN CICLOS

SIN MÚLTIPLES PADRES

¡No tenemos que hacer eso aquí! Los árboles no tienen ciclos y cada nodo solo tiene un padre. No hay forma de que busquemos accidentalmente en la misma carpeta más de una vez o terminemos en un bucle infinito, por lo que no es necesario realizar un seguimiento de las carpetas que ya hemos buscado. Simplemente no hay forma de volver a visitar una carpeta.

Esta propiedad de los árboles ha hecho que nuestro código sea más simple. Esa es una conclusión importante de este capítulo: los árboles no tienen ciclos.

## Una nota sobre los enlaces simbólicos

Es posible que sepas qué son los enlaces simbólicos. Si no es así, los enlaces simbólicos son una forma de introducir un ciclo en un directorio de archivos. Podrías hacer un enlace simbólico en macOS o Linux con:

```
ln -s fotos/ fotos/2001/fotos
```

o, en Windows, con:

```
mklink /d fotos/ fotos/2001/fotos
```

Si lo hicieras, el árbol se vería como el siguiente:

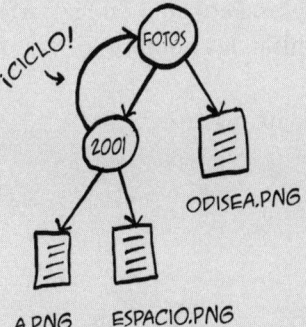

¡Ahora nuestro directorio de archivos ya no es un árbol! Para simplificar las cosas, para este ejemplo, vamos a ignorar los enlaces simbólicos. Si tuviéramos un enlace simbólico, Python es lo suficientemente inteligente como para evitar un bucle infinito. Este es el error que genera:

```
OSError: [Errno 62] Too many levels of symbolic links:
'fotos/2001/fotos'
...
```

# Una odisea en el espacio: búsqueda en profundidad

Recorramos nuestro directorio de archivos de nuevo, haciéndolo esta vez de forma recursiva:

```python
from os import listdir
from os.path import isfile, join

def imprime_nombres(dir):
    for fich in sorted(listdir(dir)):        ❶
        ruta_completa = join(dir, fich)
        if isfile(ruta_completa):
            print(fich)                      ❷
        else:
            imprime_nombres(ruta_completa)           ❸

imprime_nombres("fotos")
```

❶ Recorremos en bucle todos los archivos y carpetas de la carpeta actual.
❷ Si se trata de un archivo, escribimos el nombre.
❸ Si se trata de una carpeta, llamamos a esta función de forma recursiva para buscar archivos y carpetas.

Ten en cuenta que ahora no estamos usando una cola. En cambio, cuando nos encontramos con una carpeta, inmediatamente buscamos más archivos y carpetas en su interior. Ahora tenemos dos formas de enumerar los nombres de los archivos. Pero aquí está la parte sorprendente: «¡las soluciones imprimirán los nombres de los archivos en orden diferente!».

Uno imprime los nombres de la siguiente manera:

```
a.png
espacio.png
odisea.png
```

El otro imprime esto:

```
odisea.png
a.png
espacio.png
```

¿Puedes averiguar qué solución imprime en qué orden y por qué? Pruébalo tú mismo antes de continuar.

La primera solución utiliza la búsqueda a lo ancho. Cuando encuentra una carpeta, esa carpeta se agrega a la cola para verificarla más tarde. Así que el algoritmo va a la carpeta 2001, no entra en ella, sino que la añade a la cola para verla más tarde, imprime todos los nombres de archivo en la carpeta fotos/ y luego vuelve a la carpeta 2001/ e imprime los nombres de archivo allí.

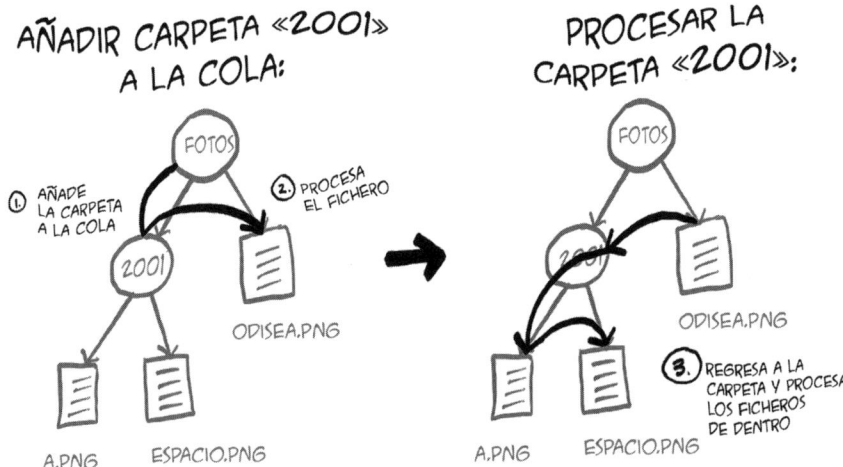

Puedes ver que el algoritmo visita primero la carpeta 2001, pero no mira dentro. Esa carpeta simplemente se agrega a la cola y la búsqueda de amplitud primero pasa a odisea.png.

La segunda solución utiliza un algoritmo llamado búsqueda en profundidad. La búsqueda en profundidad también es un algoritmo de recorrido de grafos y árboles. Cuando encuentra una carpeta, busca dentro inmediatamente en lugar de agregarla a una cola.

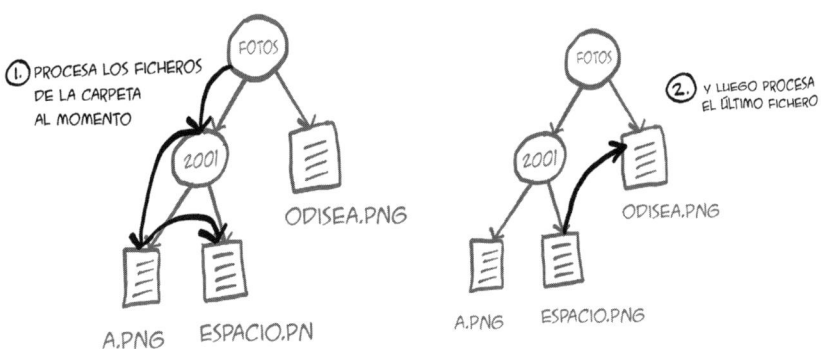

La segunda solución es la que imprime:

```
a.png
espacio.png
odisea.png
```

Las búsquedas a lo ancho y en profundidad están estrechamente relacionadas, y a menudo donde se menciona una, también se menciona la otra. Ambos algoritmos imprimieron todos los nombres de archivo, por lo que ambos funcionan para este ejemplo. Pero hay una gran diferencia. ¡La búsqueda en profundidad no se puede usar para encontrar el camino más corto!

En el ejemplo del vendedor de mangos, no podríamos haber utilizado la búsqueda en profundidad. Nos basamos en el hecho de que estamos revisando todos nuestros amigos de primer grado antes que los de segundo grado, y así sucesivamente. Eso es lo que hace la búsqueda a lo ancho. Pero la búsqueda en profundidad irá lo más profundo posible de inmediato. ¡Es posible que encuentre un vendedor de mangos a tres grados de distancia aun teniendo un contacto más cercano! Supongamos que la siguiente es tu red social.

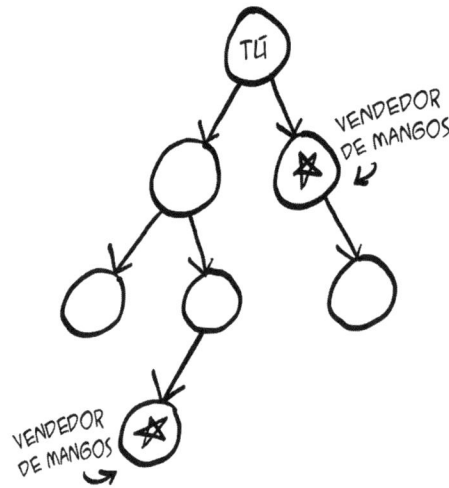

Digamos que procesamos los nodos en orden de izquierda a derecha. La búsqueda en profundidad primero llegará al nodo secundario más a la izquierda y profundizará.

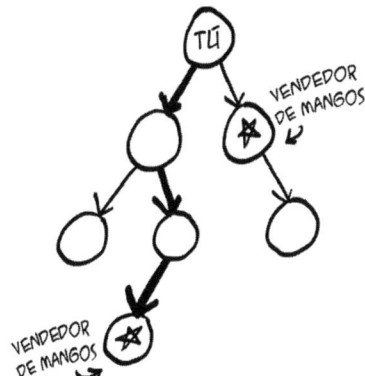

Debido a que la búsqueda en profundidad se metió en el nodo izquierdo, no se dio cuenta de que el nodo derecho es un vendedor de mangos que está mucho más cerca.

La búsqueda a lo ancho encontrará correctamente el vendedor de mangos más cercano.

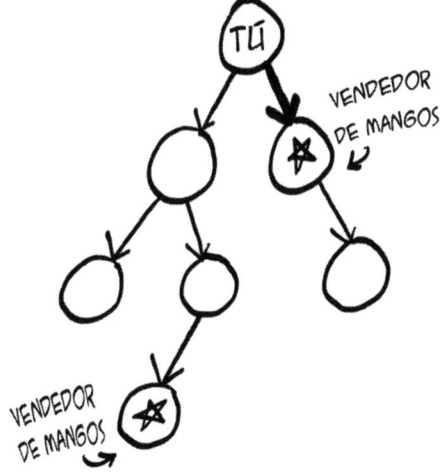

Entonces, si bien ambos algoritmos funcionaron para enumerar archivos, solo la búsqueda a lo ancho funciona para encontrar la ruta más corta. La búsqueda en profundidad tiene otros usos. Se puede usar para establecer el orden topológico, un concepto que vimos brevemente en el capítulo 6.

## Una mejor definición de los árboles

Ahora que has visto un ejemplo, es hora de una mejor definición de un árbol. Un árbol es un grafo acíclico conexo.

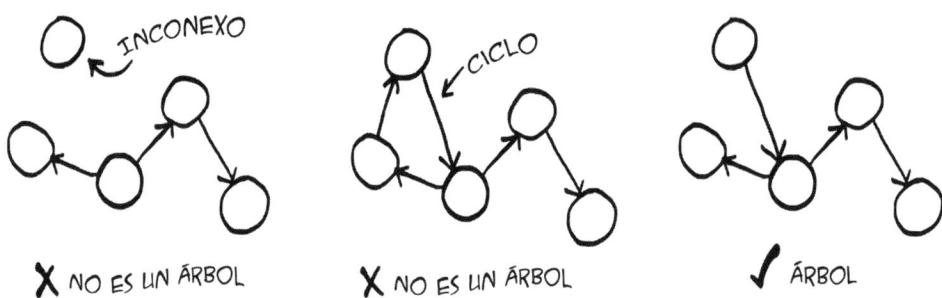

Como dije antes, estamos trabajando exclusivamente con árboles con raíz, por lo que todos nuestros árboles también tienen una raíz. Y lo hacemos exclusivamente con grafos conexos. Así que lo más importante que hay que recordar es que los árboles no pueden tener ciclos.

Ahora que hemos visto un árbol en acción, acerquémonos a un tipo específico de árbol.

# Árboles binarios

La informática está llena de diferentes tipos de árboles. Los árboles binarios son un tipo de árbol muy común. Durante el resto de este capítulo y la mayor parte del siguiente, trabajaremos con este tipo de árboles.

Un árbol binario es un tipo especial de árbol en el que los nodos pueden tener como máximo dos hijos (de ahí el nombre binario, que significa dos). Tradicionalmente se les llama hijo izquierdo e hijo derecho.

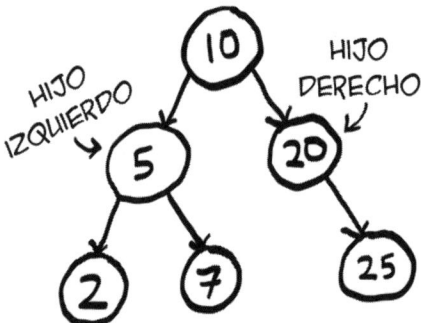

Un árbol generacional es un ejemplo de árbol binario, ya que todo el mundo tiene dos padres biológicos.

En ese ejemplo, hay una conexión clara entre los nodos: todos son
familia. Sin embargo, los datos pueden ser totalmente arbitrarios.

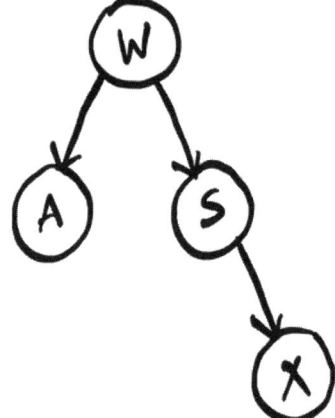

Lo importante es que nunca haya más de dos hijos. A veces la gente se
refiere al subárbol izquierdo o al subárbol derecho.

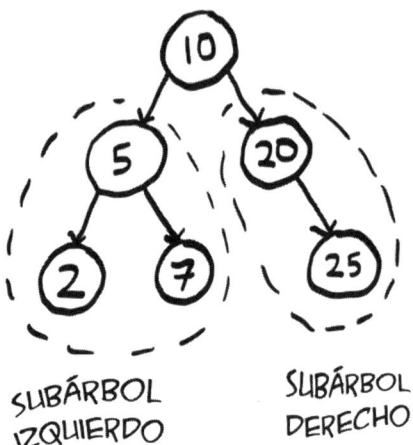

Los árboles binarios aparecen por todas partes en informática.
Vamos a dedicar el resto de este capítulo a ver un ejemplo que
utiliza un árbol binario.

# Codificación Huffman

La codificación de Huffman es un buen ejemplo del uso de árboles binarios. También es la base de los algoritmos de compresión de texto. No describiremos el algoritmo, pero dedicaremos tiempo a centrarnos en cómo funciona y cómo hace un uso inteligente de los árboles.

Primero, un poco de historia. Para saber cómo funciona la compresión, necesitamos saber cuánto espacio ocupa un archivo de texto. Supongamos que tenemos un archivo de texto con una sola palabra: «casa». ¿Cuánto espacio ocupa? Puede utilizar el comando `stat` (disponible en Unix). Primero, guarda la palabra en un archivo llamado `test.txt`. Luego, usando `stat`:

```
$ cat test.txt
casa

$ stat -f%z test.txt
4
```

Por lo tanto, el archivo ocupa 4 bytes: 1 byte por carácter.

Esto tiene sentido. Suponiendo que estamos usando ISO-8859-1 (consulta la siguiente nota para ver lo que esto significa), cada letra ocupa exactamente 1 byte. Por ejemplo, la letra a es ISO-8859-1 código 97, que puedo escribir en binario como 01100001. Es decir, 8 bits. Un bit es un dígito que puede ser 0 o 1. Y son ocho. Ocho bits es 1 byte. Por lo tanto, la letra a se representa con 1 byte. El código ISO-8859-1 va desde 00000000, que representa el carácter nulo, hasta 11111111, que representa ÿ (letra latina minúscula ye con diéresis). Hay 256 combinaciones posibles de 0 y 1 con 8 bits, por lo que el código ISO-8859-1 permite 256 letras posibles.

## Codificación de caracteres

Como se muestra en este ejemplo, hay muchas formas diferentes de codificar caracteres. Es decir, la letra a podría escribirse en binario de muchas maneras diferentes.

Comenzó con ASCII. En la década de 1960, se creó ASCII. ASCII es una codificación de 7 bits. Desafortunadamente, ASCII no incluía muchos caracteres. ASCII no incluye ningún carácter con diéresis (ü o ö, por ejemplo) o monedas comunes como la libra esterlina o el yen japonés.

Así se creó la norma ISO-8859-1. ISO-8859-1 es una codificación de 8 bits, por lo que duplica el número de caracteres que proporciona ASCII. Pasamos de 128 caracteres a 256 caracteres. Pero esto tampoco fue suficiente y los países comenzaron a fabricar sus propias codificaciones. Por ejemplo, Japón tiene varias codificaciones para japonés ya que ISO-8859-1 y ASCII se centraron en idiomas europeos. Toda la situación era un desastre hasta que se introdujo Unicode.

Unicode es un estándar de codificación cuyo objetivo es proporcionar caracteres para cualquier idioma. Unicode tiene 149 186 caracteres a partir de la versión 15, ¡un gran salto desde los 256! Más de 1000 de ellos son emojis.

Unicode es el estándar, pero debes usar una codificación que siga el estándar. La codificación más popular hoy en día es UTF-8, que es una codificación de caracteres de longitud variable, lo que significa que los caracteres pueden tener entre 1 y 4 bytes (8-32 bits).

No tienes que preocuparte demasiado por esto. He mantenido el ejemplo simple intencionadamente usando ISO-8859-1, que es de 8 bits, una buena cantidad constante de bits con los que trabajar.

Solo recuerda esto:

- Los algoritmos de compresión intentan reducir el número de bits necesarios para almacenar cada carácter.
- Si necesitas elegir una codificación para un proyecto, UTF-8 es una buena opción predeterminada.

Decodifiquemos juntos un binario a ISO-8859-1: 011100100110000101100100. Puedes buscar en Google una tabla ISO-8859-1 o un convertidor de binario a ISO-8859-1 para que sea más fácil.

Primero, sabemos que cada letra es de 8 bits, así que voy a dividir esto en trozos de 8 bits para que sea más fácil de leer:

```
01110010 01100001 01100100
```

Genial, ahora vemos que hay tres letras. Al buscarlos en una tabla ISO-8859-1, veo que son `rad`: `01100100` es `r`, y así sucesivamente. Así es como el editor de texto toma los datos binarios en un archivo de texto y lo muestra como ISO-8859-1. Puedes ver la información binaria mediante `xxd`. Esta utilidad está disponible en Unix. Así es como se ve `casa` en binario:

```
$ xxd -b test.txt
00000000: 01100011 01100001 01110011 01100001
casa
```

Aquí es donde entra en juego la compresión. Para la palabra «casa», no necesitamos las 256 letras posibles, sino solo tres. Así que no necesitamos 8 bits: solo 2. Podríamos crear nuestro propio código de 2 bits solo para estas tres letras:

```
c = 00
a = 01
s = 10
```

Así es como podríamos escribir «casa» usando nuestro nuevo código: 00011001. Puedo hacer que esto sea más fácil de leer agregando espacios nuevamente: 00 01 10 01. Si lo comparas con el mapeo, verás que esto deletrea «casa».

Esto es lo que hace la codificación Huffman: observa los caracteres que se utilizan e intenta usar menos de 8 bits. Así es como comprime los datos.

La codificación de Huffman genera un árbol.

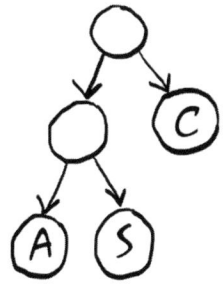

Puedes usar este árbol para encontrar el código de cada letra.
Comenzando en el nodo raíz, encuentra un camino hasta la letra «S».
Siempre que elijas una rama izquierda, anexa un 0 al código. Cuando
elijas una rama derecha, anexa 1. Cuando llegues a una letra, deja de
progresar por el árbol. Así que el código de la letra «S» es 01. Aquí están
los tres códigos dados por el árbol:

```
a = 00
s = 01
c = 1
```

Ten en cuenta que la letra «C» tiene un código de un solo dígito. A
diferencia de la norma ISO-8859-1, «en la codificación Huffman, no
todos los códigos deben tener la misma longitud». Esto es importante.
Veamos otro ejemplo para entender por qué.

Ahora queremos comprimir la frase «paranoid android»[1]. He aquí el
árbol generado por el algoritmo de codificación de Huffman.

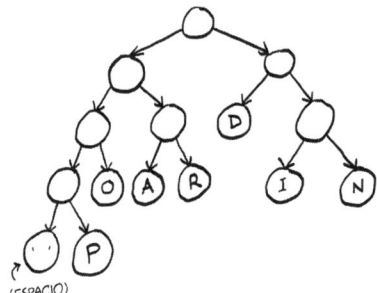

Compruébalo tú mismo: ¿Cuál es el código de la letra «P»? Pruébalo
antes de seguir leyendo. Es 0001. ¿Qué pasa con la letra «D»? Es 10.

En este caso, ¡en realidad hay tres longitudes posibles diferentes! Supón
que intentamos decodificar algunos datos binarios: 01101010. Vemos el

problema de inmediato: ¡no podemos dividir
esto de la manera en que lo hicimos con ISO-
8859-1! Mientras que todos los códigos ISO-
8859-1 eran de ocho dígitos, aquí el código
podía ser de dos, tres o cuatro dígitos. «Dado
que la longitud del código varía, ya no podemos
usar la fragmentación».

En su lugar, necesitamos mirar un dígito cada vez, como si estuviéramos
mirando una cinta.

---

[1]   N. de la T.: Mantenemos la frase en inglés para no desvirtuar el árbol: con «androide
paranoico» sería muy distinto.

Así es como se hace: el primer número es 0, así que vamos a la izquierda (aquí solo muestro una parte del árbol).

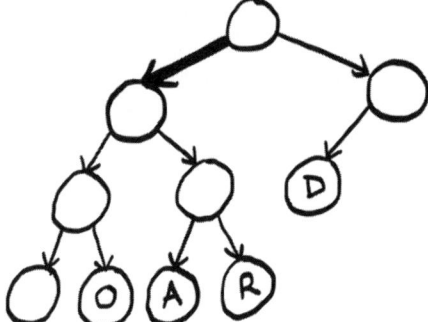

Luego obtenemos un 1, así que vamos a la derecha.

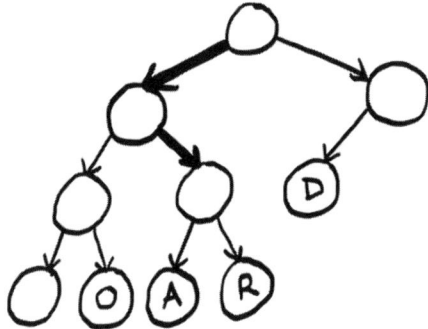

Luego obtenemos otro 1, así que vamos a la derecha de nuevo.

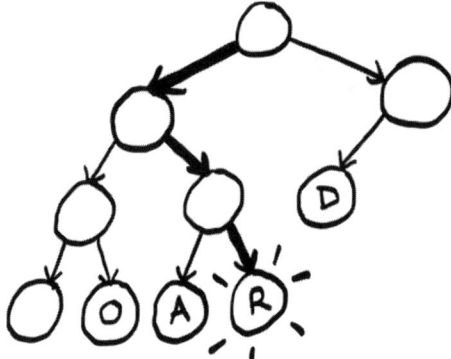

¡Ajá! Hemos encontrado una letra. Este es el dato binario que nos queda: 01010. Podemos empezar de nuevo en el nodo raíz y encontrar las otras letras. Intenta decodificar el resto tú mismo y luego sigue leyendo. ¿Lo lograste? Es «rad». Esta es una gran diferencia entre la codificación Huffman y la ISO-8859-1. Los códigos pueden variar, por lo que la decodificación debe realizarse de manera diferente.

Es más trabajo hacerlo de esta manera en vez de fragmentar. Pero hay un gran beneficio. Observa que las letras que aparecen con más frecuencia tienen códigos más cortos. La «D» aparece tres veces, por lo que su código es de solo dos dígitos frente a la «I», que aparece dos veces, y la «P», que aparece solo una vez. En lugar de asignar 4 bits a todo, podemos comprimir las letras de uso frecuente aún más. Puedes ver cómo, en un texto más largo, ¡esto sería un gran ahorro!

Ahora que entendemos a un alto nivel cómo funciona la codificación de Huffman, veamos qué propiedades de los árboles aprovecha aquí.

En primer lugar, ¿podría haber superposición entre códigos? Tomemos este código como ejemplo:

```
a = 0
b = 1
c = 00
```

Ahora, si ves el binario 001, ¿es «AAB» o «CB»? «C» y «A» comparten parte de su código, por lo que no está claro. Este es el aspecto que tendría el árbol de este código.

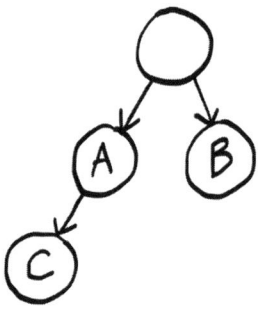

Pasamos por la «A» en el camino hacia la «C», lo que causa el problema.

Eso no es un problema con la codificación de Huffman porque las letras solo aparecen en los nodos hoja. Y hay un camino único desde la raíz hasta cada nodo hoja, esa es una de las propiedades de los árboles. Por lo tanto, podemos garantizar que la superposición no sea un problema.

Esto también garantiza que solo haya un código para cada letra. Tener múltiples rutas a cada letra significaría que hay varios códigos asignados a cada letra, lo que sería innecesario.

Cuando leemos el código un dígito cada vez, estamos asumiendo que terminaremos en una letra. Si se tratara de un grafo con un ciclo, no podríamos hacer esa suposición. Podríamos quedarnos atrapados en el ciclo y terminar en un bucle infinito.

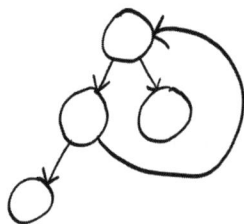

Pero como se trata de un árbol, sabemos que no hay ciclos, por lo que hay garantía de que terminaremos en alguna letra.

Estamos usando un árbol con raíz, es decir, que tiene un nodo raíz, lo cual es importante porque necesitamos saber por dónde empezar. Los grafos no tienen necesariamente un nodo raíz.

Por último, el tipo de árbol utilizado aquí se denomina árbol binario. Los árboles binarios pueden tener como máximo dos hijos: el hijo izquierdo y el hijo derecho. Esto tiene sentido porque el binario solo tiene dos dígitos. Si hubiera un tercer hijo, no estaría claro qué dígito se supone que representa.

En este capítulo te presentamos los árboles. En el próximo, veremos algunos tipos diferentes de árboles y para qué se utilizan.

## Recapitulación

- Los árboles son un tipo de grafo, pero no tienen ciclos.
- La búsqueda en profundidad es otro algoritmo de recorrido de grafos. No se puede usar para encontrar los caminos más cortos.
- Un árbol binario es un tipo especial de árbol en el que los nodos pueden tener, como máximo, dos hijos.
- Hay muchos tipos diferentes de codificaciones de caracteres. Unicode es el estándar internacional y UTF-8 es la codificación Unicode más común.

## En este capítulo:

- Aprenderás una nueva estructura de datos llamada árboles binarios de búsqueda (BST, por sus siglas en inglés, *Binary Search Tree*).

- Estudiarás sobre los árboles balanceados y por qué a menudo funcionan mejor que los arrays o las listas enlazadas.

- También conocerás los árboles AVL, un tipo de BST balanceado. En el peor de los casos, los árboles binarios pueden ser lentos. Un árbol balanceado los ayudará desempeñándose de manera efectiva.

En el capítulo anterior, hablamos sobre una nueva estructura de datos, los árboles. Ahora que tú y los árboles sois buenos amigos, es hora de ver para qué se utilizan. Cuando los arrays y las listas enlazadas no ofrecen el rendimiento deseado, una buena opción es probar con un árbol. En este capítulo, discutiremos el rendimiento que pueden ofrecer los árboles. A continuación, exploraremos un tipo especial de árbol que puede brindar un rendimiento excepcional, llamado árbol balanceado.

# Un acto de equilibrio

¿Recuerdas la búsqueda binaria del capítulo 1? Usando la búsqueda binaria, somos capaces de encontrar información mucho más rápido que con una búsqueda simple, ya que tardaría $O(\log n)$ en lugar de $O(n)$. Sin embargo, hay un problema: la inserción. Claro, la búsqueda lleva $O(\log n)$, pero es necesario ordenar el array. Si quieres insertar un nuevo número en la matriz ordenada, tomará $O(n)$. El problema es el hueco para el nuevo valor. Necesitas mover un montón de valores para hacer espacio.

Ojalá pudiéramos insertar como lo hacemos en una lista enlazada, donde solo necesitamos cambiar un par de punteros.

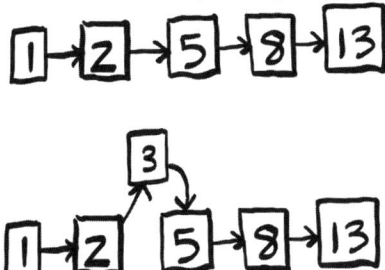

Pero la búsqueda es un tiempo lineal en las listas enlazadas. ¿Cómo podemos obtener lo mejor de ambos mundos?

## Mejorar de la velocidad de inserción con árboles

Por lo tanto, lo que queremos es la velocidad de búsqueda de un array ordenado con una velocidad de inserción más rápida. Sabemos que las inserciones son más rápidas en las listas enlazadas. Así que queremos algún tipo de estructura de datos que combine estas ideas.

| | BÚSQUEDA | INSERCIÓN |
|---|---|---|
| ARRAY ORDENADO | $O(\log n)$ | $O(n)$ |
| LISTA ENLAZADA | $O(n)$ | $O(1)$ |
| ¿? | $O(\log n)$ | MÁS RÁPIDO QUE $O(n)$ |

¡Y esa estructura es un árbol! Hay docenas de tipos diferentes de árboles para elegir, por lo que me refiero en concreto a un árbol binario de búsqueda equilibrado o balanceado (BST). En este capítulo, veremos cómo funciona un BST, y luego aprenderemos a equilibrarlo. Los BST son un tipo de árbol binario, por ejemplo:

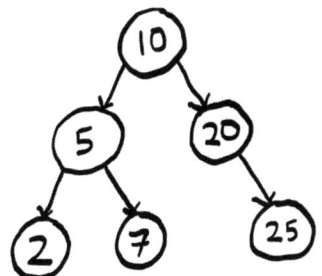

Al igual que un árbol binario, cada nodo tiene hasta dos hijos: el izquierdo y el derecho. Pero tiene una propiedad especial que lo convierte en un BST: el valor del hijo izquierdo siempre es menor que el nodo y el valor del hijo derecho siempre es mayor. Por lo tanto, para el nodo 10, su hijo izquierdo tiene un valor menor (5) y su hijo derecho tiene un valor mayor (20).

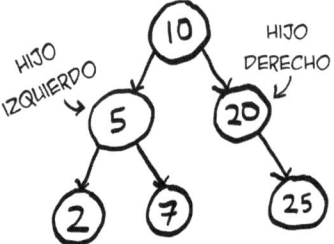

No solo eso, ¡todos los números en el subárbol hijo izquierdo son más pequeños que el nodo!

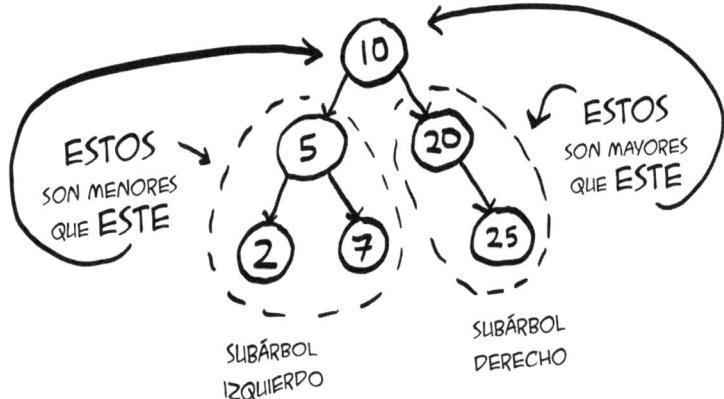

Esta propiedad especial significa que las búsquedas serán muy rápidas.

Veamos si el número 7 está en este árbol. Así es como lo hacemos.
Empieza en el nodo raíz.

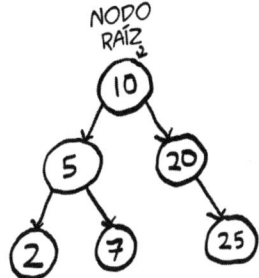

Como 7 es menor que 10, comprobamos el subárbol de la izquierda.
Recuerda que todos los nodos con valores más pequeños están a la
izquierda y todos los nodos con valores más grandes están a la derecha.
Así que sabemos de inmediato que no necesitamos comprobar los
nodos de la derecha, ya que el 7 no estará allí. Si vamos a la izquierda
desde el 10, llegamos al 5.

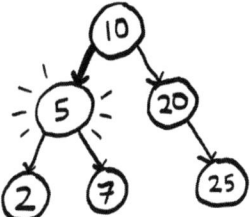

Ahora, 7 es mayor que 5, así que vamos a la derecha esta vez.

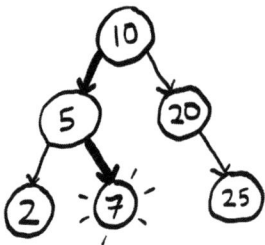

¡Lo encontramos! Ahora busquemos otro número, el 8. Seguimos exactamente el mismo camino.

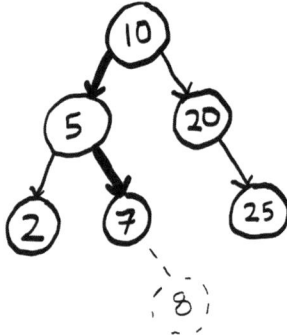

¡Salvo que ahora no está! Si estuviera en el árbol, estaría justo donde está el nodo punteado. La razón por la que estamos hablando de árboles es para ver si son más rápidos que los arrays y las listas enlazadas. Así que hablemos del rendimiento de este árbol. Para ello, debemos fijarnos en la altura del árbol.

# Los árboles más bajos son más rápidos

Veamos dos árboles. Ambos tienen siete nodos, pero el rendimiento es muy diferente.

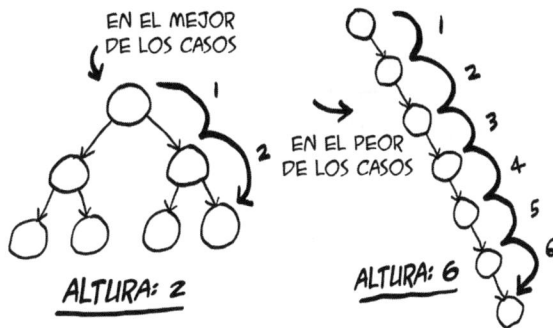

La altura del árbol, en el mejor de los casos, es 2. Esto significa que se puede llegar a cualquier nodo desde el nodo raíz en, como máximo, dos pasos. La altura árbol, en el peor de los casos, es 6. Esto significa que se puede llegar a cualquier nodo desde el nodo raíz en, como máximo, seis pasos. Comparemos esto con el rendimiento de la búsqueda binaria frente a la búsqueda simple. Solo para recordarte, este es el rendimiento de la búsqueda binaria en comparación con la búsqueda simple:

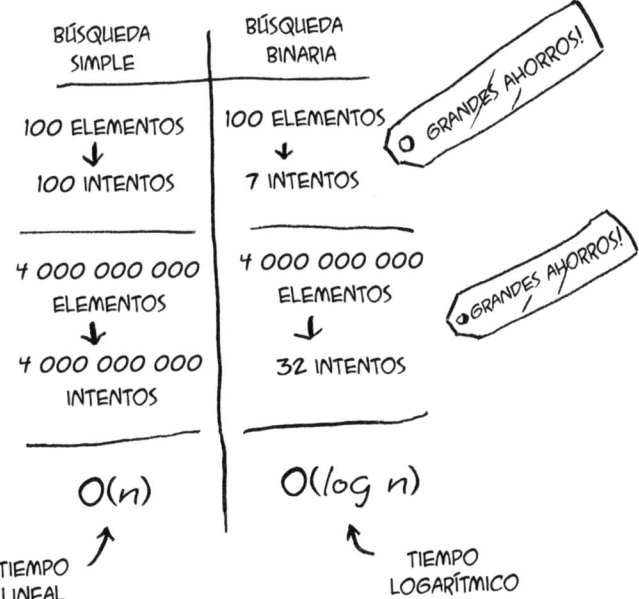

¿Recuerdas nuestro juego de adivinanzas de números? Para adivinar un número del 1 al 100, se necesitarían siete intentos con la búsqueda binaria y, con la búsqueda simple, se necesitarían 100 intentos. Bueno, estamos en una situación similar con los árboles.

En el peor de los casos, el árbol es más alto y tiene peor rendimiento: los nodos están todos en línea. Este árbol tiene una altura O($n$), por lo que las búsquedas tomarán O($n$) tiempo. Puedes imaginarlo de esta manera: este árbol es justo una lista enlazada ya que un nodo apunta a otro, y así sucesivamente, en una línea. Y la búsqueda a través de una lista enlazada lleva O($n$).

En el mejor de los casos, el árbol tiene la altura O($\log n$), y la búsqueda de este árbol llevará O($\log n$).

| ÁRBOL PEOR | ÁRBOL MEJOR |
|---|---|
| 7 NODOS ↓ 6 PASOS | 7 NODOS ↓ 2 PASOS |
| TIEMPO DE BÚSQUEDA: O($n$) | O($\log n$) |

Por lo tanto, esta situación es muy similar a la búsqueda binaria frente a la búsqueda simple. Si podemos garantizar que la altura de nuestro árbol será O(log *n*), entonces la búsqueda del árbol será O(log *n*), tal como queríamos

| | BÚSQUEDA | INSERCIÓN |
|---|---|---|
| ARRAY ORDENADO | O(log *n*) | O(*n*) |
| LISTA ENLAZADA | O(*n*) | O(1) |
| ¿? | O(log *n*) | MÁS RÁPIDO QUE O(*n*) |

Pero, ¿cómo podemos garantizar que la altura sea O(log *n*)? Veamos un ejemplo en el que construimos un árbol que termina siendo el peor de los casos (algo que queremos evitar). Comenzaremos con un nodo.

Agreguemos otro.

Hasta ahora, bien. Añadamos algunos más.

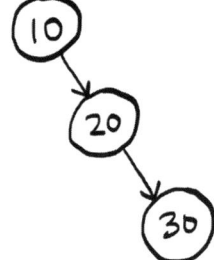

Seguimos teniendo que agregar estos nodos a la derecha, ya que todos son más grandes que los anteriores.

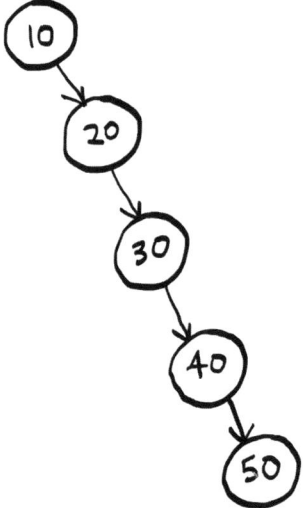

Vaya, este árbol es el peor de los casos: ¡su altura es O($n$)! Los árboles más bajos son más rápidos. Lo más bajo que puede ser un BST es O(log $n$). Para hacer un BST más bajo, necesitamos balancearlo. Así que echemos un vistazo a un BST balanceado a continuación.

# Árboles AVL: un tipo de árbol balanceado

Los árboles AVL son un tipo de BST autobalanceado. Esto significa que mantendrán una altura de O(log *n*). Cuando el árbol está desequilibrado, es decir, cuando la altura no es O(log *n*), se corrige a sí mismo. Para el último ejemplo, el árbol puede equilibrarse para quedar así.

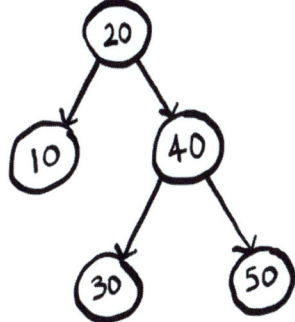

Un árbol AVL nos dará esa altura O(log *n*) que queremos, equilibrándose a través de rotaciones.

## Rotaciones

Supongamos que tenemos un árbol con tres nodos. Cualquiera de ellos podría ser el nodo raíz.

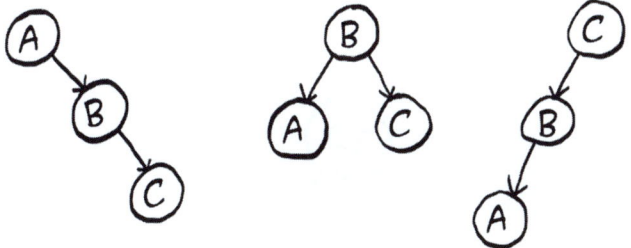

La rotación se utiliza para mover un conjunto de nodos y terminar con una nueva disposición. Veamos una rotación en cámara lenta.

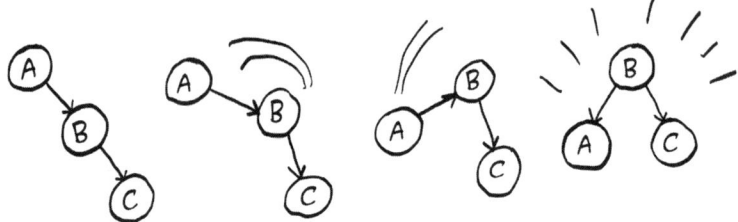

Giramos hacia la izquierda. Comenzamos con un árbol desequilibrado con A como nodo raíz y terminamos con un árbol balanceado con B como nodo raíz.

Las rotaciones son una forma popular de balancear los árboles. Los árboles AVL utilizan la rotación para equilibrarse. Veamos un ejemplo. Comenzaremos con un nodo de nuevo.

Agreguemos un nodo.

Hasta ahora, bien. Los hijos no tienen exactamente la misma altura; hay una diferencia de uno. Pero una diferencia de uno es adecuada en los árboles AVL. Ahora añadiremos uno más.

¡Oh! Ahora el árbol está desequilibrado. ¡Es hora de rotar!

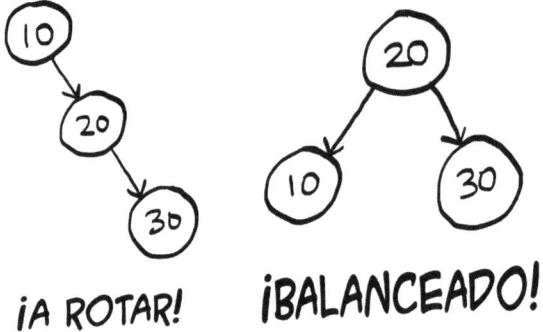

Hacemos una rotación a la izquierda y ahora el árbol está balanceado de nuevo.

Agreguemos un nodo más.

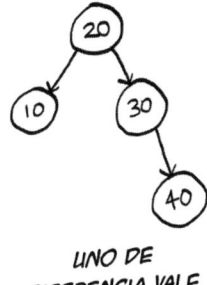

Y otro...

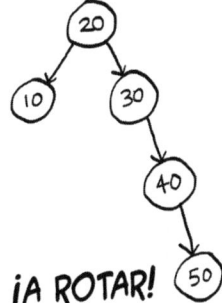

¡Tenemos que rotar de nuevo!

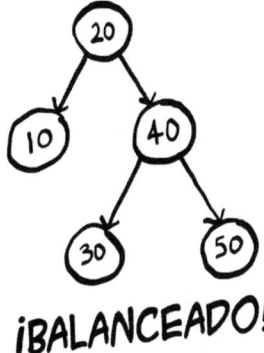

Ufff. Usando la rotación, el árbol AVL se ha balanceado. Observa que, en ese último ejemplo, el nodo «30» ha rotado en lugar del nodo «20». Veamos un ejemplo que explica por qué.

# ¿Cómo sabe el árbol AVL cuándo es el momento de rotar?

Podemos ver a simple vista que el árbol está desequilibrado: un lado es más largo que el otro. Pero, ¿cómo lo sabe el árbol?

Para que el árbol sepa cuándo es el momento de balancearse, necesita almacenar información adicional. Cada nodo debe almacenar uno de estos datos: su altura o el «factor de equilibrio». El «factor de equilibrio» puede ser −1, 0 o 1.

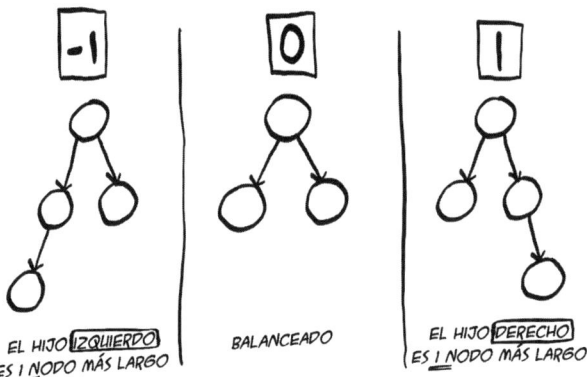

EL HIJO IZQUIERDO ES 1 NODO MÁS LARGO          BALANCEADO          EL HIJO DERECHO ES 1 NODO MÁS LARGO

Esta imagen muestra los factores de equilibrio solo para los nodos raíz, pero necesitaría almacenar el factor de equilibrio para cada nodo (mostraré un ejemplo de esto en breve).

El factor de equilibrio indica qué hijo es más alto y cuánto. El factor de equilibrio le permite al árbol saber cuándo reequilibrar. Cero significa que el árbol está equilibrado. Y también -1 o 1, porque recuerda, los árboles AVL no tienen que estar perfectamente equilibrados: una diferencia de uno está bien.

Pero si el factor de equilibrio cae por debajo de -1 o por encima de 1, es hora de balancear. A la derecha hay dos árboles que necesitan ser reequilibrados.

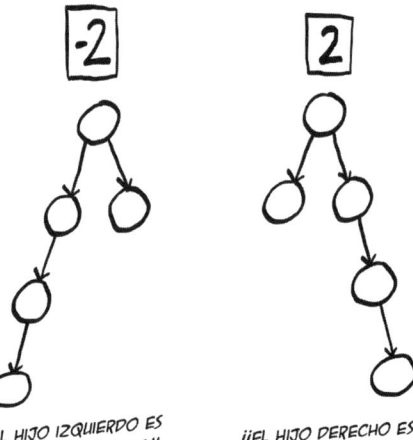

¡¡EL HIJO IZQUIERDO ES 2 NODOS MÁS LARGO!!          ¡¡EL HIJO DERECHO ES 2 NODOS MÁS LARGO!!

Como dije, cada nodo necesita saber la altura o el factor de equilibrio.
En mi ejemplo, voy a almacenar ambos para que puedas ver cómo
cambian. Pero si tienes las alturas de cada subárbol, es fácil calcular el
factor de equilibrio. Veamos un ejemplo. Toma este árbol.

Vamos a agregarle este nodo.

Primero, escribamos los factores de altura y equilibrio para cada nodo.
En esta imagen, H es la altura y BF es el factor de equilibrio.

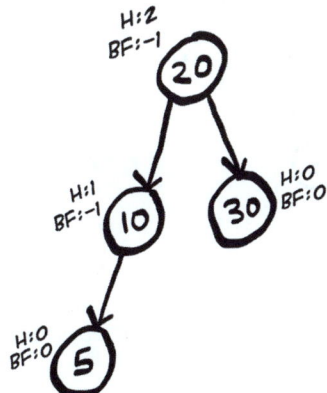

Recuerda, estoy almacenando ambos valores para mostrar cómo
cambian, pero solo necesitaría uno. Asegúrate de que entiendes qué
significan estos números. Ten en cuenta que todos los nodos hoja tienen
un factor de equilibrio de 0: no tienen hijos, por lo que no hay nada que
mantener en equilibrio.

Ahora agreguemos el nuevo nodo.

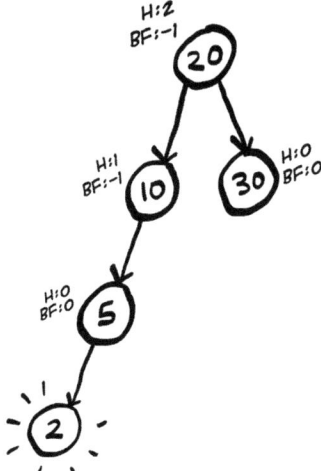

Después de agregar este nodo, debemos establecer su altura y factor de equilibrio. Luego podemos subir por el árbol, actualizando las alturas y los factores de equilibrio para todos sus antepasados.

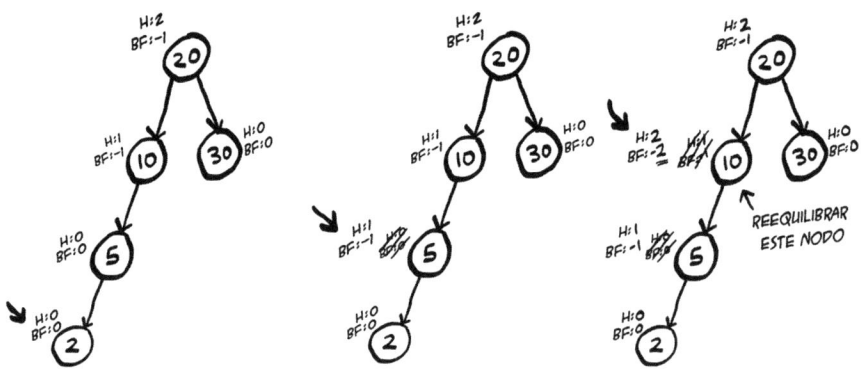

Establece la altura y el factor de equilibrio.

Sube por el árbol y actualiza la altura y el factor de equilibrio de los antepasados.

¡Ajá! Acabamos de establecer el factor de equilibrio en -2, lo que significa que es hora de rotar. Mostraré el resto del ejemplo a continuación, pero esta es la conclusión principal: después de una inserción, se actualizan los factores de equilibrio para los antepasados de ese nodo. El árbol AVL examina el factor de equilibrio para saber cuándo es necesario reequilibrarlo. Terminando el ejemplo, vamos a rotar el 10.

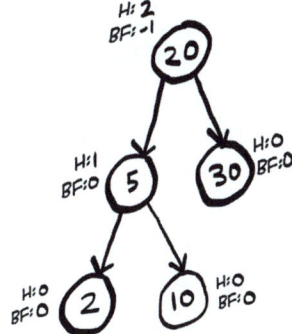

Ahora ese subárbol está balanceado. Sigamos subiendo por el árbol.

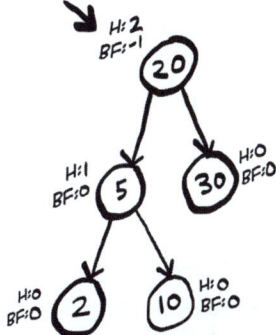

No hay nada que actualizar allí. En realidad, no necesitábamos seguir subiendo el árbol porque los árboles AVL requieren, como mucho, un reequilibrio.

Los árboles AVL son una buena opción si quieres un BST equilibrado. Recapitulemos nuestro viaje:

- Los árboles binarios son un tipo de árbol.
- En los árboles binarios, cada nodo tiene, como máximo, dos hijos.

- Los BST son un tipo de árbol binario en el que todos los valores del subárbol de la izquierda son más pequeños y todos los valores de la derecha son mayores.

- Los BST pueden dar un gran rendimiento si podemos garantizar que su altura sea O(log *n*).

- Los árboles AVL son BST autoequilibrados, lo que garantiza que su altura sea O(log *n*).

- Los árboles AVL se equilibran a través de rotaciones.

No hemos cubierto todo. Hemos cubierto un caso para las rotaciones, pero hay otros casos. No dedicaremos tiempo a profundizar en ellos, ya que rara vez necesitarás implementar un árbol AVL.

Ahora sabemos que los árboles AVL ofrecen un rendimiento de búsqueda O(log *n*). ¿Qué pasa con las inserciones? Bueno, las inserciones son solo cuestión de buscar el lugar donde insertar el nodo y agregar un puntero, al igual que una lista enlazada. Por ejemplo, si queremos insertar un 8 en este árbol, solo necesitamos encontrar dónde agregar el puntero.

Por lo tanto, las inserciones también son O(log *n*).

Al comienzo de este capítulo, buscábamos una estructura de datos que ofreciera tanto búsquedas como inserciones rápidas.

Hemos encontrado nuestra estructura de datos mágica: ¡es un BST equilibrado!

| | BÚSQUEDA | INSERCIÓN |
|---|---|---|
| ARRAY ORDENADO | O(log *n*) | O(log *n*) |
| LISTA ENLAZADA | O(*n*) | O(1) |
| BST | O(log *n*) | O(log *n*) |

# Árboles biselados

Los árboles AVL son un buen BST básico equilibrado que garantiza un tiempo O(log *n*) para un montón de operaciones.

Los árboles biselados son una versión diferente de los BST balanceados. Lo bueno de los árboles biselados es que si has buscado recientemente un elemento, la próxima vez que lo busques, la búsqueda será más rápida. Hay algo intuitivamente agradable en esto. Por ejemplo, supongamos que tienes un software al que le das un código postal y busca la ciudad por ti.

Puedes imaginar la interacción así:

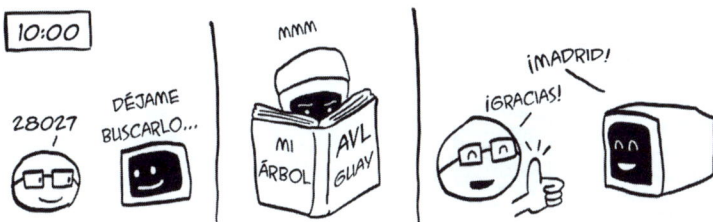

Ahora supongamos que estás buscando una y otra vez el mismo código postal.

Eso parece un poco tonto.

El software simplemente buscó el código postal; ¿por qué no puede recordarlo? Realmente debería ser algo así:

Esto es lo que los árboles biselados permiten hacer. Cuando busques un nodo en un árbol biselado, hará que ese nodo sea la nueva raíz, por lo que, si lo buscas otra vez, la búsqueda será instantánea. En general, los nodos que has buscado recientemente se agrupan en la parte superior y se vuelven más rápidos de encontrar.

La desventaja es que no se garantiza que el árbol esté equilibrado. Por lo tanto, «algunas» búsquedas pueden tardar más de O(log $n$) tiempo. ¡Otras pueden llegar a tardar O($n$), tiempo lineal! Además, mientras se realiza la búsqueda, es posible que se deba rotar el nodo hasta la raíz si aún no es la raíz, y eso llevará tiempo.

Pero estamos de acuerdo con la compensación de no tener un árbol balanceado todo el tiempo. Porque lo bueno es que si haces $n$ búsquedas, el tiempo total es O($n$ log $n$) «garantizado», es decir, O(log $n$) por búsqueda. Por lo tanto, aunque una sola búsqueda puede llevar más tiempo que O(log $n$), en general, promediarán en O(log $n$), y el tiempo de búsqueda más rápido es nuestro objetivo.

# Árboles B

Los árboles B son una forma generalizada de árbol binario. A menudo se utilizan para crear bases de datos. He aquí un árbol B.

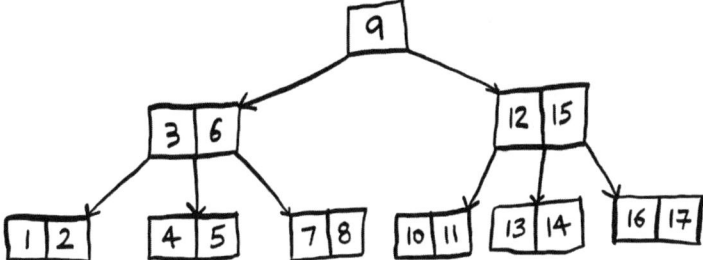

Parece bastante loco, ¿verdad? Ves que algunos de estos nodos tienen más de dos hijos.

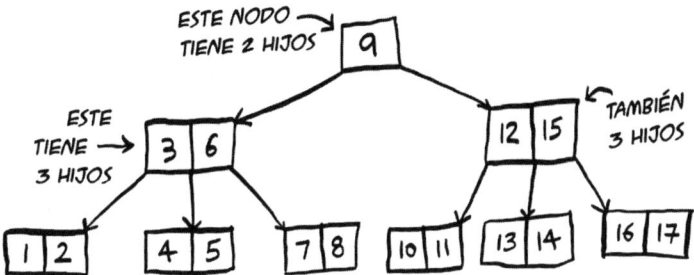

A diferencia de los árboles binarios, los árboles B pueden tener muchos hijos.

Probablemente también hayas notado que, a diferencia de los árboles anteriores, la mayoría de los nodos tienen dos claves.

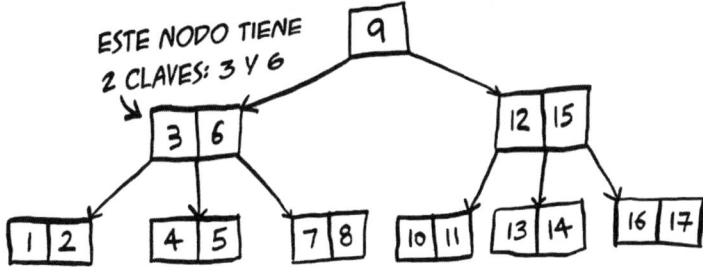

Por lo tanto, los nodos de los árboles B no solo pueden tener más de dos hijos, sino que también pueden tener más de una clave. Es por ello que dije que los árboles B son una forma generalizada de BST.

## ¿Cuál es la ventaja de los árboles B?

Los árboles B tienen una optimización muy interesante porque es física. Los ordenadores son objetos físicos. Entonces, cuando buscamos cosas en un árbol, un objeto físico tiene que moverse para recuperar esos datos. A esto se le llama «tiempo de búsqueda». El tiempo de búsqueda puede ser un factor importante en la velocidad o lentitud del algoritmo.

Imagina que vas al supermercado. Podrías comprar un artículo cada vez. Supongamos que decides comprar leche. Después de llegar a casa, te das cuenta de que también deberías comprar algo de pan, así que vuelves a la tienda. Y tras volver a casa de nuevo, te das cuenta de que te has quedado sin café. Así regresas a la tienda otra vez. ¡Qué forma tan ineficiente de comprar! Sería mucho mejor ir una vez y comprar un montón de cosas mientras estás allí. En este ejemplo, el tiempo de búsqueda es desplazarse hacia y desde la tienda.

La idea fundamental con árboles B es que «una vez que hayas hecho la búsqueda, es como si estuvieras leyendo un montón de cosas en la memoria». Es decir, una vez que estés en la tienda, es mejor que compres todo lo que necesitas en vez de volver repetidamente.

Los árboles B tienen nodos más grandes: cada nodo puede tener muchas más claves y elementos secundarios que un árbol binario. Así que pasamos más tiempo leyendo cada nodo. «Pero buscamos menos porque leemos más datos de una sola vez». Esto es lo que hace que los árboles B sean más rápidos.

Los árboles B son una estructura de datos popular para las bases de datos, lo cual no es de extrañar, ya que las bases de datos pasan mucho tiempo recuperando datos del disco.

Fíjate en el orden en un árbol B; es bastante interesante, también. Comienzas en la parte inferior izquierda.

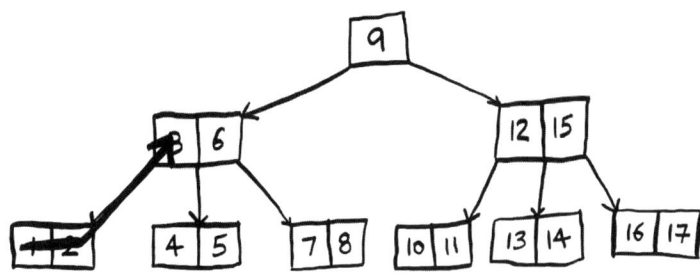

¿A dónde vas desde aquí?

Serpenteas por todo el árbol.

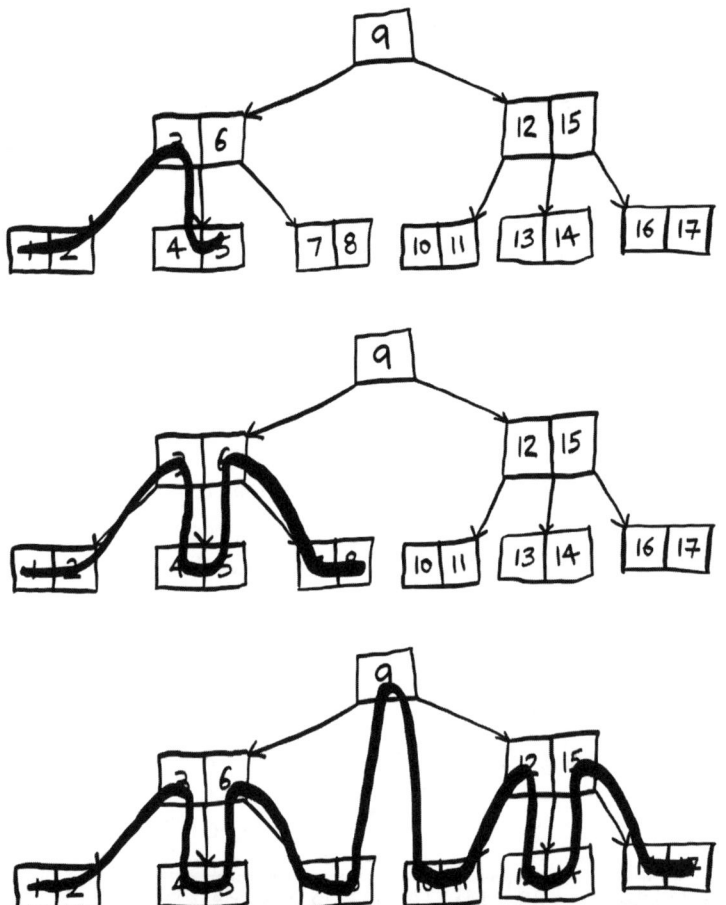

Observa que se sigue cumpliendo la propiedad de BST: por cada clave, las claves de la izquierda son más pequeñas y las de la derecha son más grandes. Por ejemplo, para la clave 3, las claves de la izquierda son 1 y 2, y las de la derecha son 4 y 5.

Observa también que el número de hijos es uno más que el número de claves. Por lo tanto, el nodo raíz tiene una clave y dos hijos. Cada uno de esos hijos tiene dos llaves y tres hijos.

Con esto concluyen nuestros dos capítulos sobre los árboles. Es poco probable que necesites implementar un árbol tú mismo, pero es importante saber que son un tipo de grafo y ofrecen un gran rendimiento. En el próximo capítulo, volveremos a los grafos y hablaremos de un nuevo tipo: el grafo ponderado.

## Recapitulación

- Los árboles de búsqueda binaria balanceados (BST) ofrecen el mismo rendimiento de búsqueda O grande que los arrays, con un mejor rendimiento de inserción.
- La altura de un árbol afecta a su rendimiento.
- Los árboles AVL son un tipo popular de BST balanceados. Al igual que la mayoría de los árboles balanceados, los árboles AVL se equilibran a través de la rotación.
- Los árboles B son BST generalizados, donde cada nodo puede tener varias claves y varios nodos secundarios.
- El tiempo de búsqueda es como ir a una tienda de comestibles. Los árboles B intentan minimizar el tiempo de búsqueda leyendo más datos a la vez.

## En este capítulo:

- Continuaremos la discusión sobre grafos y aprenderás sobre grafos ponderados: una forma de asignar más o menos peso a ciertas aristas.

- Conocerás el algoritmo de Dijkstra, que permite responder preguntas del tipo: «¿cuál es el camino más corto hacia X?» para grafos ponderados.

- Descubrirás las aristas con peso negativo, en las cuales el algoritmo de Dijkstra no funciona.

En el capítulo 6, aprendiste una forma de ir del punto A al B.

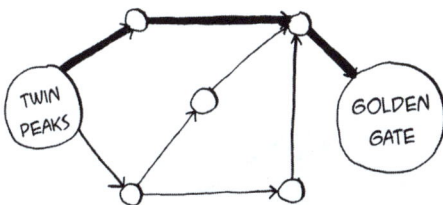

No es necesariamente el camino más rápido. Es el más corto porque tiene el menor número de segmentos (tres). Supón que puedas incluir el tiempo de viaje a esos segmentos. Ahora puedes ver que hay otro camino más rápido.

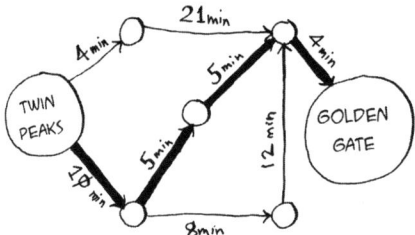

Utilizaste la búsqueda a lo ancho en el capítulo 6. Con la búsqueda a lo ancho encontrarás el camino con la menor cantidad de segmentos (el primer grafo que vemos aquí). ¿Qué harías si ahora quieres el camino más rápido (segundo grafo)? Puedes encontrar ese camino utilizando un algoritmo diferente llamado «algoritmo de Dijkstra».

# Cómo trabajar con el algoritmo de Dijkstra

Veamos cómo funciona en este grafo.

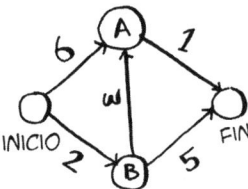

Cada segmento muestra el tiempo de viaje en minutos. Utilizarás el algoritmo de Dijkstra para ir desde «Inicio» hasta «Fin» en el menor tiempo posible.

Ejecutando la búsqueda a lo ancho en este grafo, se obtiene este camino.

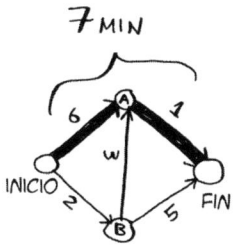

Pero este camino toma 7 minutos. Veamos si se puede encontrar un camino que necesite menos tiempo. Hay cuatro pasos en el algoritmo de Dijkstra:

1. Encontrar el nodo «más barato». Este es el nodo al que puedes llegar en el menor tiempo posible.

2. Actualizar los costes de los vecinos de salida de este nodo. Explicaré qué significa esto a continuación.

3. Repetir hasta que hayas analizado cada nodo del grafo.

4. Calcular el camino final.

**Paso 1:** Encontrar el nodo más barato. Estás en Inicio, preguntándote si debes ir por el nodo A o el nodo B. ¿Cuánto tiempo toma llegar a cada nodo?

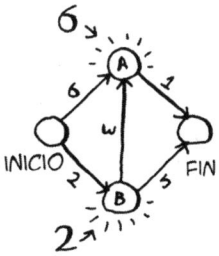

Toma 6 minutos llegar al nodo A y 2 al nodo B. Para el resto de los nodos no sabes aún.

Como no sabes cuánto toma llegar a Fin, le asignas infinito al último nodo (verás por qué pronto). El nodo B es el nodo más cercano... está solo a 2 minutos.

| NODO | TIEMPO HASTA EL NODO |
|------|------|
| A | 6 |
| B | 2 |
| FIN | ∞ |

**Paso 2:** Calcular cuánto se tarda en llegar a todos los nodos vecinos de salida de B «siguiendo las aristas que parten desde B».

 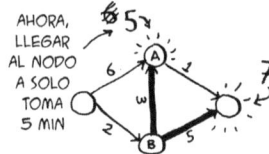

¡Ey!, acabas de encontrar un camino más rápido hasta el nodo A. Antes necesitabas 6 minutos para llegar al nodo A.

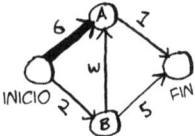

¡Pero si vas a través del nodo B, hay un camino que solo necesita 5 minutos!

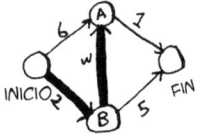

Cuando encuentras un camino más rápido para un vecino de B, actualizas el coste. En este caso encontraste:

- Un camino más corto hasta A (de 6 minutos bajó a 5).
- Un camino más corto hasta Fin (de infinito a 7 minutos).

**Paso 3:** ¡Repetir!

**Paso 1 de nuevo:** Encuentra el nodo al cual se llega en el menor tiempo posible. Ya terminaste con el nodo B, así que el nodo A tiene la estimación de tiempos mínimos siguiente:

| NODO | TIEMPO | |
|------|--------|---|
| A | 5 | ← |
| B | 2 | |
| FIN | 7 | |

**Paso 2 de nuevo:** Actualiza el coste de los vecinos de A.

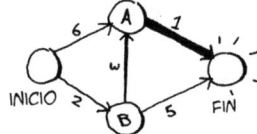

¡Bien!, ahora solo necesitas 6 minutos para llegar al final.

Hemos ejecutado el algoritmo de Dijkstra en cada nodo (no hay que hacerlo en el último). A estas alturas, ya sabes que:

- Necesitas 2 minutos para llegar al nodo B.
- Hacen falta 5 minutos para llegar el nodo A
- Requieres 6 minutos para llegar al nodo Fin.

| NODO | TIEMPO |
|------|--------|
| A | 5 |
| B | 2 |
| FIN | 6 |

Guardaremos el último paso, calculando el camino final, para la próxima sección. Por ahora, simplemente mostraré cuál es el camino final.

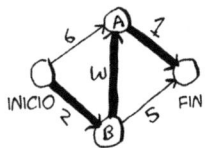

La búsqueda a lo ancho no habría encontrado este camino como el más rápido, porque tiene tres segmentos y existe una forma de llegar desde el inicio al final en dos segmentos.

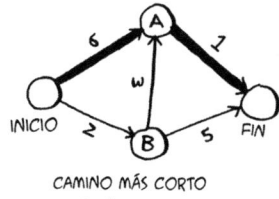

CAMINO MÁS CORTO
CON BÚSQUEDA A LO ANCHO

En el capítulo 6, utilizamos la búsqueda a lo ancho para encontrar el camino más corto entre dos puntos. En ese momento, «el camino más corto» significaba un camino con la menor cantidad de aristas. Para el algoritmo de Dijkstra, se asigna un número o peso a cada arista. Entonces el algoritmo encuentra el camino con el menor peso total.

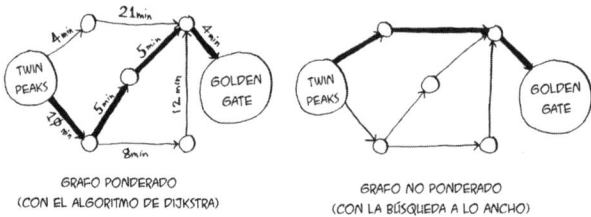

GRAFO PONDERADO
(CON EL ALGORITMO DE DIJKSTRA)

GRAFO NO PONDERADO
(CON LA BÚSQUEDA A LO ANCHO)

Recordemos el algoritmo de Dijkstra en cuatro pasos:

1. Encontrar el nodo más barato. Este es el nodo al que puedes llegar en el menor tiempo posible.

2. Comprobar si existe un camino menos costoso entre los vecinos de salida de este nodo. En caso afirmativo, actualizar sus costes.

3. Repetir hasta que hayas analizado cada nodo del grafo.

4. Calcular el camino final. (¡Lo explicaremos en la próxima sección!).

# Terminología

Quiero mostrar algunos ejemplos más del algoritmo de Dijkstra. Antes veamos un poco los términos que usamos.

Cuando se trabaja con el algoritmo de Dijkstra, cada arista en el grafo tiene un número asociado. Esos números se llaman «pesos».

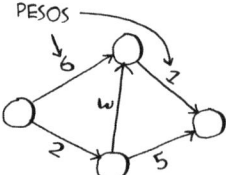

Un grafo con pesos se conoce como «grafo ponderado». A un grafo sin pesos se le llama «grafo no ponderado».

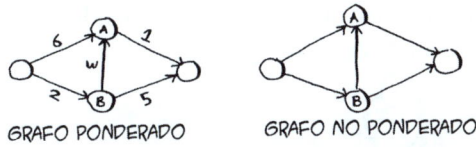

GRAFO PONDERADO          GRAFO NO PONDERADO

Para calcular el camino más corto en un grafo no ponderado, utiliza la «búsqueda a lo ancho». Para calcular el camino más corto en un grafo ponderado, utiliza el «algoritmo de Dijkstra». Los grafos también pueden tener «ciclos». Un ciclo se puede representar así.

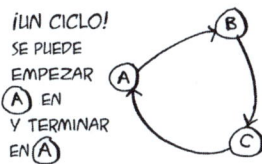

Significa que puedes comenzar en un nodo, moverte a varios, y terminar en el mismo nodo. Supón que intentas encontrar el camino más corto en este grafo que tiene un ciclo.

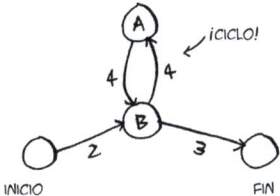

¿Tendría sentido seguir este ciclo? Bueno, puedes utilizar el camino que evita el ciclo.

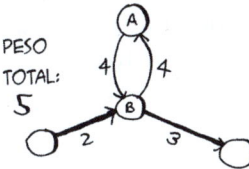

O puedes seguir el ciclo.

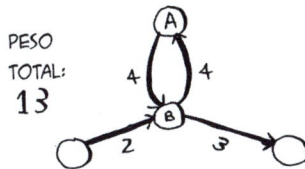

Terminas en el nodo objetivo de todas formas, pero el ciclo añade más peso. Incluso podrías seguir el ciclo dos veces si quisieras.

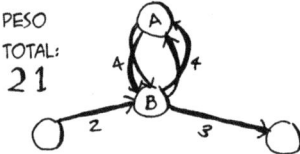

Cada vez que recorres el ciclo, estás añadiendo 8 al peso total. Por tanto, seguir el ciclo nunca hallará el camino más corto.

Por último, ¿recuerdas nuestra conversación sobre grafos dirigidos versus grafos no dirigidos en el capítulo 6?

En un grafo no dirigido ambos nodos se apuntan entre sí. ¡Eso es un ciclo!

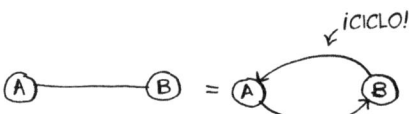

Con un grafo no dirigido, cada arista añade otro ciclo. En resumen, el algoritmo de Dijkstra solo funciona en un grafo sin ciclos, donde todas las aristas son no negativas. ¡Sí, es posible que las aristas de un grafo sean negativas! Pero el algoritmo de Dijkstra no funcionará, en ese caso, necesitas un algoritmo llamado Bellman-Ford. Hay una sección sobre aristas con peso negativo más adelante en este capítulo.

# Intercambios para conseguir un piano

Suficiente terminología por ahora. ¡Veamos otro ejemplo! Este es Rama.

Rama quiere intercambiar su libro de música por un piano.

—Te daré este póster a cambio de tu libro —dice Alex.

—Es de mi banda favorita, Destroyer. O te puedo dar
este raro LP de Rick Astley por tu libro más 5 €.

—Oh, escuché que ese LP tiene una canción muy
buena —dice Amalia.

—Te daré mi guitarra o mi juego de batería a cambio
del póster o el LP.

—He estado pensando en estudiar guitarra —exclama Beethoven.

—Ey, te cambio mi piano por cualquiera de las cosas de Amalia.

¡Perfecto! Con solo un poco de dinero, Rama puede intercambiar
su libro de piano por un piano real. Ahora solo necesita descubrir
cómo gastar la menor cantidad de dinero al hacer esos intercambios.
Modelemos en un grafo las diferentes ofertas.

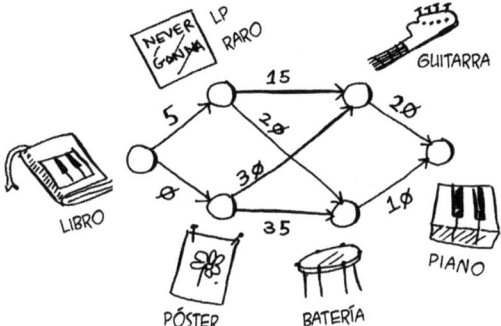

En este grafo, los nodos son todos los elementos que Rama puede
intercambiar. Los pesos en las aristas son la cantidad de dinero
que tendría que pagar para hacer el intercambio. Entonces puede
intercambiar el póster por la guitarra con 30 € o el LP por la guitarra
con 15 €. ¿Cómo puede determinar el camino desde su libro de piano
hasta el piano para gastar la menor cantidad de dinero? ¡El algoritmo de
Dijkstra viene al rescate! Recuerda que tiene cuatro pasos. En este ejemplo
haremos los cuatro pasos y calcularemos el camino final al terminar.

| NODO | COSTE |
|---|---|
| LP | 5 |
| PÓSTER | 0 |
| GUITARRA | ∞ |
| BATERÍA | ∞ |
| PIANO | ∞ |

} AÚN NO HEMOS ALCANZADO ESTOS NODOS

Antes de comenzar, necesitamos cierta
preparación. Construyamos una tabla de
costes para cada nodo. El coste de un
nodo es cuán caro resulta llegar a él.

Seguiremos actualizando esta tabla a medida que el algoritmo avance. Para calcular el camino final, también necesitamos una columna para el «padre» en la tabla.

| NODO | PADRE |
|---------|-------|
| LP | LIBRO |
| PÓSTER | LIBRO |
| GUITARRA | — |
| BATERÍA | — |
| PIANO | — |

Pronto mostraré cómo funciona esta columna. Comencemos.

**Paso 1:** Encontrar el nodo más barato. En este caso, el póster es el intercambio más barato: 0 €. ¿Existe alguna forma más barata de obtener el póster? Este es un punto muy importante, así que piensa por un momento. ¿Puedes identificar alguna serie de intercambios que le consiga a Rama el póster por menos de 0 €? Continúa leyendo cuando estés listo. Respuesta: «No. Porque el póster es el nodo más barato al que Rama puede llegar, así que no hay un camino que sea más barato». Veámoslo de una forma diferente. Supón que te desplazas de la casa al trabajo.

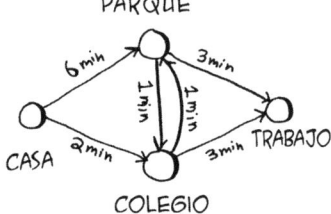

Si tomas el camino hacia la escuela, necesitas 2 minutos. Si tomas el camino hacia el parque, tardas 6 minutos. ¿Existe alguna forma de tomar el camino hacia el parque y terminar en la escuela, en menos de 2 minutos? Es imposible, porque toma más de 2 minutos llegar al parque.

Por otra parte, ¿puedes encontrar un camino más rápido al parque? Sí.

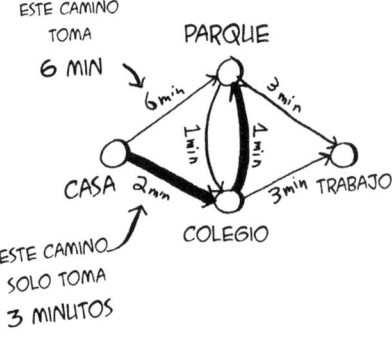

Esta es la idea detrás del algoritmo de Dijkstra: Mira al nodo más barato del grafo. ¡No existe una forma menos costosa de llegar a ese nodo!

De vuelta al ejemplo de la música. El póster es el intercambio más barato.

**Paso 2:** Encontrar cuánto toma llegar a los vecinos de salida (el coste).

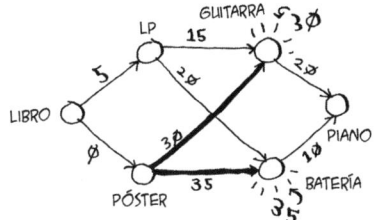

| PADRE | NODO | COSTE |
|---|---|---|
| LIBRO | LP | 5 |
| LIBRO | PÓSTER | Ø |
| PÓSTER | GUITARRA | 3Ø |
| PÓSTER | BATERÍA | 35 |
| —— | PIANO | ∞ |

Tenemos precios para la guitarra y la batería en la tabla. Este valor se definió cuando se escogió el póster, así que el póster es el padre de ambos. Esto significa que para obtener la guitarra, seguimos una arista desde el póster, y lo mismo para la batería.

VAMOS DESDE "PÓSTER" A ESTOS NODOS {

| PADRE | NODO | COSTE |
|---|---|---|
| LIBRO | LP | 5 |
| LIBRO | PÓSTER | Ø |
| PÓSTER | GUITARRA | 3Ø |
| PÓSTER | BATERÍA | 35 |
| | PIANO | ∞ |

**Paso 1 de nuevo:** El LP es el próximo nodo más barato, en 5 €.

**Paso 2 de nuevo:** Actualiza los valores de sus vecinos de salida.

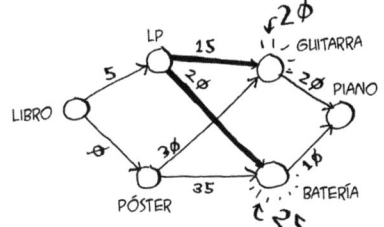

| PADRE | NODO | COSTE |
|---|---|---|
| LIBRO | LP | 5 |
| LIBRO | PÓSTER | Ø |
| LP | GUITARRA | 2Ø |
| LP | BATERÍA | 25 |
| —— | PIANO | ∞ |

¡Ey!, hemos actualizado el precio de la batería y la guitarra. Eso significa que es más barato adquirir la batería y la guitarra si seguimos la arista desde el LP. Por tanto, establecemos LP como padre de ambos instrumentos.

La guitarra es el próximo elemento. Actualizamos sus vecinos de salida.

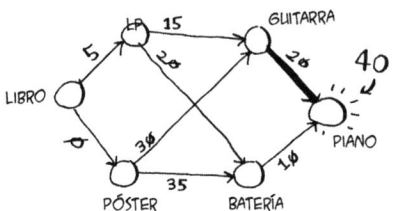

| PADRE | NODO | COSTE |
|---|---|---|
| LIBRO | LP | 5 |
| LIBRO | PÓSTER | ∅ |
| LP | GUITARRA | 2∅ |
| LP | BATERÍA | 25 |
| GUITARRA | PIANO | 4∅ |

Si intercambiamos la guitarra por el piano por fin tendremos un precio para el piano, así que marcamos a la guitarra como su padre. Finalmente, el último nodo es la batería.

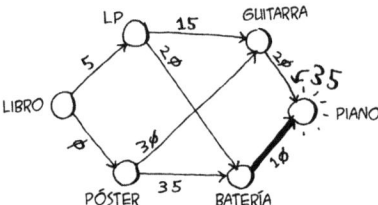

| PADRE | NODO | COSTE |
|---|---|---|
| LIBRO | LP | 5 |
| LIBRO | PÓSTER | ∅ |
| LP | GUITARRA | 2∅ |
| LP | BATERÍA | 25 |
| BATERÍA | PIANO | 35 |

Rama puede obtener el piano aún más barato si intercambia la batería por el piano. «Así que el conjunto de intercambios más barato costará 35 €».

Ahora, como prometimos, tenemos que construir el camino. Hasta ahora, sabemos que el camino más corto cuesta 35 €, pero ¿cómo obtenemos dicho camino? Para comenzar, fíjate en el valor de la columna padre para el «piano».

| PADRE | NODO |
|---|---|
| LIBRO | LP |
| LIBRO | PÓSTER |
| LP | GUITARRA |
| LP | BATERÍA |
| → BATERÍA | PIANO |

El piano tiene a la batería como padre. Esto significa que Rama intercambia la batería por el piano, por lo tanto, seguimos esta arista.

Veamos cómo puedes seguir las aristas. El «piano» tiene a la «batería» como padre.

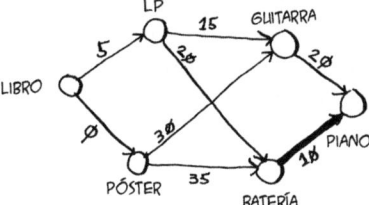

Y la «batería» tiene al «LP» como padre.

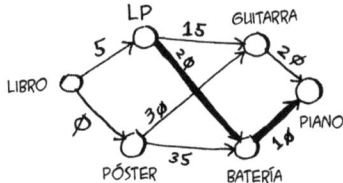

Entonces Rama cambiaría el «LP» por la «batería». Por supuesto, además cambiaría el «libro» por el «LP». Al seguir a los padres en orden inverso construyes el camino completo.

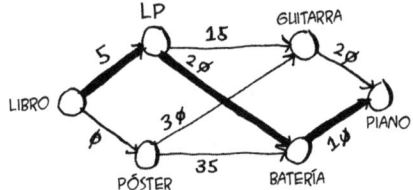

Aquí tienes la serie de intercambios que debe realizar Rama.

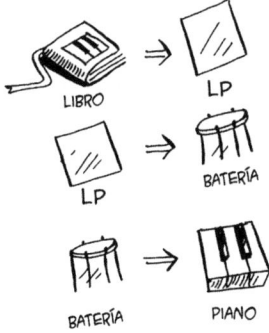

Hasta ahora, he utilizado el término camino más corto de forma literal: calculando el camino más corto entre dos lugares o dos personas. Espero que este ejemplo haya mostrado que el camino más corto no tiene que indicar distancia física. Puede referirse a minimizar algo. En este caso, Rama quería minimizar la cantidad de dinero a gastar. ¡Gracias, Dijkstra!

# Aristas de peso negativo

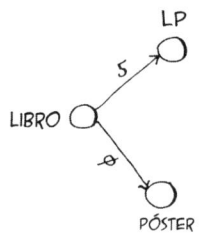

En el ejemplo de los intercambios, Alex ofreció intercambiar el libro por dos objetos.

Supón que Sara ofrece intercambiar el LP por el póster y le dará a Rama unos 7 € adicionales. No le cuesta nada a Rama hacer este cambio, de hecho gana 7 €. ¿Cómo expresarías esta situación en el grafo?

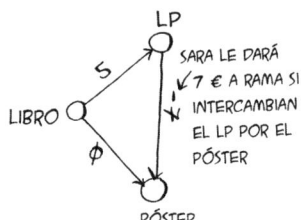

¡La arista del LP al póster tiene un peso negativo! Rama obtiene 7 € si hace este intercambio. Ahora tiene dos opciones para el póster.

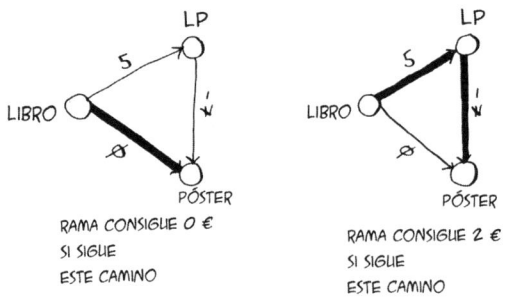

Entonces tiene sentido hacer el segundo intercambio. Rama recupera 2 € de esta forma. Ahora, si recuerdas, puede intercambiar el póster por la batería. De nuevo hay dos posibles caminos.

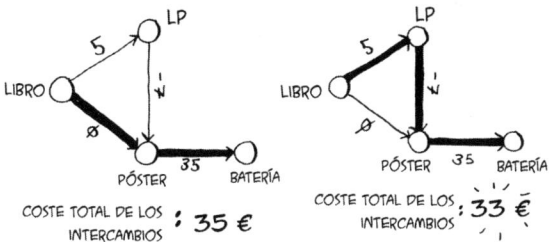

El segundo camino cuesta 2 € menos, por tanto, debería tomar esta opción, ¿cierto? Adivina qué... si ejecutamos el algoritmo de Dijkstra en este grafo, Rama habría tomado el camino incorrecto. Habría escogido el camino más largo. «No se puede utilizar el algoritmo de Dijkstra si hay aristas de pesos negativos». Las aristas de pesos negativos rompen el algoritmo. Veamos qué sucede cuando se ejecuta en este grafo. Primero construimos la tabla de costes.

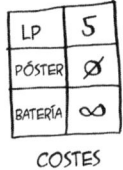

Luego, encontramos el nodo de menor coste y actualizamos los costes de sus vecinos de salida. En este caso el póster es el nodo de menor coste. Entonces, de acuerdo con el algoritmo de Dijkstra, «no existe una manera más barata de obtener el póster que pagando 0 €» (¡sabes que eso no es cierto!). De todas formas, actualicemos los costes para sus vecinos de salida.

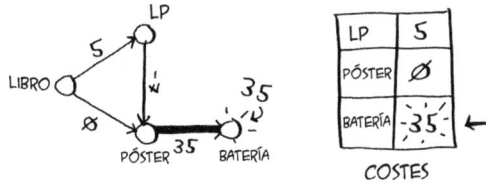

Vale, ahora la batería cuesta 35 €.

Busquemos el próximo nodo más barato que no haya sido procesado.

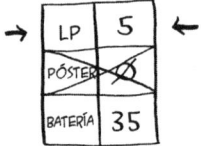

Actualizamos los costes de sus vecinos de salida.

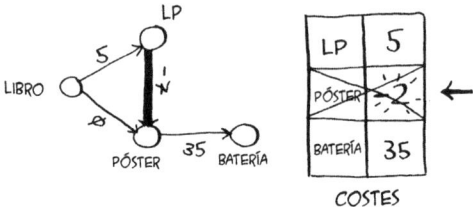

COSTES

Ya procesamos el nodo del póster, pero ahora estamos actualizando su coste. Esto es una gran señal de alerta. Una vez que se procesa un nodo, se asume que no existe forma más barata de llegar a él. Pero acabamos de encontrar una forma más barata de obtener el póster. La batería no tiene ningún vecino, así que el algoritmo termina aquí. Los costes finales son:

| | |
|---|---|
| LP | 5 |
| PÓSTER | -2 |
| BATERÍA | 35 |

COSTES
FINALES

Obtuvimos un coste final de 35 € para la batería. Sabemos que existe un camino que cuesta solo 33 €, pero el algoritmo no lo encontró. El algoritmo de Dijkstra asume que, cuando estás procesando el nodo del póster, no existe otra forma más barata de llegar a dicho nodo. Esa suposición solo funciona si no hay pesos negativos, por lo tanto «no se puede utilizar el algoritmo de Dijkstra si hay aristas de pesos negativos». En esos casos hay que utilizar el «algoritmo de Bellman-Ford». Dicho algoritmo está fuera del alcance del libro, pero puedes encontrar muy buenas explicaciones sobre este tema en línea.

# Implementación

Veamos cómo implementar el algoritmo de Dijkstra en código. Este es el grafo que usaremos como ejemplo.

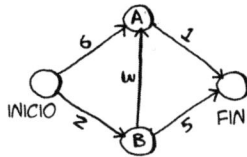

Aquí necesitaremos tres tablas hash.

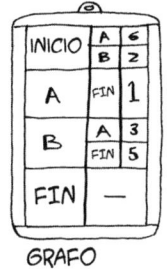

GRAFO

COSTES

PADRES

Actualizarás las tablas hash del coste y de los nodos padres a medida que el algoritmo progrese. Primero, implementarás el grafo mediante una tabla hash, de manera similar a la empleada en el capítulo 6:

```
grafo = {}
```

En el capítulo 6, guardabas todos los vecinos de un nodo en la tabla hash de la siguiente forma:

```
grafo["tú"] = ["alicia", "borja", "clara"]
```

Esta vez necesitas guardar los vecinos de salida «y» el coste de llegar a cada vecino. Por ejemplo, el nodo Inicio tiene dos vecinos de salida: A y B.

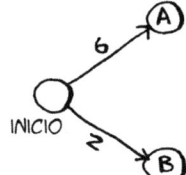

¿Cómo se pueden representar los pesos de esas aristas? ¡Podemos utilizar otra tabla hash!

```
grafo["inicio"] = {}
grafo["inicio"]["a"] = 6
grafo["inicio"]["b"] = 2
```

Entonces grafo["inicio"] es una tabla hash. Puedes obtener todos los vecinos de salida de Inicio de la siguiente forma:

```
>>> print(list(grafo["inicio"].keys()))
["a", "b"]
```

Existe una arista desde Inicio hacia A y otra hacia B. ¿Qué harías para obtener los pesos de estas aristas?

```
>>> print(grafo["inicio"]["a"])
6
>>> print(grafo["inicio"]["b"])
2
```

Incluyamos el resto de los nodos y aristas del grafo:

```
grafo["a"] = {}
grafo["a"]["fin"] = 1

grafo["b"] = {}
grafo["b"]["a"] = 3
grafo["b"]["fin"] = 5

grafo["fin"] = {}                                    ❶
```

❶ Este nodo no tiene vecinos de salida.

La tabla hash completa se ve así.

GRAFO

Ahora necesitamos una tabla hash para guardar los costes de cada nodo.

COSTES

El «coste» de un nodo es cuánto toma llegar hasta él desde Inicio. Sabes que necesitas 2 minutos desde el nodo Inicio hasta el nodo B. Y 6 minutos hasta el A (aunque es posible encontrar otro camino de menor tiempo). No se sabe cuánto tiempo toma llegar a Final. Si aún no se conoce un coste, se utiliza infinito como valor. ¿Cómo se puede representar «infinito» en Python? Así:

```
infinito = math.inf
```

Aquí tenemos el código para la tabla de costes:

```
infinito = math.inf
costes = {}
costes["a"] = 6
costes["b"] = 2
costes["fin"] = infinito
```

Además, necesitamos otra tabla hash para los padres:

PADRES

Aquí tenemos el código para la tabla hash de los padres:

```
padres = {}
padres["a"] = "inicio"
padres["b"] = "inicio"
padres["fin"] = None
```

Por último, necesitamos un array para llevar la cuenta de todos los nodos que ya has procesado, porque no hay que procesar ninguno más de una vez:

```
procesados = set()
```

Esa es toda la preparación inicial. Ahora veamos el algoritmo.

Mostraré el código primero y luego lo analizaremos en detalle:

```
nodo = encuentra_nodo_de_menor_coste(costes)      ❶
while nodo is not None:                            ❷
    coste = costes[nodo]
    vecinos = grafo[nodo]
    for n in vecinos.keys():                       ❸
        coste_nuevo = coste + vecinos[n]
        if costes[n] > coste_nuevo:                ❹
            costes[n] = coste_nuevo                 ❺
            padres[n] = nodo                        ❻
    procesados.append(nodo)                         ❼
    nodo = encuentra_nodo_de_menor_coste(costes)    ❽
```

❶ Encuentra el nodo de menor coste que aún no hayas procesado.
❷ Si procesaste todos los nodos el bucle termina.
❸ Itera sobre todos los vecinos de salida de este nodo.
❹ Si es más barato llegar a este vecino de salida a través de este nodo...
❺ ... actualiza el coste del nodo.
❻ Este nodo se convierte en el nuevo padre para este vecino de salida.
❼ Marca el nodo como procesado.
❽ Encuentra el próximo nodo a procesar y continúa el bucle.

¡Este es el algoritmo de Dijkstra en Python! Veremos el código de la función `encuentra_nodo_de_menor_coste` más adelante, primero veamos al algoritmo en acción.

Encontrar el nodo de menor coste.

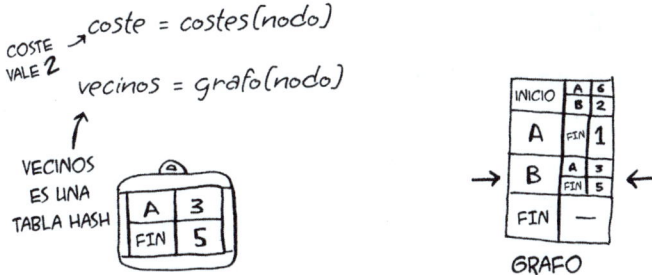

Obtener el coste y los vecinos de salida de ese nodo.

Iterar sobre los vecinos de salida.

Cada nodo tiene un coste asociado. El coste está definido por cuánto toma llegar a ese nodo desde Inicio. Aquí, se está calculando cuánto se tardaría en llegar al nodo A si se hizo el camino Inicio>nodo B>nodo A, en lugar de Inicio>nodo A.

$$coste\_nuevo = coste + vecinos(n)$$

COSTE DE "B", P. EJ. 2

DISTANCIA DE B A A: 3

$$coste\_nuevo = 2 + 3$$
$$= 5$$

Comparemos esos costes.

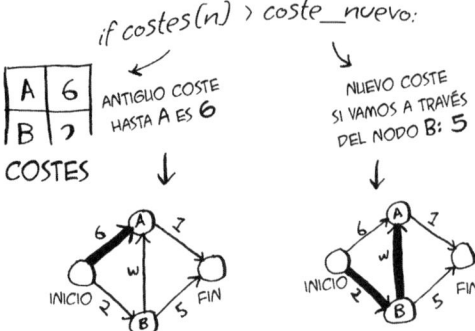

¡Encontramos un camino más corto al nodo A! Hay que actualizar el coste.

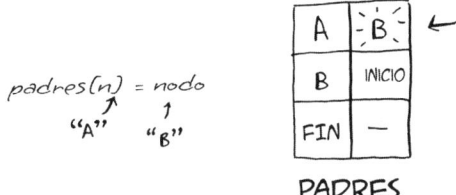

Este nuevo camino va a través del nodo B, así que establecemos B como el nuevo nodo padre.

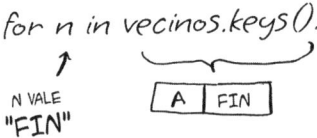

Vale, estás de vuelta en el principio del bucle. El próximo vecino de salida en el bucle `for` es el nodo Final.

¿Cuánto toma llegar al nodo Final si vas a través del B?

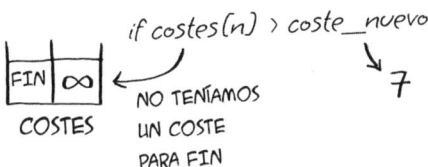

Se tardan 7 minutos. El coste previo era infinito y 7 minutos es menos que eso.

$$if \ costes(n) > coste\_nuevo:$$

FIN | ∞  ←  NO TENÍAMOS          ↘ 7

COSTES      UN COSTE
            PARA FIN

Asignamos el nuevo coste y el nuevo padre para el nodo final.

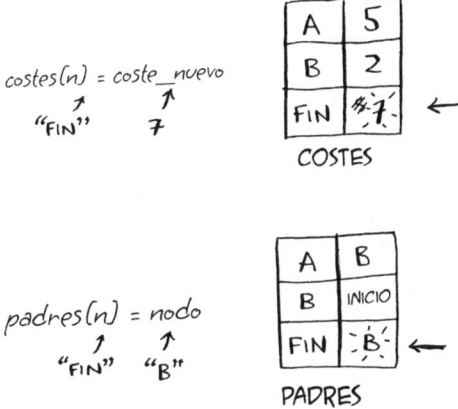

$$costes(n) = coste\_nuevo$$
"FIN"           7

| A | 5 |
|---|---|
| B | 2 |
| FIN | 7 |  ←

COSTES

$$padres(n) = nodo$$
"FIN"       "B"

| A | B |
|---|---|
| B | INICIO |
| FIN | B |  ←

PADRES

Bien, actualizamos los costes de todos los vecinos de salida del nodo B. Marquémoslo como procesado.

$$procesados.append(nodo)$$
"B"

NODOS
PROCESADOS  | B |

Buscamos el nuevo nodo que vamos a procesar.

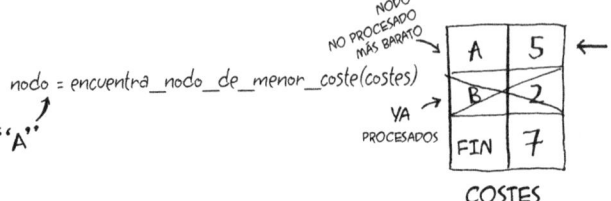

Obtenemos el coste y los vecinos de salida del nodo A.

$$coste = costes(nodo)$$

$$5$$

$$vecinos = grafo(nodo)$$

$$\boxed{\text{FIN} | 1}$$

El nodo A tiene un solo vecino de salida: el nodo Final.

$$for\ n\ in\ vecinos.keys():$$

"FIN"    $\boxed{\text{FIN}}$

Por ahora necesitamos 7 minutos para llegar al nodo Final. ¿Cuánto tomaría llegar hasta él si vamos a través del nodo A?

$$coste\_nuevo = coste + vecinos(n)$$

COSTE PARA          DISTANCIA DE          $5+1$
IR DE A              A A FIN:              $= 6$
AL INICIO: 5         1

$$if\ costes(n) > coste\_nuevo:$$

ANTIGUO COSTE          COSTE SI VAMOS
PARA LLEGAR            A TRAVÉS DE A:
A FIN: 7               6

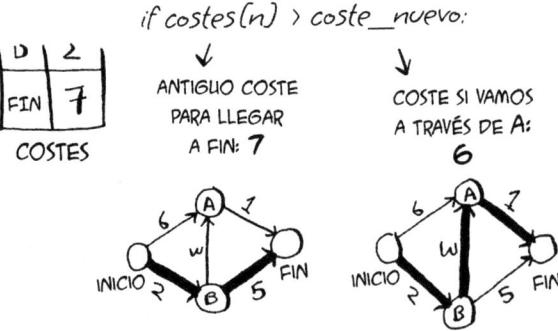

¡Es más rápido llegar al nodo Final desde el nodo A! Actualicemos el coste y el padre.

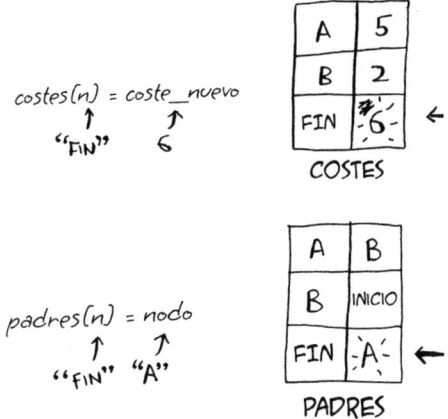

$$costes(n) = coste\_nuevo$$
"FIN"    6

| | |
|---|---|
| A | 5 |
| B | 2 |
| FIN | ~~6~~ |

COSTES

$$padres(n) = nodo$$
"FIN"    "A"

| | |
|---|---|
| A | B |
| B | INICIO |
| FIN | A |

PADRES

Una vez que hayamos procesado todos los nodos el algoritmo termina. Espero que este recorrido detallado te haya ayudado a comprender el algoritmo un poco mejor. Encontrar el nodo de menor coste es bien fácil con la función `encuentra_nodo_de_menor_coste`. Este es su código:

```
def encuentra_nodo_de_menor_coste(costes):
    menor_coste = math.inf
    nodo_menor_coste = None
    for nodo in costes:                                      ❶
        coste = costes[nodo]
        if coste < menor_coste and nodo not in procesados:   ❷
            menor_coste = coste                              ❸
            nodo_menor_coste = nodo
    return nodo_menor_coste
```

❶ Itera por cada nodo.
❷ Si es el nodo de menor coste hasta ahora y no ha sido procesado aún ...
❸ ... asígnalo como el nuevo nodo de menor coste.

Para encontrar el nodo de menor coste, recorremos todos los nodos cada vez. Existe una versión más eficiente de este algoritmo. Utiliza una estructura de datos llamada una cola de prioridad, que se construye a su vez sobre una estructura de datos diferente llamada *heap* (montón). Si tienes curiosidad sobre las colas de prioridad y los heaps, echa un vistazo a la sección correspondiente en el último capítulo del libro.

## EJERCICIOS

**9.1** En cada uno de estos grafos, ¿cuál es el peso del camino más corto de Inicio a Fin?

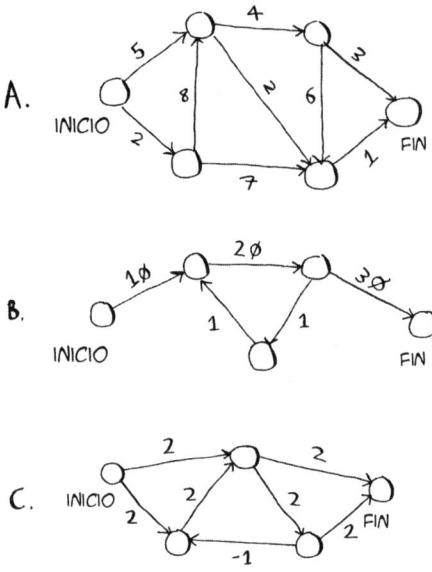

## Recapitulación

- La búsqueda a lo ancho se utiliza para calcular el camino de coste mínimo para un grafo no ponderado.

- El algoritmo de Dijkstra se utiliza para calcular el camino de coste mínimo en un grafo ponderado.

- El algoritmo de Dijkstra funciona cuando todos los pesos son no negativos.

- Si tienes pesos negativos, utiliza el algoritmo Bellman-Ford.

# Algoritmos voraces | 10

## En este capítulo:

- Conocerás la estrategia voraz (golosa o codiciosa), una forma muy sencilla de resolver problemas

- Aprenderás cómo lidiar con lo imposible: problemas que no tienen una solución algorítmica rápida (problemas NP-hard).

- Descubrirás los algoritmos de aproximación, que se pueden utilizar para dar una solución aproximada a un problema NP-hard de forma rápida.

# El problema de los horarios

Supón que tienes un aula y quieres utilizarla para impartir la mayor cantidad de clases posible. Te dan una lista de clases.

| CLASE | INICIO | FIN |
|-------|--------|-----|
| ARTE | 9:00 | 10:00 |
| INGLÉS | 9:30 | 10:30 |
| MATES | 10:00 | 11:00 |
| INFORMÁTICA | 10:30 | 11:30 |
| MÚSICA | 11:00 | 12:00 |

No puedes dar «todas» las clases en la misma aula porque algunas de ellas coinciden.

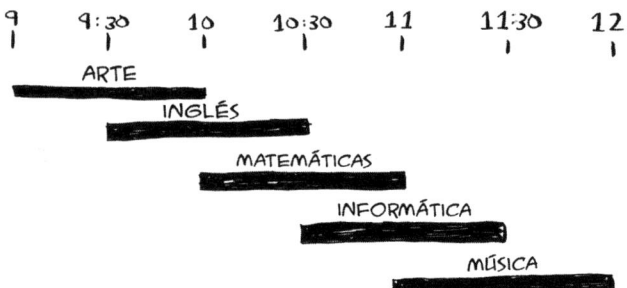

Si quieres dar la mayor cantidad de clases posibles en el aula, ¿cómo escoges qué conjunto de clases impartir, de forma tal que puedas crear el mayor conjunto posible?

Suena como un problema difícil, ¿cierto? Sin embargo, el algoritmo es tan sencillo que te sorprenderá. A continuación verás cómo funciona:

1. Escoger la clase que termina primero. Esta será la primera clase que se impartirá en el aula.

2. Ahora, hay que escoger cuál comienza después. De nuevo se escogerá la clase que termina más pronto. Esta será la próxima clase que impartir.

Se mantiene este proceso y se encuentra una respuesta. Probémoslo. La clase de Arte termina antes que ninguna otra, a las 10:00, así que la escogeremos.

| ARTE | 9:00 | 10:00 | ✓ |
|------|------|-------|---|
| INGLÉS | 9:30 | 10:30 | |
| MATES | 10:00 | 11:00 | |
| INFORMÁTICA | 10:30 | 11:30 | |
| MÚSICA | 11:00 | 12:00 | |

Ahora tenemos que escoger la siguiente que comience después de las 10:00 y termine más pronto.

| ARTE | 9:00 | 10:00 | ✓ |
|------|------|-------|---|
| INGLÉS | 9:30 | 10:30 | ✗ |
| MATES | 10:00 | 11:00 | ✓ |
| INFORMÁTICA | 10:30 | 11:30 | |
| MÚSICA | 11:00 | 12:00 | |

Inglés está descartada porque coincide con Arte, pero Matemáticas se puede coger. Por último, Informática coincide con Matemáticas, pero no con Música.

| ARTE | 9:00 | 10:00 | ✓ |
|------|------|-------|---|
| INGLÉS | 9:30 | 10:30 | ✗ |
| MATES | 10:00 | 11:00 | ✓ |
| INFORMÁTICA | 10:30 | 11:30 | ✗ |
| MÚSICA | 11:00 | 12:00 | ✓ |

Entonces estas son las tres clases que impartirás en el aula.

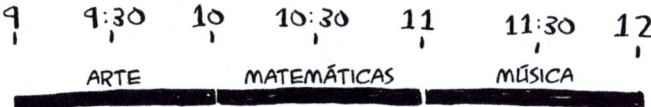

Muchas personas me dicen que este algoritmo parece sencillo. Como es muy evidente, tendría que estar mal. Pero esa es precisamente la belleza de los algoritmos voraces: ¡son bien sencillos! Un algoritmo voraz es simple: en cada paso, se escoge el movimiento óptimo. En este caso, cada vez que escoges una clase, seleccionas aquella que termina antes. En términos técnicos, «en cada paso escoges la solución que corresponde al óptimo local», y al final obtienes como solución completa el óptimo global. Lo creas o no, este simple algoritmo encuentra la solución óptima para este problema de planificación.

Obviamente, los algoritmos voraces no siempre funcionan. ¡Pero son sencillos de escribir! Veamos otro ejemplo.

# El problema de la mochila

Supón que eres un ladrón ambicioso. Estás en una tienda con una mochila rodeado de objetos que puedes robar. Solo puedes llevarte lo que cabe en ella. Tu mochila soporta hasta 3,5 kg.

Estás intentando maximizar el valor de los objetos que pones en la mochila. ¿Qué algoritmo usarías?

Nuevamente la estrategia voraz es muy sencilla:

1. Elige el objeto más valioso que quepa en la mochila.

2. Escoge el próximo objeto de mayor valor, que quepa en la mochila y así sucesivamente.

¡Pero, esta vez, ¡no funciona! Por ejemplo, supón que hay tres objetos que puedes robar.

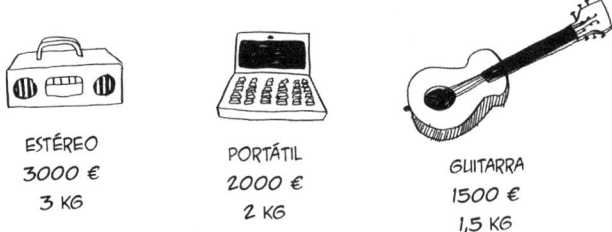

ESTÉREO
3000 €
3 KG

PORTÁTIL
2000 €
2 KG

GUITARRA
1500 €
1,5 KG

Tu mochila puede llevar hasta 3,5 kg de objetos. El estéreo es el más caro, así que lo seleccionas. Ahora no tienes espacio para nada más.

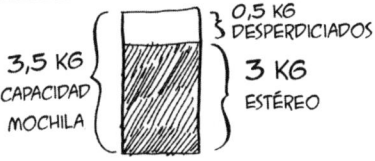

VALOR: 3000 €

Obtienes 3000 € de valor, pero si hubieras escogido el portátil y la guitarra te habrías llevado un botín de 3500 €.

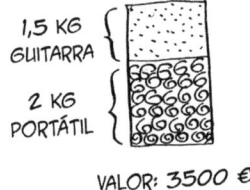

VALOR: 3500 €

Claramente, la estrategia voraz no conduce a la solución óptima en este caso. A veces, da malos resultados. Pero a veces, puede acercarte. En el próximo capítulo, explicaré cómo calcular la solución correcta.

La conclusión de este segundo ejemplo es que, «en ocasiones, lo perfecto es enemigo de lo bueno». A veces todo lo que necesitas es un algoritmo que resuelva el problema lo suficientemente bien. Aquí es donde los algoritmos voraces sobresalen porque son fáciles de escribir y obtienen resultados que a menudo son suficientemente buenos.

## EJERCICIOS

**10.1** Trabajas para una empresa de muebles y tienes que enviar muebles a todo el país. Necesitas transportar cajas en tu camión. Todas las cajas son de diferentes tamaños, y estás tratando de maximizar el espacio que utilizas en cada camión. ¿Cómo elegirías las cajas para maximizar el espacio? Piensa en una estrategia voraz. ¿Eso te dará la solución óptima?

**10.2** Vas a Europa y tienes siete días para ver todo lo que puedas. Asigna valores de puntos a cada elemento (cuánto deseas verlo) y estima cuánto tiempo toma. ¿Cómo puedes maximizar el total de puntos (ver todas las cosas que realmente quieres ver) durante tu estadía? Idea una estrategia voraz. ¿Eso te dará la solución óptima?

Veamos un último ejemplo. En este caso los algoritmos golosos son absolutamente necesarios.

# Problema del conjunto de cobertura

Supón que estás creando un programa de radio. Quieres llegar a oyentes en los 50 estados de EE. UU. Tienes que decidir en qué estaciones de radio emitir tu programa para llegar a todos. Cuesta dinero poner tu programa en cada estación, así que intentarás minimizar el número de estaciones. Aquí tienes una lista de estaciones.

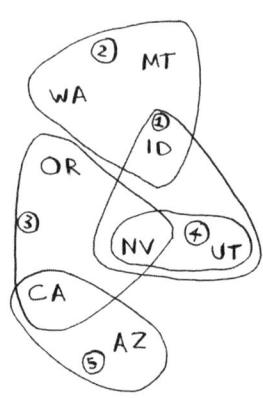

| ESTACIÓN DE RADIO | DISPONIBLE EN |
|---|---|
| KUNO | ID,NV,UT |
| KDOS | WA,ID,MT |
| KTRES | OR,NV,CA |
| KCUATRO | NV,UT |
| KCINCO | CA,AZ |

...etc...

Cada estación cubre una región y hay cierto solapamiento.

¿Cómo encuentras el menor conjunto de estaciones con las cuales cubres los 50 estados? Suena fácil, ¿verdad? Resulta que es extremadamente difícil. Aquí tienes cómo se hace.

Hay que listar cada posible subconjunto de estaciones. Esto se conoce como «conjunto de potencias». Hay $2^n$ posibles subconjuntos.

CONJUNTO Nº. 1

KUNO
KTRES
KCINCO
ETC.

CONJUNTO Nº. 8

KDIEZ
KCINCUENTA
KVEINTE
ETC.

CONJUNTO Nº. 500

KMILLÓN
KCIEN
KMIL
ETC.

Entre ellos, escoge el conjunto con la menor cantidad de estaciones que cubran los 50 estados.

El problema es que toma mucho tiempo calcular cada posible subconjunto de estaciones. Necesitas $O(2^n)$ porque tienes $2^n$ subconjuntos. Es posible realizarlo si tienes un número pequeño de 5 a 10 estaciones. Como con el resto de los ejemplos del libro, piensa en qué pasaría si tienes muchos más elementos. Se tarda mucho más si aumenta el número de estaciones. Supón que puedes calcular 10 subconjuntos por segundo.

¡No existe un algoritmo conocido que lo resuelva lo suficientemente rápido! ¿Qué haces entonces?

| NÚMERO DE ESTACIONES | TIEMPO NECESARIO |
|---|---|
| 5 | 3,2 S |
| 10 | 102,4 S |
| 32 | 13,6 AÑOS |
| 100 | $4 \times 10^{21}$ AÑOS |

## Algoritmos de aproximación

¡Los algoritmos voraces llegan al rescate! Aquí tienes uno que se acerca bastante:

1. Escoger la estación que cubre la mayor cantidad de estados que no hayan sido cubiertos aún. No pasa nada si dicha estación cubre algunos estados que fueron cubiertos anteriormente.

2. Repetir hasta que todos los estados se hayan cubierto.

Esto se conoce como un «algoritmo de aproximación». Cuando calcular la solución exacta implica demasiado tiempo, un algoritmo de aproximación funcionará. Estos algoritmos son evaluados según:

- Cuán rápidos resultan.
- Cuán cerca están de la solución óptima.

Los algoritmos voraces son una buena elección porque no solo resultan simples de entender sino que esa simplicidad usualmente significa que también son rápidos... En este caso, el algoritmo voraz se ejecuta en $O(n^2)$ donde *n* es el número de estaciones de radio.

Veamos cómo este problema se expresa en código.

## Código de preparación

Para este ejemplo, utilizaré un subconjunto de los estados y estaciones de radio con el fin de mantener las cosas sencillas.

Primero, hacemos una lista de los estados que queremos abarcar:

```
estados = set(["mt", "wa", "or", "id", "nv", "ut", "ca", "az"])   ❶
```

❶ Pasamos un array y se convierte en un conjunto.

Utilizo un conjunto para esto. Un conjunto es como una lista, excepto que cada elemento puede aparecer solo una vez. Los conjuntos no pueden tener duplicados. Por ejemplo supón que tienes esta lista:

```
>>> arr = [1, 2, 2, 3, 3, 3]
```

Y la conviertes en un conjunto:

```
>>> set(arr)
set([1, 2, 3])
```

Los números 1, 2 y 3 aparecen solo una vez en el conjunto.

$$[1,2,2,3,3,3] \quad \rightarrow \quad \begin{array}{c} \text{CONVERTIR} \\ \text{A} \\ \text{CONJUNTO} \end{array} \quad \rightarrow \quad (1,2,3)$$

CONJUNTO

Además, necesitamos la lista de estaciones entre las que escoger. Para ello usaremos un `dict`:

```
estaciones = {}
estaciones["kuno"] = set(["id", "nv", "ut"])
estaciones["kdos"] = set(["wa", "id", "mt"])
estaciones["ktres"] = set(["or", "nv", "ca"])
estaciones["kcuatro"] = set(["nv", "ut"])
estaciones["kcinco"] = set(["ca", "az"])
```

Las claves son nombres de estaciones y los valores los estados que estas cubren. En este ejemplo la estación kuno cubre los estados de Idaho, Nevada y Utah. Todos los valores son conjuntos también. Que todo sean conjuntos nos facilitará la vida, como veremos pronto.

Por último, necesitas dónde guardar el conjunto final de estaciones:

```
estaciones_finales = set()
```

## Calcular la respuesta

Ahora necesitamos calcular las estaciones que vamos a utilizar. Fíjate en la imagen de la derecha e intenta predecir qué estaciones deberías escoger.

Puede existir más de una respuesta correcta. Debes revisar cada estación y escoger la que cubra la mayor cantidad de estados que no han sido cubiertos aún. La llamaré `mejor_estacion`:

```
mejor_estacion = None
estados_cubiertos = set()
for estacion, estados_por_estacion in estaciones.items():
```

`estados_cubiertos` es el mayor conjunto de estados que se pueden cubrir en el paso siguiente. Recuerda que estamos intentando encontrar la estación que abarque más estados que aún no hayamos cubierto. El bucle `for` permite recorrer cada estación para verificar cuál es la mejor. Veamos el cuerpo del bucle `for`:

```
cubiertos = estados & estados_por_estacion    ❶
if len(cubiertos) > len(estados_cubiertos):
    mejor_estacion = estacion
    estados_cubiertos = cubiertos
```

❶ ¡Nueva sintaxis! Es una intersección de conjuntos.

He aquí una línea de código interesante:

```
cubiertos = estados & estados_por_estacion
```

¿Qué está sucediendo ahí?

## Conjuntos

Supón que tienes un conjunto de frutas.

También tienes uno de verduras.

Cuando tienes dos conjuntos puedes hacer cosas interesantes con ellos.

Por ejemplo:

- Una unión de conjuntos significa «combina ambos conjuntos».
- Una intersección de conjuntos significa «encuentra los elementos que aparecen en ambos conjuntos» (en este caso solo el tomate).
- Una diferencia de conjuntos significa «substrae los elementos de un conjunto de los elementos del otro conjunto».

Por ejemplo:

```
>>> frutas = set(["aguacate", "tomate", "plátano"])
>>> verduras = set(["remolacha", "zanahoria", "tomate"])
>>> frutas | verduras                          ❶
set(["aguacate", "remolacha", "zanahoria", "tomate", "plátano"])
>>> frutas & verduras                          ❷
set(["tomate"])
>>> frutas - verduras                          ❸
set(["aguacate", "plátano"])
>>> verduras - frutas                          ❹
```

❶  Esto es una unión de conjuntos.
❷  Esto es una intersección de conjuntos.
❸  Esto es una diferencia de conjuntos.
❹  ¿Qué crees que hará esto?

Para recapitular:

- Los conjuntos son como listas, excepto que no tienen duplicados.
- Se pueden realizar operaciones como la unión, la intersección y la diferencia.

## Vuelta al código

Volvamos al ejemplo original.

Esto es una intersección de conjuntos:

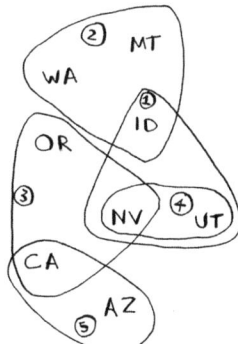

```
cubiertos = estados & estados_por_estacion
```

`cubiertos` es un conjunto de estados que están a la vez en `estados` y `estados_por_estacion`. ¡Así que `cubiertos` es el conjunto de estados sin cubrir que esta estación abarca! A continuación, comprobamos si esta estación cubre más estados que la actual `mejor_estacion`:

```
if len(cubiertos) > len(estados_cubiertos):
    mejor_estacion = estación
    estados_cubiertos = cubiertos
```

En caso afirmativo, esta estación es la nueva `mejor_estacion`. Por último, después del bucle `for`, añadimos `mejor_estacion` a la lista final de estaciones:

```
estaciones_finales.add(mejor_estacion)
```

También necesitamos actualizar `estados`. Dado que esta estación cubre algunos estados, dichos estados ya no son necesarios:

```
estados -= estados_cubiertos
```

Este proceso se repite hasta que `estados` se encuentre vacío. Aquí tienes el código completo:

```
while estados:
    mejor_estacion = None
    estados_cubiertos = set()
    for estacion, estados_por_estacion in estaciones.items():
        cubiertos = estados & estados_por_estacion
        if len(cubiertos) > len(estados_cubiertos):
            mejor_estacion = estacion
            estados_cubiertos = cubiertos
    estados -= estados_cubiertos
    estaciones_finales.add(mejor_estacion)
```

Para concluir, podemos imprimir `estaciones_finales` y deberíamos obtener algo como esto:

```
>>> print estaciones_finales
set(["kdos", "ktres", "kuno", "kcinco"])
```

¿Es eso lo que esperabas? En lugar de las estaciones 1, 2, 3 y 5 podías escoger las estaciones 2, 3, 4, 5. Comparemos el tiempo de ejecución del algoritmo voraz respecto al algoritmo exacto.

| NÚMERO DE ESTACIONES | $O(2^N)$ ALGORITMO EXACTO | $O(N^2)$ ALGORITMO VORAZ |
|:---:|:---:|:---:|
| 5 | 3,2 S | 2,5 S |
| 10 | 102,4 S | 10 S |
| 32 | 13,6 AÑOS | 102,4 S |
| 100 | $4 \times 10^{21}$ AÑOS | 16,67 MIN |

El algoritmo voraz no siempre dará una respuesta exacta, pero se ejecuta mucho más rápido. El problema de cobertura de conjuntos se conoce como un problema NP-hard. Si quieres aprender un poco más sobre los problemas NP-hard, echa un vistazo al apéndice B.

## Recapitulación

- Los algoritmos voraces optimizan de forma local, con la esperanza de encontrar un óptimo global.
- Si tienes un problema NP-hard, tu mejor apuesta es usar un algoritmo de aproximación.
- Los algoritmos voraces son sencillos de escribir y se ejecutan rápidamente; por tanto, sirven bien como algoritmos de aproximación.

# Programación dinámica | **11**

## En este capítulo:

- Descubrirás la programación dinámica, una técnica que resuelve problemas difíciles dividiéndolos en subproblemas y resolviendo dichos subproblemas con antelación.

- Mediante ejemplos, aprenderás cómo obtener una solución de programación dinámica de un nuevo problema.

## El problema de la mochila (revisado)

Reevaluemos el problema de la mochila del capítulo 10. Eres un ladrón con una mochila que puede cargar 4 kg de bienes.

Tienes tres objetos que puedes llevar en la mochila.

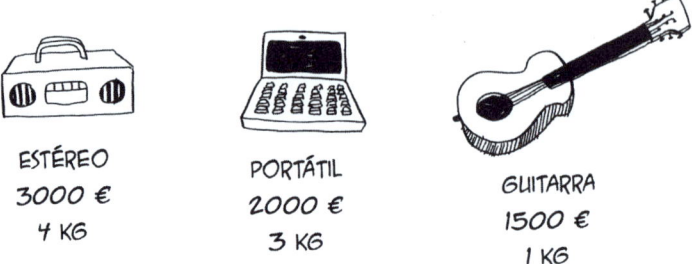

¿Cuáles deberías robar para maximizar el valor de los bienes robados?

## La solución simple

El algoritmo más sencillo es el siguiente: intentas cada posible conjunto de objetos y escoges el que otorgue el mayor valor.

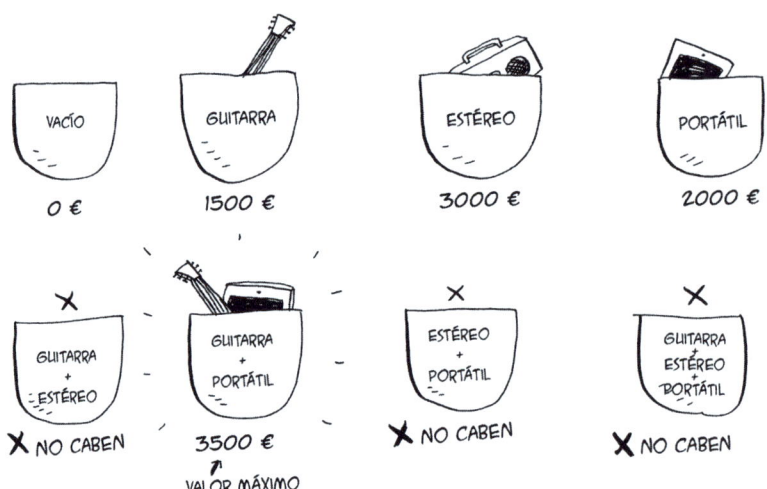

Esto funciona, pero es realmente lento. Para tres elementos, debes calcular ocho posibles conjuntos. Para cuatro elementos, necesitas 16. Con cada objeto que agregues, la cantidad de conjuntos se duplica. Este algoritmo lleva $O(2^n)$ que es muy pero muy lento.

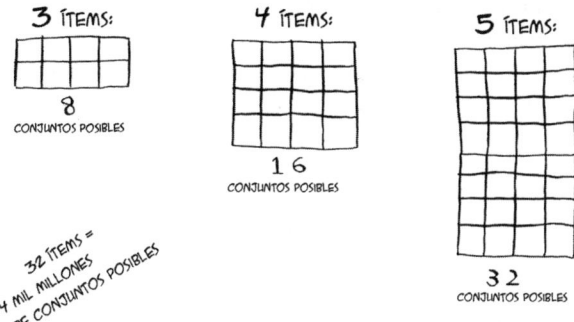

Esto es impracticable para cualquier número razonable de objetos. En el capítulo 10, vimos cómo calcular una solución «aproximada». Dicha solución estará cercana a la solución óptima, pero podría no ser la mejor.

Entonces, ¿cómo calculamos la solución óptima?

## Programación dinámica

Respuesta: ¡con programación dinámica! Veamos cómo funcionaría un algoritmo de programación dinámica en este caso: comienza por resolver subproblemas y va construyendo la solución hasta resolver el problema mayor.

Para el problema de la mochila, comenzamos resolviendo el problema con mochilas más pequeñas (o «submochilas») y luego vamos trabajando hasta resolver el problema original.

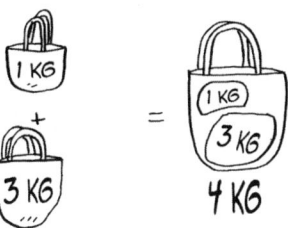

«La programación dinámica es un concepto complicado, así que no te preocupes si no lo entiendes enseguida». Vamos a ver muchos ejemplos.

Comenzaré mostrándote el algoritmo en acción. Una vez que lo hayas visto al menos una vez, tendrás un montón de preguntas. Haré todo lo posible para responderlas.

Todo algoritmo de programación dinámica comienza con una matriz. Aquí tienes la del problema de la mochila.

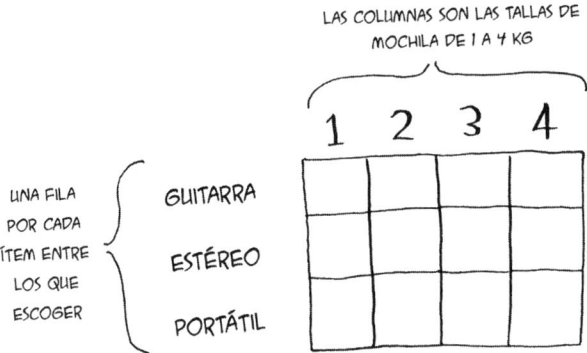

Las filas de la matriz son los objetos y las columnas, los pesos (o capacidad) de la mochila, entre 1 y 4 kg. Necesitas todas esas columnas porque te ayudarán a calcular los valores de las submochilas.

La matriz comienza vacía. Iremos llenando cada celda. Una vez que una celda esté llena, ¡tendremos la respuesta para el subproblema de dicha celda! Por ahora, sigue el ritmo. Crea tu propia matriz y la rellenaremos juntos.

### La fila de la guitarra

Mostraré la fórmula exacta para calcular los valores de la matriz más adelante. Primero hagamos un recorrido manual. Comencemos por la primera fila.

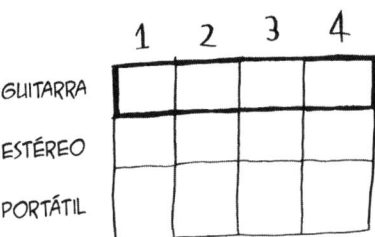

Esta fila corresponde a la «guitarra», lo cual significa que estás intentando meter la guitarra en la mochila. En cada celda, tienes una decisión sencilla: ¿robas la guitarra o no? Recuerda: estás intentando buscar el conjunto de objetos que te provee el mayor valor.

La primera celda tiene una capacidad de 1 kg. La guitarra también pesa 1 kg, por tanto, ¡se puede guardar en la mochila! Entonces el valor de esta celda es 1500 € y contiene la guitarra.

Rellenemos la matriz.

|  | 1 | 2 | 3 | 4 |
|---|---|---|---|---|
| GUITARRA | 1500 € 6 |  |  |  |
| ESTÉREO |  |  |  |  |
| PORTÁTIL |  |  |  |  |

De manera similar, cada celda en la matriz contendrá una lista con los objetos que caben en la mochila en ese punto.

Veamos la siguiente celda. Aquí tienes una mochila con capacidad de 2 kg. Bueno, la guitarra, claro, ¡también cabe aquí!

|  | 1 | 2 | 3 | 4 |
|---|---|---|---|---|
| GUITARRA | 1500 € 6 | 1500 € 6 |  |  |
| ESTÉREO |  |  |  |  |
| PORTÁTIL |  |  |  |  |

Lo mismo se cumple para el resto de la fila. Recuerda que esta es la primera fila, por lo cual «solo» podemos escoger la guitarra por ahora. Estás fingiendo que los otros dos objetos no se pueden robar por ahora.

|  | 1 | 2 | 3 | 4 |
|---|---|---|---|---|
| GUITARRA | 1500 € 6 | 1500 € 6 | 1500 € 6 | 1500 € 6 |
| ESTÉREO |  |  |  |  |
| PORTÁTIL |  |  |  |  |

En este punto, quizás estás confundido. ¿«Por qué» hacer todo esto para mochilas con capacidades de 1 kg, 2 kg, y así sucesivamente cuando el problema habla de una mochila de 4 kg? ¿Recuerdas cómo te expliqué que en programación dinámica se comienza resolviendo problemas pequeños y a partir de estos se construye la solución del problema inicial?

Aquí estamos precisamente resolviendo subproblemas que nos ayudarán a calcular el valor que podemos llevar en la mochila de 4 kg. Continúa leyendo y las cosas se harán más claras.

En este momento la matriz debe verse así.

|  | 1 | 2 | 3 | 4 |
|---|---|---|---|---|
| GUITARRA | 1500 € 6 | 1500 € 6 | 1500 € 6 | 1500 € 6 |
| ESTÉREO |  |  |  |  |
| PORTÁTIL |  |  |  |  |

Recuerda que el objetivo es maximizar el valor de la mochila. «Esta fila representa la mejor estimación actual sobre este máximo». Así que ahora mismo, de acuerdo con esta fila, si tienes una mochila de 4 kg, el mayor valor que puedes obtener sería 1500 €.

|  | 1 | 2 | 3 | 4 |  |
|---|---|---|---|---|---|
| GUITARRA | 1500 € 6 | 1500 € 6 | 1500 € 6 | 1500 € 6 | NUESTRA MEJOR ESTIMACIÓN PARA LO QUE EL LADRÓN DEBE ROBAR: LA GUITARRA POR 1500 € |
| ESTÉREO |  |  |  |  |  |
| PORTÁTIL |  |  |  |  |  |

Sabes que esa no es la solución final. A medida que avancemos en el algoritmo mejoraremos esta estimación.

### La fila del estéreo

Continuemos con la siguiente fila, que corresponde al estéreo. Ahora que nos encontramos en la segunda fila podemos escoger entre la guitarra y el estéreo. En cada fila, podemos usar el objeto de dicha fila o los objetos de las filas que se encuentran por encima de ella. Entonces todavía no podemos robar el portátil, pero podemos llevarnos la guitarra y/o el estéreo. Comencemos con la primera celda, una mochila con 1 kg de capacidad. El mayor valor actual que puedes llevar en una mochila de 1 kg es de 1500 €.

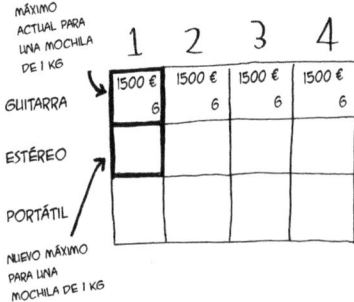

MÁXIMO ACTUAL PARA UNA MOCHILA DE 1 KG

|  | 1 | 2 | 3 | 4 |
|---|---|---|---|---|
| GUITARRA | 1500 € 6 | 1500 € 6 | 1500 € 6 | 1500 € 6 |
| ESTÉREO |  |  |  |  |
| PORTÁTIL |  |  |  |  |

NUEVO MÁXIMO PARA UNA MOCHILA DE 1 KG

¿Entonces deberías robar el estéreo o no?

Con una mochila de capacidad 1 kg, ¿cabe el estéreo? No, ¡es muy pesado! Dado que no puedes cargar el estéreo, 1500€ «se mantiene» como máxima estimación para mochilas de 1 kg.

| | 1 | 2 | 3 | 4 |
|---|---|---|---|---|
| GUITARRA | 1500 € 6 ↓ | 1500 € 6 | 1500 € 6 | 1500 € 6 |
| ESTÉREO | 1500 € 6 | | | |
| PORTÁTIL | | | | |

Pasa lo mismo con las siguientes dos celdas. Estas mochilas tienes capacidades de 2 y 3 kg. El anterior máximo valor para ambas era 1500 €.

| | 1 | 2 | 3 | 4 |
|---|---|---|---|---|
| GUITARRA | 1500 € 6 ↓ | 1500 € 6 ↓ | 1500 € 6 ↓ | 1500 € 6 |
| ESTÉREO | 1500 € 6 | 1500 € 6 | 1500 € 6 | |
| PORTÁTIL | | | | |

El estéreo sigue sin caber, por tanto, tus suposiciones se mantienen sin cambio.

¿Qué pasaría con una mochila de 4 kg? ¡Ajá! ¡El estéreo sí que cabe! El valor anterior era 1500 €, pero si nos llevamos el estéreo en su lugar, ¡el valor es de 3000 €! Robemos entonces el estéreo.

| | 1 | 2 | 3 | 4 |
|---|---|---|---|---|
| GUITARRA | 1500 € 6 ↓ | 1500 € 6 ↓ | 1500 € 6 ↓ | 1500 € 6 |
| ESTÉREO | 1500 € 6 | 1500 € 6 | 1500 € 6 | 3000 € E |
| PORTÁTIL | | | | |

¡Acabamos de actualizar la estimación! Si tienes una mochila de 4 kg, puedes llevar al menos objetos por un valor de 3000 € en ella. Puedes ver en la matriz cómo hemos actualizado incrementalmente el estimado.

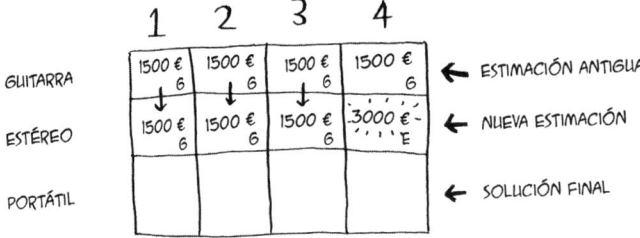

### La fila del portátil

¡Hagamos lo mismo con el portátil! El peso del portátil es 3 kg, por tanto, no cabe en las mochilas de 1 o 2 kg. El estimado para estas celdas se mantiene en 1500 €.

|  | 1 | 2 | 3 | 4 |
|---|---|---|---|---|
| GUITARRA | 1500 € G | 1500 € G | 1500 € G | 1500 € G |
| ESTÉREO | 1500 € G | 1500 € G | 1500 € G | 3000 € E |
| PORTÁTIL | 1500 € G | 1500 € G |  |  |

Con 3 kg, la antigua estimación era 1500 €, pero ahora podemos elegir el portátil que aporta 2000 €. ¡Entonces el nuevo estimado para esta celda es de 2000 €!

|  | 1 | 2 | 3 | 4 |
|---|---|---|---|---|
| GUITARRA | 1500 € G | 1500 € G | 1500 € G | 1500 € G |
| ESTÉREO | 1500 € G | 1500 € G | 1500 € G | 3000 € E |
| PORTÁTIL | 1500 € G | 1500 € G | 2000 € P |  |

Con 4 kg las cosas se ponen interesantes. Esta es una parte importante. El estimado actual es 3000 €. Puedes poner el portátil en la mochila, pero solo obtendrías 2000 €.

$$3000 \text{ €} \quad \text{vs} \quad 2000 \text{ €}$$

ESTÉREO          PORTÁTIL

¡Hum!, eso no es tan bueno como la estimación anterior, pero…
el portátil pesa solamente 3 kg, así que tenemos 1 kg disponible.
Podríamos poner algo en el espacio restante.

$$3000 \text{ €} \quad \text{vs} \left( 2000 \text{ €} + \underline{\text{ ? ? ?}} \right)$$

ESTÉREO          PORTÁTIL          1 KG DE
                                  ESPACIO LIBRE

¿Cuál es el mayor valor que podemos cargar con 1 kg de capacidad?
Bueno, es lo que hemos estado calculando hasta ahora.

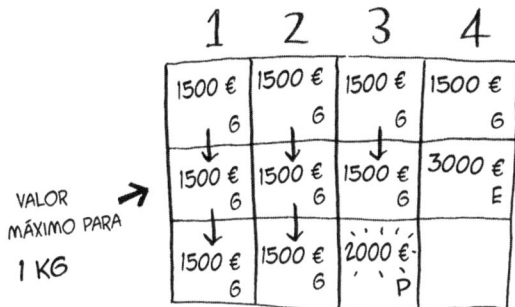

VALOR
MÁXIMO PARA

1 KG

De acuerdo con la última mejor estimación, podemos poner la guitarra en el
espacio restante y eso suma 1500 €. Luego la comparación real es la siguiente:

$$3000 \text{ €} \quad \text{vs} \left( 2000 \text{ €} + 1500 \text{ €} \right)$$

ESTÉREO          PORTÁTIL          GUITARRA

Puede que te estuvieras preguntando por qué hemos ido calculando los
valores máximos para las mochilas de menor capacidad. ¡Espero que
ahora tenga sentido! Cuando hay espacio sobrante, se pueden utilizar las
respuestas de esos subproblemas para definir qué poner en dicho espacio.
Es mejor llevar el portátil más la guitarra para lograr un total de 3500 €.

La matriz final queda así:

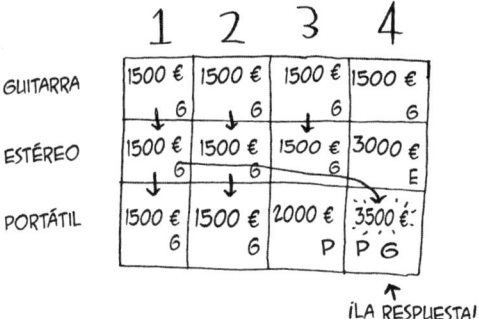

|  | 1 | 2 | 3 | 4 |
|---|---|---|---|---|
| GUITARRA | 1500 € ↓ G | 1500 € ↓ G | 1500 € ↓ G | 1500 € G |
| ESTÉREO | 1500 € ↓ G | 1500 € G | 1500 € G | 3000 € E |
| PORTÁTIL | 1500 € G | 1500 € G | 2000 € P | 3500 € P G |

↑
¡LA RESPUESTA!

Ahí tienes la respuesta: ¡el mayor valor que cabe en la mochila es 3500 €, al llevar la guitarra y el portátil!

Quizás estás pensando que podrías utilizar una fórmula diferente para calcular el valor de esa última celda. Eso es porque omití cierta complejidad innecesaria al llenar los valores de las celdas anteriores. El valor de cada celda es calculado con la misma fórmula. Aquí la tienes:

FILA COLUMNA

$$celda(i)(j) = max \ de \begin{cases} 1. \ \text{MÁXIMO PREVIO (VALOR EN } celda(i-1)(j)) \\ \qquad\qquad\qquad vs \\ 2. \ \text{VALOR DEL ÍTEM ACTUAL + VALOR DEL ESPACIO RESTANTE} \\ \qquad\qquad\qquad\qquad\qquad\qquad\qquad\quad \uparrow \\ \qquad\qquad\qquad\qquad celda(i-1)(j-\text{PESO DEL ÍTEM}] \end{cases}$$

Se puede emplear esta fórmula con cada casilla de la matriz y se debería terminar con la misma matriz que hemos visto. ¿Recuerdas cómo hablaba sobre resolver los subproblemas? De esta forma combinas las soluciones a dos subproblemas para resolver un problema de mayor tamaño.

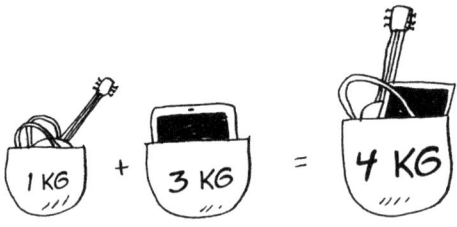

# Preguntas frecuentes en el problema de la mochila

Quizás todo esto parece magia. Esta sección responde algunas de las preguntas más comunes.

## ¿Qué pasa si se añade un objeto?

Supón que tienes un cuarto objeto que robar que no habías descubierto antes. Ahora puedes robar un iPhone.

¿Tienes que recalcular todo para tener en cuenta este objeto? No. Recuerda que en programación dinámica vas construyendo progresivamente una estimación. Hasta ahora, estos son los valores máximos.

IPHONE
2000 €
1 KG

|  | 1 | 2 | 3 | 4 |
|---|---|---|---|---|
| GUITARRA | 1500 € G | 1500 € G | 1500 € G | 1500 € G |
| ESTÉREO | 1500 € G | 1500 € G | 1500 € G | 3000 € E |
| PORTÁTIL | 1500 € G | 1500 € G | 2000 € P | 3500 € P G |

Esto significa que para una mochila de 4 kg, puedes robar objetos por un valor de 3500 €. Pensaste que ese era el valor final, pero podemos añadir una fila para el iPhone.

|  | 1 | 2 | 3 | 4 |
|---|---|---|---|---|
| GUITARRA | 1500 € G | 1500 € G | 1500 € G | 1500 € G |
| ESTÉREO | 1500 € G | 1500 € G | 1500 € G | 3000 € E |
| PORTÁTIL | 1500 € G | 1500 € G | 2000 € P | 3500 € P G |
| IPHONE |  |  |  |  |

NUEVA RESPUESTA

¡Resulta que ahora tienes un nuevo valor mayor! Trata de rellenar esta fila antes de seguir leyendo.

Comencemos con la primera celda. El iPhone cabe en la mochila de 1 kg. El viejo máximo era 1500 €, pero el iPhone vale 2000 €. Tomemos el iPhone en su lugar.

| | 1 | 2 | 3 | 4 |
|---|---|---|---|---|
| GUITARRA | 1500 € 6 | 1500 € 6 | 1500 € 6 | 1500 € 6 |
| ESTÉREO | 1500 € 6 | 1500 € 6 | 1500 € 6 | 3000 € E |
| PORTÁTIL | 1500 € 6 | 1500 € 6 | 2000 € P | 3500 € P G |
| IPHONE | 2000 € I | | | |

En la próxima celda, puedes incluir el iPhone «y» la guitarra.

| | | | |
|---|---|---|---|
| 1500 € 6 | 1500 € 6 | 1500 € 6 | 1500 € 6 |
| 1500 € 6 | 1500 € 6 | 1500 € 6 | 3000 € E |
| 1500 € 6 | 1500 € 6 | 2000 € P | 3500 € P G |
| 2000 € I | 3500 € I 6 | | |

Para la celda 3, no puedes mejorar el estimado del iPhone y la guitarra, así que la dejamos así.

Para la última celda, las cosas se vuelven interesantes. El máximo actual es 3500 €. Puedes robar el iPhone y tendrías 3 kg de espacio restante.

$$3500 € \quad \text{VS} \left( \underset{\text{IPHONE}}{2000 €} + \frac{??\,?}{\text{3 KG VIBRES}} \right)$$

PORTÁTIL + GUITARRA

Esos 3 kg valen ¡unos 2000 €! 2000 € del iPhone + 2000 € de los anteriores subproblemas suman 4000 €. ¡Un nuevo máximo!

Aquí está la matriz final.

| 1500 €<br>G | 1500 €<br>G | 1500 €<br>G | 1500 €<br>G |
|---|---|---|---|
| 1500 €<br>G | 1500 €<br>G | 1500 €<br>G | 3000 €<br>E |
| 1500 €<br>G | 1500 €<br>G | 2000 €<br>P | 3500 €<br>P G |
| 2000 €<br>I | 3500 €<br>I G | 3500 €<br>I G | 4000 €<br>I P |

↑
NUEVA
RESPUESTA

Pregunta: ¿El valor de una columna disminuirá en algún momento? ¿Es esto posible?

|  | 1 | 2 | 3 | 4 |
|---|---|---|---|---|
| EL VALOR MÁXIMO DISMINUYE A | 1500 € | 1500 € | 1500 € | 1500 € |
| MEDIDA QUE AVANZAMOS | Ø | Ø | Ø | 3000 € |
|  |  |  |  |  |

Piensa una respuesta antes de continuar leyendo.

La respuesta: No. En cada iteración, guardas la mejor estimación actual. ¡Nunca será peor que antes!

## EJERCICIOS

**11.1** Supongamos que puedes robar otro artículo: un teclado mecánico. Su peso es de 1 kg y vale 1000 €. ¿Deberías robarlo?

## ¿Qué pasa si se cambia el orden de las filas?

¿Cambia la respuesta? Supón que llenaste las filas en el siguiente orden: estéreo, portátil, guitarra. ¿Cómo queda la matriz? Rellena la matriz por ti mismo antes de continuar.

La matriz quedaría así:

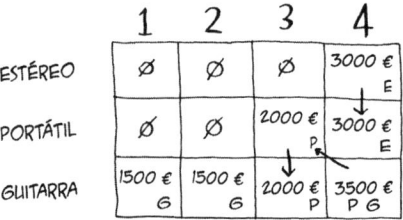

La respuesta no cambia. El orden de las filas no importa.

## ¿Se puede llenar la matriz por columnas en vez de por filas?

Inténtalo por ti mismo. En este problema no hace ninguna diferencia. Podría hacer diferencia en otros problemas.

## ¿Qué pasa si se añade un elemento más pequeño?

Supón que robas un collar. Pesa 0,5 kg y tiene un valor de 1000 €. Hasta ahora la matriz asumía que todos los pesos eran valores enteros. Ahora decides robar el collar y tienes 3,5 kg disponibles. ¿Cuál es el mayor valor que puedes robar en 3,5 kg? No sabes. Solamente calculamos valores para mochilas de 1 kg, 2 kg, 3 kg y 4 kg. Necesitamos saber el valor de una mochila de 3,5 kg.

«Debido al collar, hay que tener en cuenta una granularidad más fina, por lo tanto, la matriz tiene que cambiar».

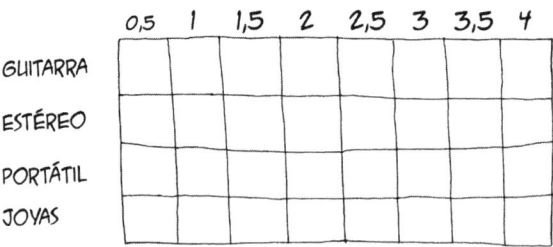

## ¿Se pueden robar fracciones de un objeto?

Supón que eres un ladrón en una tienda de comestibles. Puedes robar una bolsa de lentejas y una de arroz. Si una bolsa no cabe en la mochila, puedes abrirla y tomar tanto como puedas cargar. Entonces, ahora no es todo o nada, puedes escoger una fracción de un objeto. ¿Cómo se resuelve este caso usando programación dinámica?

Respuesta: No es posible. Con una solución de programación dinámica, hay que tomar el objeto entero o no tomarlo. No hay forma de decidir qué parte del objeto se debe tomar.

¡Pero este caso también se resuelve fácilmente utilizando un algoritmo voraz! Primero se toma tanto como puedas del producto más costoso. Cuando ese se agote, se toma tanto como sea posible del segundo más valioso y así sucesivamente.

Por ejemplo, supón que hay estos productos para escoger.

QUINOA — 6 €/KG  SOJA — 3 €/KG  ARROZ — 2 €/KG

La quinoa es más costosa. Entonces, se coge toda la quinoa que se pueda cargar. Si eso llena la mochila, es lo mejor que se puede hacer.

MOCHILA LLENA DE QUINOA

Si la quinoa se acaba y aún hay espacio en la mochila, continuamos con el siguiente producto más caro y así sucesivamente.

## Optimizar un itinerario de viaje

Supongamos que viajas a Londres a disfrutar de unas agradables vacaciones. Tienes dos días y muchas cosas que hacer. No puedes visitar todos los lugares, así que haces una lista.

| ATRACCIÓN | DURACIÓN | PUNTUACIÓN |
|---|---|---|
| ABADÍA DE WESTMINSTER | 1/2 DÍA | 7 |
| TEATRO GLOBE | 1/2 DÍA | 6 |
| NATIONAL GALLERY | 1 DÍA | 9 |
| MUSEO BRITÁNICO | 2 DÍAS | 9 |
| CATEDRAL DE SAN PABLO | 1/2 DÍA | 8 |

Por cada lugar que quieres ver, escribimos cuánto tiempo tomaría la visita y evaluamos cuánto quieres conocerlo. ¿Podemos encontrar los lugares que deberías visitar basándonos en esta lista?

¡Es el problema de la mochila nuevamente! En vez de una mochila, tenemos ahora una cantidad limitada de tiempo. En lugar de estéreos y portátiles, tenemos una lista de lugares a los que ir. Dibuja la matriz de programación dinámica a partir de la lista antes de continuar.

Así es como se ve la matriz:

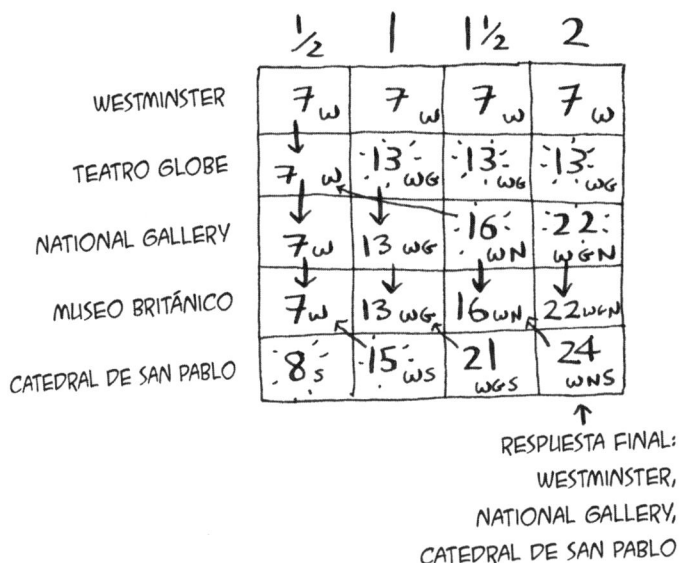

¿Lo hiciste correctamente? Rellénala. ¿Qué lugares visitarás? Aquí tienes la respuesta:

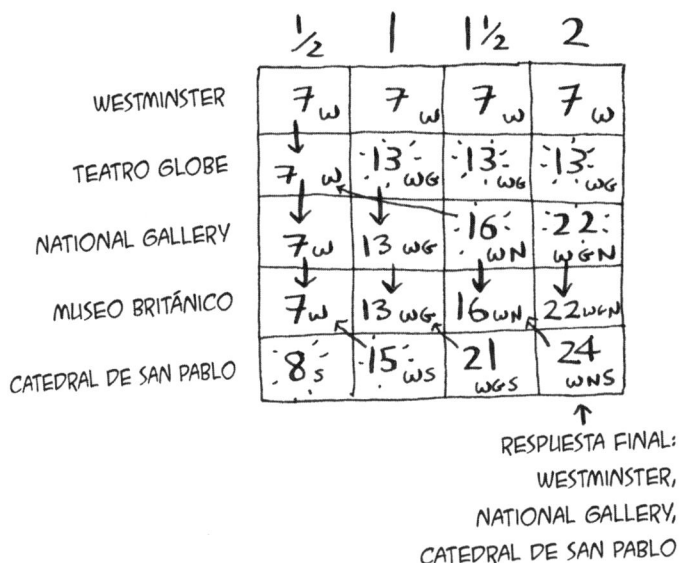

## Manejar elementos interdependientes

Supón que quieres ir a París y añades algunos lugares a tu lista.

| TORRE EIFFEL | 1½ DÍAS | 8 |
|---|---|---|
| EL LOUVRE | 1½ DÍAS | 9 |
| NOTRE DAME | 1½ DÍAS | 7 |

Estos lugares implican mucho más tiempo porque primero tienes que viajar desde Londres a París, lo que toma medio día. Si quieres visitar los tres lugares, necesitarás cuatro días y medio.

Espera, eso no es cierto. No tienes que viajar a París por cada uno de esos lugares. Una vez que estás en París, cada lugar debería llevar solo un día. Entonces serían un día por lugar + medio día de viaje = 3,5 días en vez de 4,5 días.

Si pones a la torre Eiffel en tu mochila, entonces el Louvre se hace más barato, solo te costaría un día en vez de 1,5 días. ¿Cómo puedes modelar esto en programación dinámica?

No puedes. La programación dinámica es poderosa porque resuelve subproblemas y utiliza esas respuestas para resolver el problema de mayor tamaño. «La programación dinámica solo funciona cuando cada problema es discreto y no depende de otro subproblema». Eso implica que no hay manera de tomar en cuenta a París usando un algoritmo de programación dinámica.

¿Es posible que la solución requiera más de dos submochilas?

Es posible que la mejor solución involucre robar más de dos artículos. Dada la forma en que el algoritmo se configuró, estás combinando dos mochilas a lo sumo, nunca tendrás más de dos submochilas. Pero es posible que esas submochilas tengan sus propias submochilas.

NO ES POSIBLE TENER TRES SUBMOCHILAS

PERO ES POSIBLE TENER SUBMOCHILAS QUE TENGAN SUS PROPIAS SUBMOCHILAS

## ¿Es posible que la mejor solución no llene la mochila completamente?

DIAMANTE
1 MILLÓN €
3,5 KG

Sí. Supón que pudieras robar un diamante.

Este es un diamante bien grande: pesa 3,5 kg. Tiene un valor de un millón de euros, mucho más que cualquier otro objeto.

¡Definitivamente deberías robarlo! Aunque queda medio kilo disponible y ningún objeto cabe en ese espacio.

## EJERCICIOS

**11.2** Supongamos que vas a acampar. Tienes una mochila con capacidad para 6 kg y puedes guardar los siguientes artículos. Cada uno tiene un valor y, cuanto mayor sea el valor, más importante es el elemento:

- Agua, 3 kg, 10
- Libro, 1 kg, 3
- Comida, 2 kg, 9
- Chaqueta, 2 kg, 5
- Cámara, 1 kg, 6

¿Cuál es el conjunto óptimo de artículos para llevar a tu acampada?

# Mayor subcadena común

Hemos visto hasta ahora un solo problema de programación dinámica. ¿Cuáles son las principales conclusiones?

- La programación dinámica es útil «cuando se intenta optimizar algo dada cierta restricción». En el problema de la mochila teníamos que maximizar el valor de los objetos bajo la limitación del tamaño de la mochila.

- Se puede usar programación dinámica cuando el problema se puede dividir en subproblemas discretos y estos no dependen entre sí.

Puede ser complicado encontrar una solución basada en programación dinámica. En eso nos centraremos en esta sección. Algunos consejos generales:

- A menudo es útil imaginar un problema de programación dinámica como una matriz.
- Los valores en las celdas suelen ser los que se intentan optimizar (en el problema de la mochila, se trataba del valor de los objetos).
- Cada celda es un subproblema, por tanto, se debe pensar en cómo dividir el problema en subproblemas. Esto ayudará a definir qué significa cada eje.

Veamos otro ejemplo. Supón que administras el sitio diccionario.com. Alguien escribe una palabra y le muestras su definición.

Pero si alguien se equivoca en una palabra, quieres ser capaz de adivinar qué palabra quería utilizar. Alex está buscando la palabra «piso» pero accidentalmente escribió «niso». Esa no es una palabra del diccionario, pero tienes una lista de palabras similares.

SIMILAR A «NISO»:

- PISO
- VISTA

Este es un ejemplo de prueba, así que limitaremos la lista a dos palabras. En realidad la lista tendría miles de palabras.

Alex escribió «niso». ¿Qué palabra en realidad buscaba: «piso» o «vista»?

## Cómo construir la matriz

¿Cómo sería la matriz para este problema? Tenemos que responder las siguientes preguntas:

- ¿Cuáles son los valores de las celdas?
- ¿Cómo dividimos el problema en subproblemas?
- ¿Cuáles son los ejes de la matriz?

En programación dinámica el objetivo es «maximizar» alguna medida. En este caso, quieres buscar la subcadena más larga que dos palabras tienen en común. ¿Qué subcadena tienen «niso» y «piso» en común? ¿Y «niso» y «vista»? Eso es lo que calculemos.

Recuerda que los valores de las celdas son usualmente lo que estamos intentando optimizar. En este caso, los valores probablemente serán un número: el tamaño de la subcadena más larga que tienen en común las dos cadenas.

¿Cómo dividimos este problema en subproblemas? Podríamos comparar subcadenas. En lugar de comparar «niso» y «piso», podemos comparar «nis» y «pis» primero. Cada celda guardará el tamaño de la mayor subcadena que las dos cadenas tienen en común. Esto también nos indica que los ejes probablemente serán las palabras. Entonces la matriz será la siguiente:

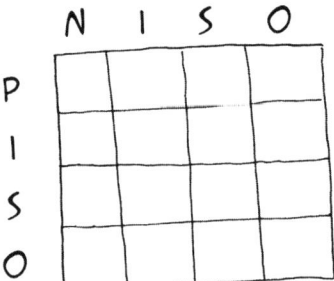

Si esto parece magia negra no te preocupes. Es un tema complicado y es la razón por la cual lo estamos viendo tan avanzado el libro. Después te dejaré un ejercicio para que practiques la programación dinámica por tu cuenta.

## Cómo llenar la matriz

Ahora tenemos una buena idea de cómo será la matriz. ¿Cuál es la fórmula para llenar sus celdas? Podemos hacer un poco de trampa, porque ya conoces cómo debería ser la solución, «niso» y «piso» tienen una subcadena en común de tamaño 3: «iso».

Pero eso aún no nos dice cuál es la fórmula que debemos utilizar. Los informáticos en ocasiones bromean sobre el «algoritmo de Feynman». Este algoritmo se nombró en honor al famoso físico Richard Feynman y funciona de la siguiente forma:

1.  Escribir el problema.
2.  Darle muchas vueltas.
3.  Escribir la solución del problema.

Los informáticos son una panda muy divertida.

La verdad es que no hay una forma sencilla de calcular la fórmula en este caso. Tienes que experimentar y encontrar algo que funcione. A veces los algoritmos no son una receta exacta. Son un esquema sobre el cual construir una idea.

Intenta obtener una solución a este problema por tu cuenta. Aquí tienes una pista, parte de la matriz se ve así.

|   | N | I | S | O |
|---|---|---|---|---|
| P | 0 | 0 |   |   |
| I |   |   |   |   |
| S |   |   | 2 | 0 |
| O |   |   |   | 3 |

¿Cuáles son los otros valores? Recuerda que cada celda representa el valor de un «subproblema». ¿Por qué la celda (3, 3) tiene un valor de 2? ¿Por qué la celda (3, 4) tiene un valor de 0?

Continúa leyendo después de intentar encontrar la fórmula sin mi ayuda. Incluso si no encuentras la respuesta correcta, mi explicación tendrá mucho más sentido.

## La solución

Aquí tienes la matriz final:

|   | N | I | S | O |
|---|---|---|---|---|
| P | 0 | 0 | 0 | 0 |
| I | 0 | 1 | 0 | 0 |
| S | 0 | 0 | 2 | 0 |
| O | 0 | 0 | 0 | 3 |

Y esta es mi fórmula para llenar cada celda:

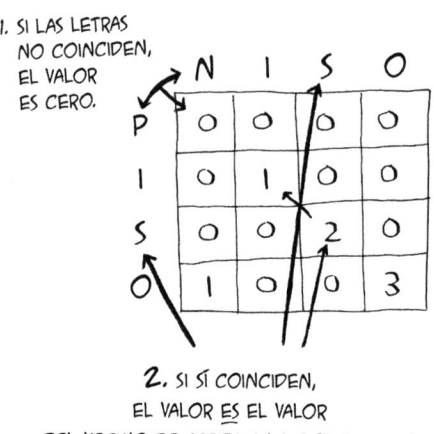

1. SI LAS LETRAS NO COINCIDEN, EL VALOR ES CERO.

2. SI SÍ COINCIDEN, EL VALOR ES EL VALOR DEL VECINO DE ARRIBA A LA IZQUIERDA + 1.

La fórmula en pseudocódigo es como sigue:

```
if palabra_a[i] == palabra_b[j]:          ❶
    celda[i][j] = celda[i-1][j-1] + 1
else:                                      ❷
    celda[i][j] = 0
```

❶  Las letras coinciden.
❷  Las letras no coinciden.

Aquí está la matriz de «niso vs. vista»:

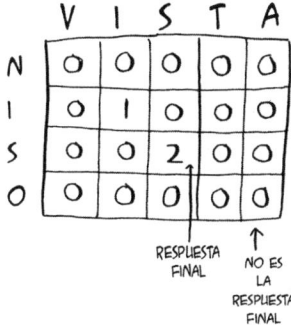

Un detalle que debemos tener en cuenta: para este problema, la solución puede que no se encuentre en la última celda. En el problema de la mochila, la última celda siempre mostraba la solución del problema. En el caso de la mayor subcadena común, la solución es el mayor número de la matriz y pudiera no encontrarse en la última celda.

Volvamos a la pregunta original: ¿Qué cadena tiene más en común con «niso»? «niso» y «piso» tienen una subcadena de tres letras en común. «niso» y «vista» tienen una subcadena de dos letras en común.

Probablemente Alex quería escribir «piso».

## Mayor subsecuencia común

Supón que Alex accidentalmente buscó «taro». ¿Qué quiso decir «toro» o «taza»?

Comparémoslos usando la fórmula de la mayor subcadena en común.

|   | T | A | R | O |
|---|---|---|---|---|
| T | 1 | 0 | 0 | 0 |
| A | 0 | 2 | 0 | 0 |
| Z | 0 | 0 | 0 | 0 |
| A | 0 | 0 | 0 | 0 |

vs

|   | T | A | R | O |
|---|---|---|---|---|
| T | 1 | 0 | 0 | 0 |
| A | 0 | 0 | 0 | 0 |
| Z | 0 | 0 | 1 | 0 |
| A | 0 | 0 | 0 | 2 |

Ambos tienen la misma cantidad: ¡dos letras! Pero «taro» está más cerca de «toro».

$$
\begin{array}{cccc}
T & A & R & O \\
\downarrow & & \downarrow & \downarrow \\
T & O & R & O
\end{array} \; = 3
$$

$$
\begin{array}{cccc}
T & A & R & O \\
\downarrow & \downarrow & & \\
T & O & R & O
\end{array} \; = 2
$$

Estás comparando la «subcadena» en común más larga, pero lo que realmente necesitas comparar es la «subsecuencia» en común más larga: el número de letras en una secuencia que ambas palabras tienen en común. ¿Cómo calculas la mayor subsecuencia común?

Aquí tienes la matriz parcial para «toro» y «taro»:

|   | T | A | R | O |
|---|---|---|---|---|
| T | 1 | 1 |   |   |
| O | 1 |   |   |   |
| R |   | 1 | 2 | 2 |
| O |   |   |   |   |

¿Puedes encontrar la fórmula para esta matriz? La mayor subsecuencia en común es muy similar a la mayor subcadena en común, de forma tal que las fórmulas son similares también. Intenta resolverlo por tu cuenta, te daré la respuesta a continuación.

## Mayor subsecuencia común. Solución

Aquí tenemos la matriz final:

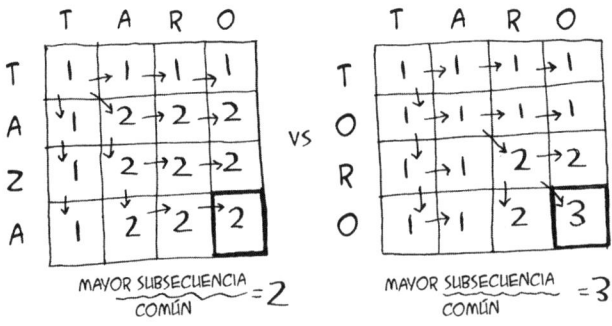

La fórmula para llenar la matriz es como sigue:

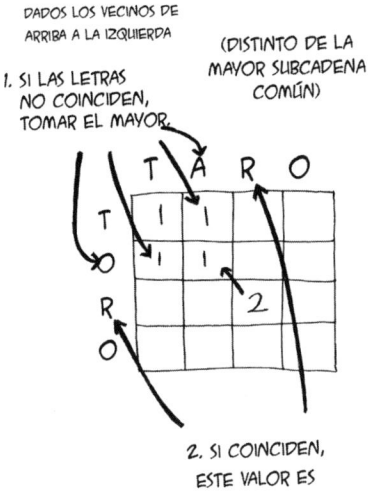

El pseudocódigo es este:

```
if palabra_a[i] == palabra_b[j]:        ❶
    celda[i][j] = celda[i-1][j-1] + 1
else:                                    ❷
    celda[i][j] = max(celda[i-1][j], celda[i][j-1])
```

❶  Las letras coinciden.
❷  Las letras no coinciden.

Bien, ¡lo logramos! Este es, seguro, uno de los capítulos más difíciles del libro. Pero, ¿se utiliza alguna vez la programación dinámica? La respuesta es «sí»:

- Los biólogos utilizan la mayor subsecuencia común para encontrar similitudes en las cadenas de ADN. Pueden emplear esta información para decir cuán similares son dos animales o enfermedades. La mayor subsecuencia común se está utilizando para buscar una cura para la esclerosis múltiple.

- ¿Alguna vez has utilizado el comando diff (como en git diff)? diff muestra las diferencias entre dos archivos y utiliza programación dinámica para ello.

- Hemos hablado sobre similitud. La «distancia de Levenshtein» mide cuán similares son dos cadenas y utiliza programación dinámica y se emplea para todo, desde correctores ortográficos hasta para comprobar si un usuario ha subido datos con *copyright*.

## EJERCICIOS

**11.3** Dibuja y completa la matriz para calcular la mayor subcadena común entre las cadenas «COSA» y «LOSAS».

## Recapitulación

- La programación dinámica es útil cuando se intenta optimizar algo dada cierta restricción.
- Se puede usar programación dinámica cuando el problema se puede dividir en subproblemas discretos.
- Cada solución de programación dinámica involucra una matriz.
- Los valores en las celdas suelen ser lo que se intenta optimizar.
- Cada celda representa un subproblema; por tanto, necesitamos pensar en cómo dividir el problema original en subproblemas.
- No existe una fórmula única para calcular una solución de programación dinámica.

# K-vecinos más cercanos | 12

## En este capítulo:

- Aprenderás a construir un sistema de clasificación utilizando el algoritmo k-vecinos más cercanos.

- Descubrirás la extracción de características.

- Conocerás la regresión: predecir un número, como el valor de la bolsa de mañana o cuánto un usuario disfrutó de una película.

- Aprenderás sobre los casos de uso y las limitaciones de k-vecinos más cercanos.

## Clasificar de naranjas y pomelos

Mira esta fruta. ¿Es una naranja o un pomelo? Bueno, sé que los pomelos son generalmente más grandes y rojizos.

Mi proceso mental es algo así: tengo un gráfico en mi mente.

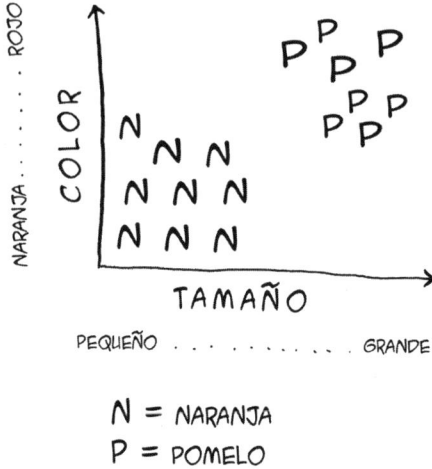

N = NARANJA
P = POMELO

En general, los más grandes y rojos son pomelos. Esta pieza es grande y roja, así que probablemente sea un pomelo. Pero ¿qué pasa si encuentras una fruta como esta?

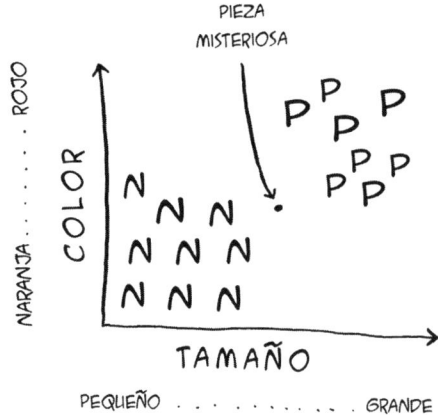

¿Cómo «clasificarías» esta fruta? Una forma es mirar a sus vecinos. Fíjate en los vecinos que la rodean.

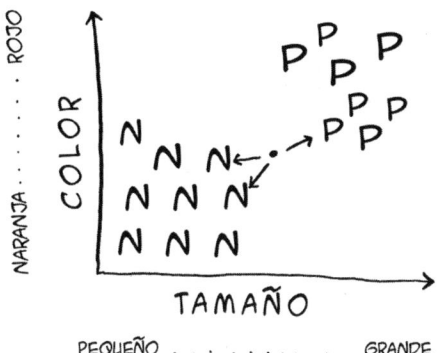

Tiene más vecinos que son naranjas que los que son pomelos. Entonces esta fruta probablemente sea una naranja. ¡Felicidades! Acabas de utilizar «k-vecinos más cercanos» (*k-nearest neighbors* en inglés, KNN) para hacer la «clasificación»! El algoritmo es bien sencillo.

¡El algoritmo KNN es simple pero muy útil! Si estás intentando clasificar algo, deberías probar con KNN primero. Veamos un ejemplo de la vida cotidiana.

## Construir un sistema de recomendación

Imagina que eres Netflix y quieres construir un sistema de recomendaciones de películas para tus usuarios. A un alto nivel, ¡esto es similar al problema de los pomelos!

Puedes ubicar a cada usuario en una gráfica.

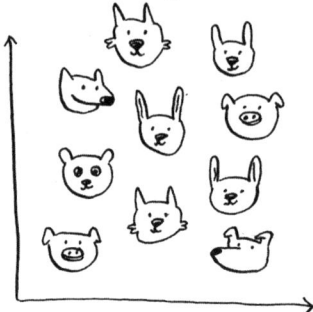

Estos usuarios están ubicados según su similitud, de forma tal que usuarios de gustos similares se encuentran cerca entre sí. Supón que quieres recomendar películas a Priyanka. Encuentra los usuarios más cercanos a ella.

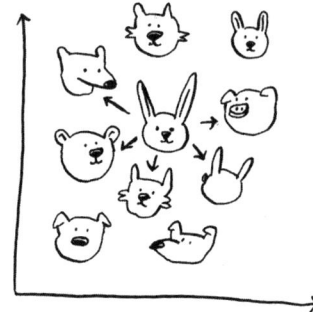

Juan, Jorge, José, Lucas y Cristian tienen todos gustos similares en películas. ¡Por tanto, cualquier película que les guste «a ellos», probablemente le gustará a Priyanka también!

Una vez que tienes este gráfico, construir un sistema de recomendación es sencillo. Si a Juan le gusta una película, se la recomienda a Priyanka.

Pero aún hay una pieza faltante. Ubicaste a los usuarios por similitud. ¿Cómo sabes cuán similares son dos usuarios?

## Extracción de características

En el ejemplo de los pomelos, comparamos las frutas basándonos en cuán grandes y rojizas eran. El tamaño y el color eran las características que comparamos. Ahora supón que tenemos tres frutas. Podemos extraer sus características.

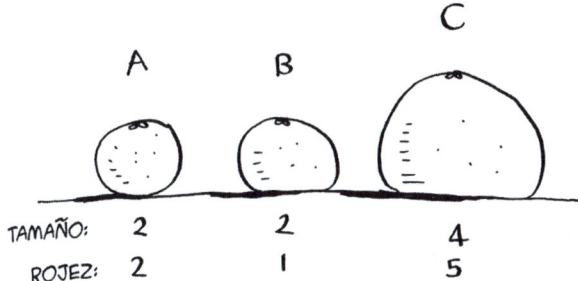

Luego se pueden representar gráficamente las tres piezas:

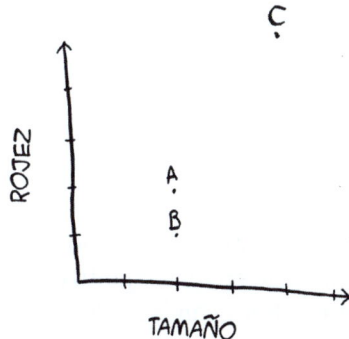

De la imagen podemos decir visualmente que las piezas A y B son similares. Midamos cuán cercanas son entre sí. Para encontrar la distancia entre dos puntos, usa la fórmula de Pitágoras:

$$\sqrt{(x_1 - x_2)^2 + (y_1 - y_2)^2}$$

Por ejemplo, para la distancia entre A y B:

$$\sqrt{(2-2)^2 + (2-1)^2}$$

$$= \sqrt{0+1}$$

$$= \sqrt{1}$$

$$= 1$$

La distancia entre A y B es 1. Podemos encontrar el resto de las distancias de forma similar.

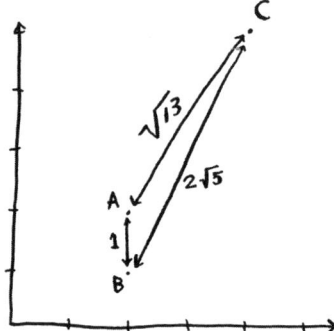

La fórmula de distancia confirma lo que detectaste visualmente: las piezas A y B son similares.

Supón ahora que, en vez de frutas, estás comparando usuarios de Netflix. Necesitas una forma de representar gráficamente a los usuarios. Para ello, tienes que convertir a cada usuario en un conjunto de coordenadas, de forma similar a como hicimos con la fruta.

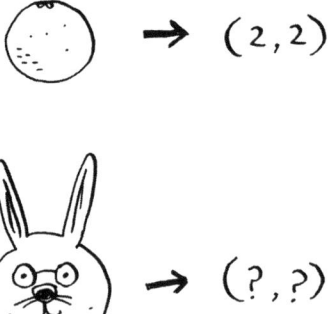

Una vez que puedes modelar a los usuarios como grafos, se pueden medir las distancias entre ellos.

A continuación veremos cómo podemos convertir a los usuarios en un conjunto de números. Cuando los usuarios se inscriben en Netflix, valoran algunas categorías de películas basándose en cuánto les gusta cada categoría. ¡Para cada usuario tienes un conjunto de valoraciones!

|  | PRIYANKA | JUAN | MARIO |
|---|---|---|---|
| COMEDIA | 3 | 4 | 2 |
| ACCIÓN | 4 | 3 | 5 |
| DRAMA | 4 | 5 | 1 |
| TERROR | 1 | 1 | 3 |
| ROMANCE | 4 | 5 | 1 |

A Priyanka y a Juan les gustan el romance y odian el terror. Mario disfruta la acción, pero no el romance (detesta cuando una buena película de acción se arruina debido a una escena romántica melosa).

¿Recuerdas cómo en el problema de las naranjas y pomelos cada fruta estaba representada por un conjunto de dos números? Aquí cada usuario se representa con un conjunto de cinco números.

$$\bigcirc \rightarrow (2,2)$$

$$\rightarrow (3,4,4,1,4)$$

Un matemático diría que en lugar de calcular la distancia en dos dimensiones, estarías calculando la distancia en «cinco» dimensiones. Pero la fórmula de distancia se mantiene igual.

$$\sqrt{\left(a_1 - a_2\right)^2 + \left(b_1 - b_2\right)^2 + \left(c_1 - c_2\right)^2 + \left(d_1 - d_2\right)^2 + \left(e_1 - e_2\right)^2}$$

Ahora simplemente involucra un conjunto de cinco números en vez de uno de dos. La fórmula de distancia es flexible: podríamos tener un conjunto de un «millón» de números y aun así emplear la misma vieja fórmula de distancia. Quizás te estás preguntando: «¿Qué "entendemos por distancia" cuando tenemos cinco números?». La distancia te dice cuán similares son esos conjuntos de números.

$$\sqrt{\left(3-4\right)^2 + \left(4-3\right)^2 + \left(4-5\right)^2 + \left(1-1\right)^2 + \left(4-5\right)^2}$$
$$= \sqrt{1 + 1 + 1 + 0 + 1}$$
$$= \sqrt{4}$$
$$= 2$$

Aquí tenemos la distancia entre Priyanka y Juan.

---

**Nota**

Por cierto, aquí hay un poco de terminología que veremos a menudo. Esas matrices de números como (2, 2) para el pomelo o (3, 4, 4, 1, 4) para el gusto de Priyanka sobre películas se llaman vectores. Así que si estás leyendo un artículo sobre el aprendizaje automático y ves a los autores hablando de vectores, se refieren a una serie de números como estos.

---

Priyanka y Juan son bastante similares. ¿Cuál es la diferencia entre Priyanka y Mario? Calcúlala antes de continuar leyendo.

¿Diste con el número correcto? La separación entre Priyanka y Mario es de $\sqrt{24}$ (casi 5). Esta distancia nos dice que Priyanka tiene gustos más parecidos a los de Juan que a los de Mario.

¡Genial! Ahora recomendarle películas a Priyanka es sencillo: si a Juan le gusta una película, recomiéndasela a Priyanka, y viceversa. Acabas de construir un sistema de recomendación de películas.

Si eres un usuario de Netflix, la aplicación te pedirá continuamente: «Por favor valora más películas». Mientras más películas evalúes, mejores serán las recomendaciones de Netflix. Ahora sabes el motivo. Mientras más películas valores, Netflix podrá determinar con mayor precisión cuán similar eres a otros usuarios.

## EJERCICIOS

**12.1** En el ejemplo de Netflix, calculamos la distancia entre dos usuarios diferentes usando la fórmula de la distancia. Pero no todos los usuarios califican las películas de la misma forma. Supongamos que tienes dos usuarios, Yago y Pepi, a quienes les gustan las mismas películas. Pero Yago califica cualquier película que le guste con 5, mientras que Pepi es más selectiva y reserva los 5 solo para las mejores. Están bien emparejados, pero, según el resultado del algoritmo que calcula la distancia, no son vecinos. ¿Cómo tomarías en cuenta sus diferentes estrategias de calificación?

**12.2** Supongamos que Netflix designa a un grupo de «personas influyentes». Por ejemplo, Quentin Tarantino y Wes Anderson son personas influyentes en Netflix, por lo que sus calificaciones cuentan más que las de un usuario normal. ¿Cómo cambiarías el sistema de recomendaciones para que esté sesgado hacia las calificaciones de las personas influyentes?

# Regresión

Supón que queremos hacer algo más que recomendar una película: ahora nos gustaría predecir cómo Priyanka valorará a una película. Tomamos las cinco personas más cercanas a ella.

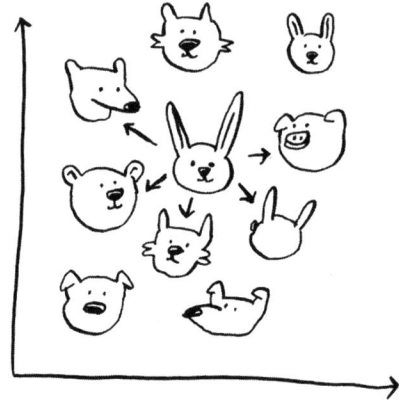

Por cierto, ¡sigo hablando de las cinco personas más cercanas! No hay nada de especial en el número 5. Podrías seleccionar 2, 10 o 10 000 personas. Es por eso por lo que el algoritmo se llama k-vecinos más cercanos y no cinco-vecinos más cercanos.

Asume que estamos intentando adivinar la puntuación de la película *Dando la nota*. Bueno, ¿cómo evaluaron esa película Juan, Jorge, José, Lucas y Cristian?

JUAN : 5

JORGE : 4

JOSÉ : 4

LUCAS : 5

CRISTIAN : 3

Podríamos tomar el promedio de sus evaluaciones y obtendríamos 4,2 estrellas. Esto se conoce como regresión. Hay dos cosas básicas que harás con KNN: clasificación y regresión:

- Clasificación = categorizar en un grupo.
- Regresión = predecir una respuesta (por ejemplo, un número).

La regresión es muy útil. Supón que tienes una panadería pequeña en Berkeley, donde haces panes frescos todos los días. Estás tratando de predecir cuántas barras de pan hacer hoy. Tienes un grupo de características:

- El clima, en una escala de 1 a 5 (1 = malo, 5 = bueno).
- Fin de semana o día festivo (1 si es un fin de semana o festivo, 0 en caso contrario).
- Hay un partido (1 si hay partido, 0 en caso contrario).

Además, conoces cuántas barras de pan has vendido en el pasado para distintos conjuntos de estas características.

A. $(5, 1, 0) = 300$ BARRAS   B. $(3, 1, 1) = 225$ BARRAS

C. $(1, 1, 0) = 75$ BARRAS   D. $(4, 0, 1) = 200$ BARRAS

E. $(4, 0, 0) = 150$ BARRAS   F. $(2, 0, 0) = 50$ BARRAS

Hoy es un fin de semana con buen tiempo. Basado en los datos que acabas de ver, ¿cuántos panes venderías? Usemos KNN, con k = 4. Primero, busca los cuatro vecinos más cercanos para este punto.

$$(4, 1, 0) = ?$$

Aquí tenemos las distancias. En este caso, A, B, D y E son las más cercanas.

A. 1 ←
B. 2 ←
C. 9
D. 2 ←
E. 1 ←
F. 5

Si calculas un promedio de los panes vendidos en esos días, obtienes 218,75. ¡Esa es la cantidad de panes que deberías hornear hoy!

## Similitud coseno

Hasta ahora hemos utilizado la fórmula de distancia para comparar la distancia entre dos usuarios. ¿Es esta la mejor fórmula? Una muy común, utilizada en la práctica, es la similitud coseno. Supón que dos usuarios son similares, pero uno de ellos es más conservador en sus evaluaciones. Ambos disfrutaron «Amar Akbar Anthony», de Manmohan Desai. Pablo le otorgó 5 estrellas, pero Raúl le asignó 4. Si continuamos usando la fórmula de distancia, estos dos usuarios podrían no ser vecinos, aun cuando tienen gustos similares.

La similitud coseno no mide la distancia entre dos vectores. En su lugar, compara los ángulos de dichos vectores. Es más efectiva para lidiar con casos como estos. La similitud coseno está fuera del alcance de este libro, ¡pero recuerda buscarla si tienes que aplicar KNN!

## Escoger buenas características

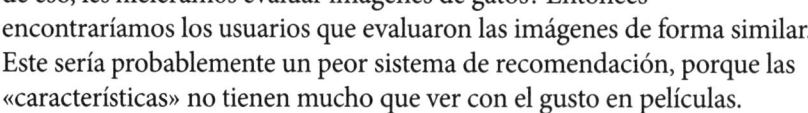

Para obtener recomendaciones hicimos que los usuarios evaluaran categorías de películas. ¿Qué pasaría si, en vez de eso, les hiciéramos evaluar imágenes de gatos? Entonces encontraríamos los usuarios que evaluaron las imágenes de forma similar. Este sería probablemente un peor sistema de recomendación, porque las «características» no tienen mucho que ver con el gusto en películas.

Por otra parte, supón que les pides a los usuarios que evalúen películas para entonces darles recomendaciones, pero solo les pides evaluar *Toy Story*, *Toy Story 2* y *Toy Story 3*. ¡Esto tampoco te daría mucha información sobre el gusto de los usuarios en cuanto a todas las películas!

Cuando estás trabajando con KNN, es muy importante escoger las características adecuadas con las cuales comparar. Seleccionar las características correctas significa:

- Características que se correlacionan directamente con las películas que intentas recomendar.
- Características que no estén sesgadas (por ejemplo, si solamente preguntas por comedias, eso no te da ninguna información sobre películas de acción).

¿Crees que los *ratings* son una buena manera de recomendar películas? Quizás yo le otorgué un mejor rating a *Origen* (*Inception*) que a *Una rubia muy legal*, pero en realidad estuve más tiempo mirando *Una rubia muy legal*. ¿Cómo mejorarías este sistema de recomendación para Netflix?

De vuelta a la panadería. ¿Puedes pensar en dos características buenas y dos malas que pudieras escoger para la panadería? Quizás hay que hacer más panes después de poner un anuncio en el periódico. O quizás hay que hornear más los lunes.

No hay una única respuesta correcta cuando estamos escogiendo buenas características. Hay que pensar en todas las cosas que afectan al problema en cuestión.

## EJERCICIOS

**12.3** Netflix tiene millones de usuarios. En el ejemplo anterior tuvimos en cuenta a los cinco vecinos más cercanos para construir el sistema de recomendaciones. ¿Es esto demasiado bajo? ¿O demasiado alto?

# Introducción al aprendizaje automático

KNN es un algoritmo realmente útil y ¡es tu introducción al mundo mágico del aprendizaje automático (*machine learning*)! Este aprendizaje se basa en hacer que tu ordenador sea más inteligente. Ya vimos un ejemplo de aprendizaje automático: construir un sistema de recomendación. Veamos otros ejemplos.

# OCR

OCR (siglas en inglés de *Optical Character Recognition*) significa «reconocimiento óptico de caracteres». Esto quiere decir que se toma una imagen de una página de texto y el ordenador automáticamente leerá el texto. Google utiliza OCR para digitalizar libros. ¿Cómo funciona el OCR? Por ejemplo, analiza este número.

¿Cómo reconoceríamos automáticamente qué número es? Podemos emplear KNN para esto:

1. Se analizan muchas imágenes de números y se extraen las características de esos números.

2. Cuando se obtiene una nueva imagen, ¡se extraen las características de esa imagen y se busca cuáles son sus vecinos más cercanos!

Es el mismo problema de las naranjas y los pomelos. En general, los algoritmos de OCR miden líneas, puntos y curvas.

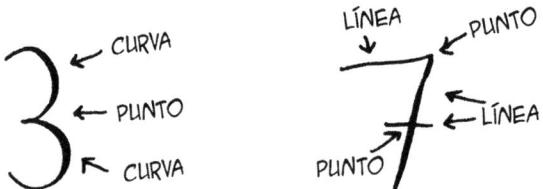

Entonces, cuando recibes un nuevo carácter, puedes extraer las mismas características de este.

La extracción de características es mucho más complicada en OCR que en el ejemplo de las frutas. Pero es importante comprender que incluso las tecnologías complejas se basan en ideas sencillas, como KNN. Se puede aprovechar la misma idea para reconocer la voz o un rostro. Cuando se sube una imagen a Facebook, en ocasiones es lo suficiente inteligente para reconocer personas en la foto automáticamente. ¡Ahí tienes al aprendizaje automático en acción!

El primer paso del OCR, en el que se recorren imágenes de números y se extraen características, se denomina «extracción de características». Aquí es donde se transforman las imágenes en algo con lo que el algoritmo de aprendizaje automático pueda trabajar. El siguiente paso se denomina «entrenamiento», en el que se entrena un modelo en las características para que pueda reconocer números en las imágenes. La mayoría de los algoritmos de aprendizaje automático tienen un paso de entrenamiento: antes de que el ordenador pueda realizar la tarea, debe ser entrenado. El siguiente ejemplo involucra filtros de *spam* y tiene un paso de entrenamiento.

## Construir un filtro de spam

Los filtros de *spam* emplean otro algoritmo llamado «clasificador bayesiano ingenuo» (*Naive Bayes classifier*). Primero entrenamos al clasificador bayesiano con ciertos datos.

| ASUNTO | ¿SPAM? |
|---|---|
| "REESTABLECE TU CONTRASEÑA" | NO ES SPAM |
| "HAS GANADO UN MILLÓN DE EUROS" | ES SPAM |
| "ENVÍAME TU CONTRASEÑA" | ES SPAM |
| "FELIZ CUMPLEAÑOS" | NO ES SPAM |

Imagina que recibes un email con el asunto: «¡Consigue tu millón de euros ahora!». ¿Es *spam*? Puedes dividir la oración en palabras. Entonces por cada palabra buscamos la probabilidad de que esa palabra forme parte de un correo *spam*. Por ejemplo, en este simple modelo, la palabra «millón» solo aparece en correos *spam*. El clasificador bayesiano encuentra la probabilidad de que algo sea *spam*. Tiene aplicaciones similares a KNN. Por ejemplo, podríamos usarlo para categorizar las frutas: tienes una fruta que es grande y rojiza. ¿Cuál es la probabilidad de que sea un pomelo? Es otro algoritmo sencillo que es bastante efectivo. ¡Nos encantan esos algoritmos!

## Predecir el mercado de valores

Aquí tienes algo que es difícil de hacer con aprendizaje automático: predecir si la bolsa de valores irá hacia arriba o abajo. ¿Cómo escogemos buenas características para la bolsa de valores? Supón que decimos que si las acciones subieron ayer, también subirán hoy. ¿Es esa una buena característica? O supón que afirmamos que el valor siempre bajará en mayo. ¿Eso funcionará? No existe una manera garantizada de utilizar números del pasado para predecir el rendimiento futuro del mercado de valores. Predecir el futuro es difícil, y es casi imposible cuando hay tantas variables involucradas.

# Información general de alto nivel sobre el entrenamiento de un modelo de ML

Ahora que hemos visto algunos ejemplos, veamos los pasos para entrenar un modelo de ML. Primero hay que recoger los datos. En el ejemplo de Netflix, nuestros datos fueron las calificaciones de las películas de los usuarios. A continuación, hay que limpiar los datos. Limpiar significa deshacerse de los datos erróneos. Por ejemplo, es posible que haya usuarios a los que no les guste que se les pida que califiquen películas, por lo que las califican aleatoriamente y pasan a la siguiente pantalla. Querremos eliminar estos datos del conjunto. A continuación, se deben extraer características de los datos.

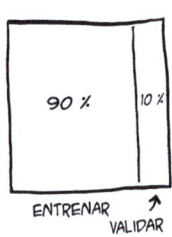

Una vez que tengamos las características, es el momento de entrenar el modelo. Seleccionar un modelo como KNN, SVM o una red neuronal y entrenarlo con el 90 % de sus datos. Conservar el 10 % restante para validar el modelo. Una vez entrenado el modelo, se probará pidiéndole que haga una predicción. Se puede usar ese 10 % de los datos para ver lo buena que es esa predicción.

Por ejemplo, supongamos que queremos probar el modelo de recomendaciones de Netflix. Podemos preguntarle a Priyanka cuánto le gustan estas películas y programas:

Nuestro modelo vuelve con sus predicciones.

Sabemos qué películas le gustan a Priyanka, eso fue parte del 10 % de los datos que retuvimos. Podemos compararlo con las predicciones del modelo.

¡Bien! En ese caso, podemos decir que el modelo hizo una buena predicción, porque los números están bastante cerca de las calificaciones reales de Priyanka. Este paso de probar el modelo se denomina validación o evaluación del modelo.

Después de evaluar el modelo, es posible que queramos volver atrás y ajustarlo. Por ejemplo, supongamos que hemos construido un modelo KNN donde K = 5. Es posible que queramos probarlo con K = 7 para ver si da mejores resultados. Esto se denomina «ajuste de parámetros».

Una vez que se haya terminado de entrenar y evaluar el modelo, ¡tendremos un modelo listo para usar! Estos son los pasos para crear un modelo de ML a alto nivel.

## Recapitulación

¡Espero que te hayas llevado una idea de las diferentes cosas que se pueden lograr con KNN y el aprendizaje automático en general! El aprendizaje automático es un campo interesante y puedes profundizar en él si te decides:

- KNN se utiliza para clasificación y regresión e involucra utilizar a los k-vecinos más cercanos.
- Clasificación = categorizar en grupos.
- Regresión = predecir una respuesta (por ejemplo, un número).
- La extracción de características implica convertir un elemento (como una fruta o un usuario) en una lista de números que se pueden comparar.
- Escoger buenas características es una parte importante de un algoritmo KNN exitoso.

EXTRACCIÓN DE CARACTERÍSTICAS

## En este capítulo:

- Verás una breve descripción de diez algoritmos que no se han cubierto en este libro y sabrás por qué son útiles.

- Obtendrás indicaciones sobre qué leer a continuación, dependiendo de cuáles sean tus intereses.

## Regresión lineal

Supongamos que necesitamos vender su casa de 300 m². Miramos las casas vendidas recientemente en el vecindario.

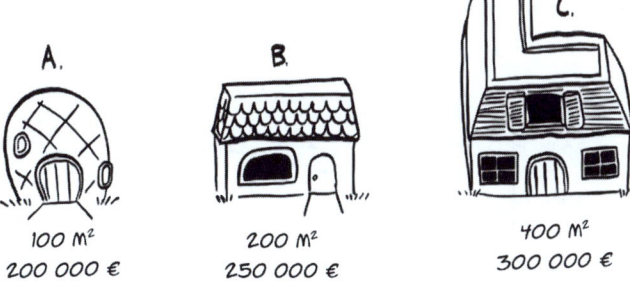

A.

100 m²
200 000 €

B.

200 m²
250 000 €

C.

400 m²
300 000 €

Con base en esta información, ¿cómo fijarías el precio de la casa? Esta es una forma en que podrías hacerlo. Traza todos los puntos.

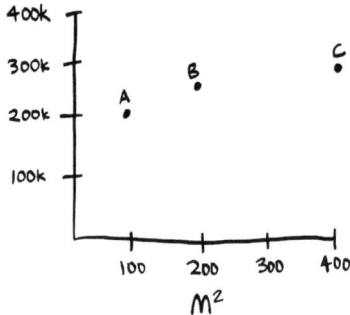

A continuación, imagina una línea a través de estos puntos.

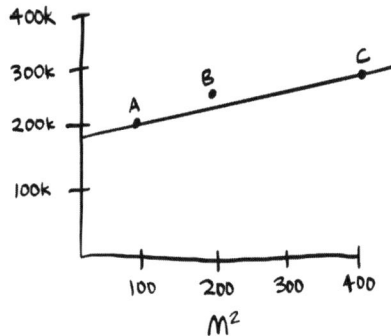

Ahora puedes ver dónde caerían los 300 m² en esa línea, y ese sería un precio inicial bastante bueno para la casa:

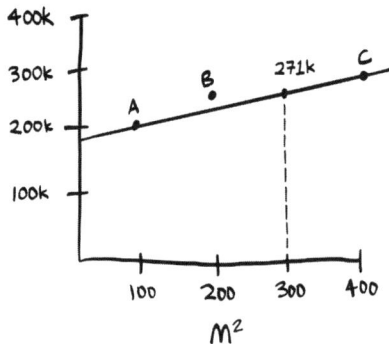

Así es como funciona la regresión lineal. Dado un montón de puntos, se intenta ajustar una línea, y luego se puede usar esa línea para hacer predicciones.

Esta técnica se ha utilizado en estadística durante mucho tiempo, y ahora se está utilizando ampliamente en el aprendizaje automático porque es una primera técnica fácil de probar. Es útil si los valores son continuos. Si intentas predecir algo, la regresión lineal podría ser un buen punto de partida.

# Índices invertidos

Veamos una versión muy simplificada de cómo funciona un motor de búsqueda. Supongamos que tenemos tres páginas web con este simple contenido.

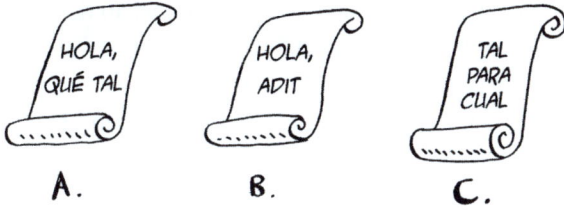

Vamos a construir una tabla hash a partir de este contenido.

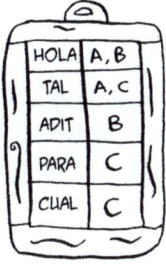

Las claves de la tabla hash son las palabras, y los valores te indican en qué páginas aparece cada palabra. Ahora supongamos que un usuario busca «hola». Veamos en qué páginas aparece «hola».

¡Ajá! Aparece en las páginas A y B. Mostremos al usuario esas páginas como resultado. O supongamos que el usuario busca «tal». Bueno, sabes que aparece en las páginas A y C. Bastante fácil, ¿no? Esta es una estructura de datos útil: un hash que asocia palabras a los lugares donde aparecen. Esta estructura de datos se denomina «índice invertido» y se usa comúnmente para crear motores de búsqueda. Si estás interesado en buscadores, este es un buen lugar para comenzar.

# La transformada de Fourier

La transformada de Fourier es uno de esos algoritmos raros: brillante, elegante y con un millón de casos de uso. La mejor analogía para la transformada de Fourier proviene de *Better Explained* (un gran sitio web que explica las matemáticas de manera simple): dado un batido, la transformada de Fourier te dirá sus ingredientes[1]. O, para decirlo de otra manera, dada una canción, la transformada puede separarla en frecuencias individuales.

Resulta que esta idea simple tiene muchos casos de uso. Por ejemplo, si puedes separar una canción en frecuencias, puedes mejorar las que te interesan. Podrías potenciar los graves y ocultar los agudos.

La transformada de Fourier es ideal para procesar señales. También se usa para comprimir música. Primero separas un archivo de audio en las notas que lo componen. La transformada de Fourier te dice exactamente cuánto contribuye cada nota a la canción en general.

Así que simplemente puedes deshacerte de las notas que no son importantes. ¡Así es como funciona el formato MP3!

La música no es el único tipo de señal digital. El formato JPG es otro formato comprimido, y funciona de la misma manera. También se usa la transformada de Fourier para tratar de predecir los próximos terremotos y analizar el ADN. Se puede usar para crear una aplicación como Shazam, que adivina qué canción se está reproduciendo. La transformada de Fourier tiene muchos usos. ¡Hay muchas posibilidades de que te la encuentres!

---

[1]   Kalid, *An Interactive Guide to the Fourier Transform, Better Explained*, http://mng.bz/dd9N.

# Algoritmos paralelos

Los siguientes tres temas tratan sobre la escalabilidad y el trabajo con una gran cantidad de datos. En el pasado, los ordenadores eran cada vez más rápidos. Si querías que un algoritmo fuera más rápido, podías esperar algunos meses y los ordenadores en sí eran más rápidos. Pero estamos cerca del final de ese período. En cambio, ahora los ordenadores vienen con múltiples núcleos. Para que los algoritmos sean más rápidos, debemos modificarlos para que se ejecuten en paralelo en todos los núcleos a la vez.

Aquí hay un ejemplo simple. Lo mejor que puedes hacer con un algoritmo de ordenación es aproximadamente $O(n \log n)$. Es bien sabido que no se puede ordenar un array en un tiempo $O(n)$ «a menos que use un algoritmo paralelo». Hay una versión paralela de quicksort que ordena un array en un tiempo $O(n)$.

Los algoritmos paralelos son difíciles de diseñar. También es difícil asegurarse de que funcionen correctamente y de averiguar qué grado de aumento de velocidad verás. Una cosa es segura: las ganancias de tiempo no son lineales. Entonces, si un ordenador portátil tiene dos núcleos en lugar de uno, eso casi nunca significa que el algoritmo funcione mágicamente dos veces más rápido. Hay un par de razones para esto:

- **Sobrecarga de gestión del paralelismo:** supón que tienes que ordenar un array de 1000 elementos. ¿Cómo divides esta tarea entre los dos núcleos? ¿Le asignas a cada núcleo 500 elementos para ordenar y luego unes los dos arrays ordenados en un gran array ordenado? La unión de los dos arrays lleva tiempo.

- **Ley de Amdahl:** Supongamos que estamos pintando un cuadro. Los cuadros tardan mucho en pintarse, normalmente 20 horas. Lo ideal sería hacerlo en 10 horas. Decidimos optimizar su proceso. Lo dividimos en dos pasos: (i) hacer el boceto inicial y (ii) pintarlo. Para el boceto inicial, en lugar de hacerlo a mano alzada, seguramente el calco será más rápido. Pero la próxima vez que pintes, ¡todavía tardarás 19 horas y 5 minutos! ¿Qué pasó? Bueno, el boceto solía tomar una hora. Se ha reducido a 5 minutos, lo cual es una gran mejora. Pero la pintura es la parte que más tiempo cuesta y no optimizamos eso en absoluto.

Esta es la ley de Amdahl: dice que cuando se optimiza una parte del sistema, la ganancia de rendimiento está limitada por la cantidad de tiempo que realmente toma esa parte. En este caso, reducimos el tiempo de boceto a 1/12 de lo que solía ser. En el proceso, ahorramos 55 minutos. Si hubiéramos podido reducir el tiempo de pintura en la misma cantidad, ¡habríamos ahorrado 1045 minutos! Cuando estamos acelerando un algoritmo mediante la paralelización, hay que pensar en qué parte paralelizar. ¿Estamos paralelizando la parte de pintura o la parte de boceto?

- **Balance de carga:** supón que tienes diez tareas que realizar, de modo que asignas a cada núcleo cinco tareas. Pero el núcleo A recibe todas las tareas fáciles, por lo que termina en diez segundos, mientras que el núcleo B recibe todas las tareas difíciles, por lo que toma un minuto en terminar. ¡Eso significa que el núcleo A estuvo inactivo durante 50 segundos mientras que el núcleo B estaba haciendo todo el trabajo! ¿Cómo distribuir el trabajo de manera uniforme para que ambos núcleos trabajen igual?

Si estás interesado en el lado teórico del rendimiento y la escalabilidad, ¡los algoritmos paralelos podrían ser para ti!

# Map/reduce

Hay un tipo especial de algoritmo paralelo que se está volviendo cada vez más popular: el «algoritmo distribuido». Está bien ejecutar un algoritmo paralelo en un ordenador portátil si necesitamos de dos a cuatro núcleos, pero ¿qué sucede si necesitamos cientos de núcleos? En ese caso podemos escribir un algoritmo para que se ejecute en varios ordenadores. Google popularizó un algoritmo distribuido al que llamaron MapReduce, pero estas funciones existen desde hace tiempo.

¿Por qué son útiles los algoritmos distribuidos? Supongamos que tenemos una tabla con billones o trillones de filas y deseamos ejecutar una consulta SQL compleja en ella. No podemos ejecutarlo en MySQL, ya que al software le cuesta procesar tablas de unos pocos billones de filas. ¡Utilicemos map/reduce!

O supón que tenemos que procesar una larga lista de trabajos. Cada trabajo tarda diez segundos en procesarse y necesitamos procesar un millón de ellos. ¡Si hacemos esto en una máquina, nos llevará meses! Si pudiéramos ejecutarlo en cien máquinas, podrías terminar en unos pocos días.

Los algoritmos distribuidos son excelentes cuando se tiene mucho trabajo por hacer y se desea acelerar el tiempo requerido para hacerlo.

# Filtros Bloom y HyperLogLog

Supongamos que estás administrando Reddit. Cuando alguien publique un enlace, se quiere ver si se ha publicado antes ya que las historias que no se han publicado antes se consideran más valiosas. Así que es necesario averiguar si este enlace ha sido publicado antes.

O supongamos que eres Google y estás rastreando páginas web. Solo se quiere rastrear una página web si aún no se ha hecho antes. Por lo tanto, hay que averiguar si esta página se ha rastreado con anterioridad.

O supongamos que estás administrando bit.ly, que es un acortador de URL. No se debe redirigir a los usuarios a sitios web maliciosos. Hay un conjunto de URL que se consideran maliciosas. Ahora hay que averiguar si estás redirigiendo al usuario a una URL de ese conjunto.

Todos estos ejemplos tienen el mismo problema. Tienes un conjunto muy grande.

Ahora tenemos un nuevo elemento y queremos ver si pertenece a ese conjunto. Podríamos hacer esto rápido con un hash. Por ejemplo, supongamos que Google tiene un hash grande en el que las claves son todas las páginas que ha rastreado.

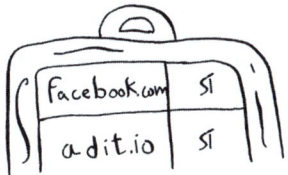

Si queremos ver si ya has rastreado adit.io lo miramos en el hash.

$$adit.io \rightarrow s\acute{\imath}$$

adit.io es una clave en el hash, por lo que ya se ha rastreado. El tiempo de búsqueda promedio para las tablas hash es O(1). adit.io está en el hash, por lo que ya lo ha rastreado. Supiste eso en un tiempo constante. ¡Bastante bien!

Excepto que este hash tiene que ser «enorme». Google indexa trillones de páginas web. Si este hash tiene todas las URL que Google ha indexado, ocupará mucho espacio. Reddit y bit.ly tienen el mismo problema de espacio. ¡Cuando tienes tantos datos, hay que ser creativo!

## Filtros Bloom

Los filtros Bloom ofrecen una solución. Son «estructuras de datos probabilísticas». Dan una respuesta que podría estar equivocada, pero probablemente sea correcta. En lugar de usar un hash, se puede preguntar a un filtro Bloom si se ha rastreado esta URL antes. Una tabla hash daría una respuesta precisa. Un filtro Bloom dará una respuesta que probablemente sea correcta:

- Los falsos positivos pueden ocurrir. Google podría decir: «Ya has rastreado este sitio», aunque realmente no se haya hecho.
- Los falsos negativos no son posibles. Si el filtro Bloom dice: «No has rastreado este sitio», entonces «seguro» que no se ha rastreado.

Los filtros Bloom son geniales porque ocupan muy poco espacio. Una tabla hash tendría que almacenar todas las URL rastreadas por Google, pero un filtro Bloom no tiene que hacerlo. Son geniales cuando no necesitas una respuesta exacta, como en todos estos ejemplos. Está bien que bit.ly diga:

«Creemos que este sitio puede ser malicioso, así que ten mucho cuidado».

## HyperLogLog

En la misma línea existe otro algoritmo llamado HyperLogLog. Supongamos que Google quiere contar el número de búsquedas únicas realizadas por sus usuarios. O que Amazon quiere contar la cantidad de elementos únicos que los usuarios vieron hoy. ¡Responder a estas preguntas requiere mucho espacio! Con Google, hay que mantener un registro de todas las búsquedas únicas. Cuando un usuario busca algo, debe ver si ya está en el registro. Si no, hay que agregarlo al registro. ¡Incluso a lo largo de un solo día, este registro sería masivo!

HyperLogLog aproxima el número de elementos únicos en un conjunto. Al igual que los filtros Bloom, no dará una respuesta exacta, pero se acerca mucho y usa solo una fracción de la memoria que una tarea como esta necesita.

Si se tienen muchos datos y son suficientes las respuestas aproximadas, ¡echa un vistazo los algoritmos probabilísticos!

# HTTPS y el intercambio de claves Diffie-Hellman

HTTPS es la columna vertebral de Internet, lo que permite transacciones en línea seguras, desde la introducción de contraseñas hasta las compras en línea. HTTPS funciona encriptando los mensajes entre el cliente y el servidor. En la siguiente figura puedes ver cómo funciona el cifrado. Se pasa un mensaje y una clave secreta a una función. A continuación, genera un mensaje cifrado.

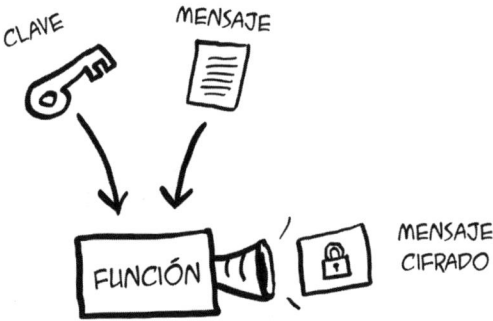

Para descifrar el mensaje, pasamos el mensaje cifrado y la «misma clave» a una función, que nos devolverá el mensaje original.

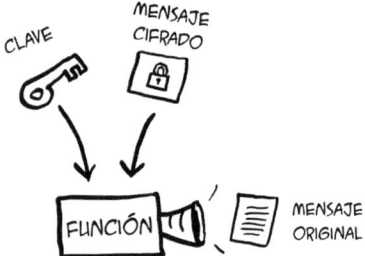

Cuando se envían algunos datos a un servidor, el navegador cifra el mensaje y luego el servidor lo descifra. Sencillo, ¿verdad? Excepto por una cosa: ¿Cómo te aseguras de que el navegador y el servidor tengan la misma clave?

Recuerda que para que HTTPS funcione, ambos lados deben tener la misma clave. Pero, ¿cómo se ponen de acuerdo sobre una clave sin que nadie vea cuál es? Si envía al servidor una clave para que la use, alguien podría interceptarla. ¿Cómo se acuerda una clave para que solo el navegador y el servidor sepan qué clave se está utilizando? Esto parece imposible, ¡pero se puede hacer! Hay un algoritmo muy inteligente para hacerlo llamado intercambio de claves Diffie-Hellman. Así es como funciona.

En el paso 1, generamos nuestras propias claves. Yo soy el cliente y genero una clave para mí. El servidor también genera una clave. Estas claves son diferentes. No conocemos las claves del otro. Son privadas para nosotros.

Se utiliza un patrón para cada clave para poder mostrarte visualmente lo que sucede. En realidad, serían bytes.

En el paso 2, generamos un patrón común.

Este patrón es público. Ambos podemos verlo tan bien como cualquier otra persona. No nos importa quién lo vea.

En el paso 3, cada uno de nosotros superpone este patrón en su clave privada.

Al hacerlo, nos da nuestra «clave pública». La clave pública es, bueno, pública, así que no nos importa quién la vea. El servidor puede ver mi clave pública y yo puedo ver su clave pública.

Por último, en el paso 4, tomo la clave pública del servidor y la superpongo a mi clave privada. Y el servidor hace lo mismo con mi clave pública.

¡Tachán! ¡Ahora tenemos la misma clave! Ambos tenemos una clave que combina tres patrones.

De alguna manera, ambos hemos acordado una clave sin enviarnos la llave el uno al otro. Esta clave que hemos acordado se llama «secreto compartido», y así es como funciona el intercambio de claves Diffie-Hellman.

HTTPS es una parte fascinante e importante de nuestra vida diaria. Estos son algunos términos que oirás en relación con HTTPS:

- **TLS:** TLS (seguridad de la capa de transporte) es un protocolo. TLS es la forma en que se establece la conexión segura.

- **SSL:** SSL es el antiguo nombre de TLS, pero a menudo no se hace una distinción. Si escuchas a alguien decir SSL, probablemente esté hablando de TLS. Se van encontrando agujeros de seguridad en estos protocolos, por lo que necesitan actualizarse constantemente. El protocolo TLS se introdujo por primera vez en 1999. Todas las versiones del protocolo SSL anteriores al protocolo TLS están comprometidas.

- **Cifrado de clave simétrica:** en nuestro ejemplo, ambos lados utilizaron la misma clave. También existe algo llamado «cifrado de clave asimétrica», donde ambos lados tienen claves diferentes. Hablé sobre el cifrado de clave simétrica porque es lo que usa HTTPS.

HTTPS utiliza una versión modificada del intercambio de claves Diffie-Hellman denominada «intercambio de claves efímero Diffie-Hellman». Funciona exactamente como acabamos de ver, excepto que las claves privadas se generan de nuevo para cada conexión. Esto significa que incluso si un atacante descubre una de las claves privadas, solo puede descifrar los mensajes de una conexión.

El mundo de la criptografía es profundo e interesante. Si deseas obtener más información, te recomiendo encarecidamente otro libro de Manning: *Real-World Cryptography* de David Wong (https://www.manning.com/books/real-world-cryptography).

# Hashing sensible al contexto

Muchas funciones hash que podamos utilizar serán insensibles al contexto. Supongamos que tenemos una cadena y generamos un hash para ella usando SHA-256.

$$POR \rightarrow cd6357$$

Si cambiamos solo un carácter de la cadena y regeneramos el hash, ¡es totalmente diferente!

$$PON \rightarrow e392da$$

Esto es bueno porque un atacante no puede comparar hashes para ver si está cerca de descifrar una contraseña.

A veces, queremos lo contrario: una función hash sensible al contexto. Ahí es donde «Simhash» entra en acción. Si hacemos un pequeño cambio en una cadena, Simhash genera un hash que es solo un poco diferente. Esto nos permite comparar los hash y ver cuán parecidas son dos cadenas, ¡lo cual es bastante útil!

- Google utiliza Simhash para detectar duplicados mientras rastrea la web.

- Un profesor podría usar Simhash para ver si un estudiante ha copiado un trabajo de internet.

- Scribd permite a los usuarios subir documentos o libros para compartir con otros. ¡Pero Scribd no quiere que los usuarios suban contenido con derechos de autor! El sitio podría usar Simhash para verificar si una carga es similar a un libro de *Harry Potter* y, de ser así, rechazarlo automáticamente.

Simhash es útil cuando desea buscar elementos similares.

# Montículos mínimos y colas de prioridad

Los montículos (*heaps*) mínimos son una estructura de datos construida mediante árboles. Estos montículos almacenan un montón de números. A continuación, se muestra un ejemplo de un montículo mínimo.

Nos permiten obtener el elemento más pequeño del montículo rápidamente, ya que el valor más pequeño es siempre la raíz. Esta es la principal utilidad del montículo mínimo. Podemos mirar el elemento más pequeño en tiempo O(1).

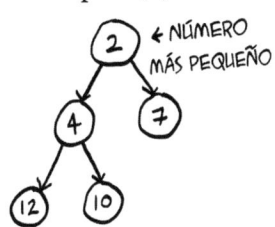

O bien, en tiempo O(log *n*), puede eliminarlo del montículo con un nuevo mínimo en su lugar:

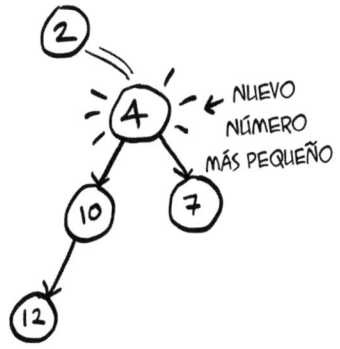

Los montículos permiten clasificar con facilidad. Sigamos pidiendo el valor mínimo.

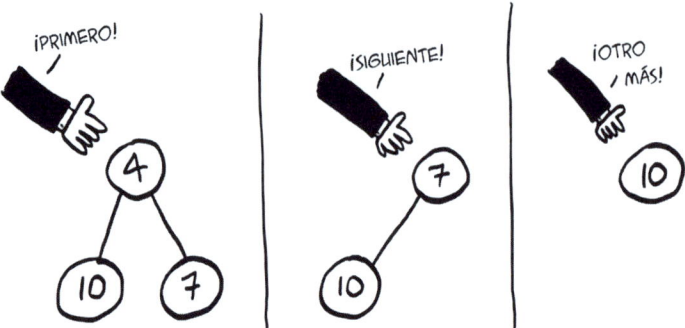

Y sigamos ordenando los valores. Al final, el árbol estará vacío y tendrás una lista ordenada de números. Este algoritmo se denomina «heapsort».

Los montículos máximos son muy similares a los montículos mínimos, pero ahora la raíz es el valor más grande.

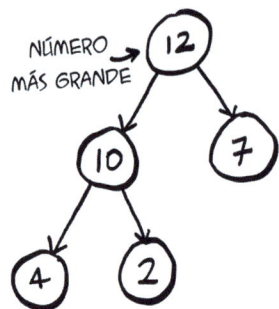

Los montículos son excelentes para implementar colas de prioridad. Conocimos esta estructura de datos de la cola en el capítulo 6. Recuerda que las colas son una estructura de datos FIFO (primero en entrar, primero en salir). Por el contrario, una pila es una estructura de datos LIFO (último en entrar, primero en salir). Bueno, una cola de prioridad es como una cola, excepto que cuando pedimos un artículo, ¡nos da el artículo con la prioridad más alta! Una aplicación de gestión de tareas es un gran caso de uso para una cola de prioridad. En primer lugar, añadimos las tareas pendientes. A continuación, pedimos algo en lo que trabajar y la cola de prioridades nos da la siguiente prioridad más alta. Las colas de prioridad también se utilizan para implementar una versión eficiente del algoritmo de Dijkstra.

# Programación lineal

Guardé lo mejor para el final. La programación lineal es de las cosas más geniales que conozco.

Se utiliza para maximizar algo dadas ciertas restricciones. Por ejemplo, supón que tu compañía fabrica dos productos: camisas y bolsas. Las camisas necesitan 1 m de tela y 5 botones. Las bolsas utilizan 2 m de tela y 2 botones. Tienes 11 m de tela y 20 botones. Ganas 2 € por cada camisa y 3 € por cada bolsa vendida.

¿Cuántas camisas y bolsas tienes que hacer para maximizar tus ganancias?

Aquí estás intentando maximizar la ganancia y estás restringido por la cantidad de materiales disponibles.

Otro ejemplo: eres un político y quieres maximizar el número de votos que obtienes. Tu investigación muestra que necesitas un promedio de 1 hora de trabajo (*marketing*, investigación, etc.) por cada voto en San Francisco y 1,5 horas para los votos de Chicago. Necesitas al menos 500 votantes de San Francisco y 300 de Chicago. Tienes 50 días. Te cuesta 2 € el trabajo para obtener un voto en San Francisco y 1 € en Chicago. Tu presupuesto total es de 1500 €. ¿Cuál es el máximo número de votos que puedes obtener (San Francisco + Chicago)?

En este caso intentas maximizar la cantidad de votos y estás limitado por el tiempo y el dinero.

Podrías pensar: «Has hablado bastante sobre temas de optimización en este libro. ¿Cómo se relacionan con la programación lineal?». Todos los algoritmos de grafos que hemos tratado en este libro se pueden resolver mediante programación lineal. La programación lineal otorga un marco de trabajo más amplio en el cual los problemas de grafos que hemos visto son un subconjunto. ¡Espero que tu mente esté a punto de estallar en estos momentos!

La programación lineal usa el algoritmo Simplex. Es un algoritmo complejo, por lo cual no lo incluimos en el libro. Si estás interesado en la optimización, ¡busca información sobre programación lineal!

# Epílogo

Espero que este rápido recorrido por diez algoritmos te haya mostrado cuánto queda por descubrir. Creo que la mejor forma de aprender es buscar algún tema que te interese y profundizar en él. Este libro te ha dado unas bases sólidas para que hagas justamente eso.

# Rendimientos de los árboles AVL | A

En este apéndice se analiza el rendimiento de los árboles AVL presentados en el capítulo 8. Tendrás que leer ese capítulo antes de leer esto.

Recuerda que los árboles AVL ofrecen un rendimiento de búsqueda O(log *n*). Pero hay algo engañoso que está pasando. Aquí hay dos árboles. Ambos ofrecen un rendimiento de búsqueda O(log *n*), ¡pero sus alturas son diferentes!

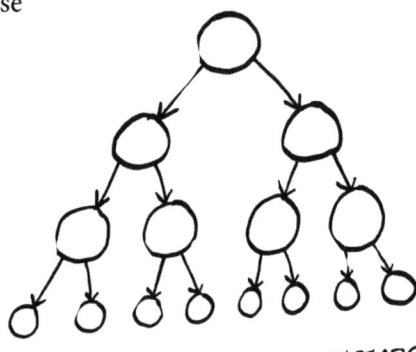

ÁRBOL PERFECTAMENTE BALANCEADO
15 NODOS
ALTURA 3

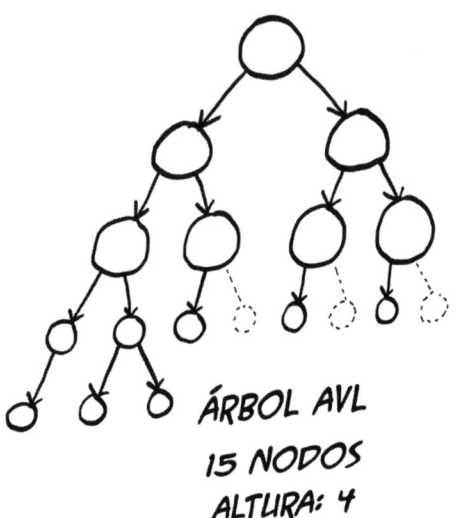

ÁRBOL AVL
15 NODOS
ALTURA: 4

(Los nodos en línea discontinua muestran los agujeros en el árbol).

Los árboles AVL permiten una diferencia de uno en alturas. Es por eso que, a pesar de que ambos árboles tienen 15 nodos, el árbol perfectamente equilibrado es de altura 3, pero el árbol AVL es de altura 4. El árbol perfectamente equilibrado es justo lo que podríamos imaginar, un árbol equilibrado, donde cada nivel está completamente lleno de nodos antes de que se agregue un nuevo nivel. Pero el árbol AVL también se considera «equilibrado», a pesar de que tiene agujeros, es decir, huecos donde podría haber un nodo.

Recuerda que, en un árbol, el rendimiento está estrechamente relacionado con la altura. ¿Cómo pueden estos árboles ofrecer el mismo rendimiento si sus alturas son diferentes? Bueno, ¡nunca discutimos cuál es la base en log *n*!

El árbol perfectamente equilibrado tiene un rendimiento O(log *n*), donde el «log» es log en base 2, al igual que la búsqueda binaria. Lo podemos ver en la imagen.

Cada nuevo nivel duplica los nodos más 1. Así, un árbol perfectamente equilibrado de altura 1 tiene 3 nodos, uno de altura 2 tiene 7 nodos ($3 \times 2 + 1$), uno de altura 3 tiene 15 nodos ($7 \times 2 + 1$), etc. También podrías imaginarlo como si cada capa agregara un número de nodos igual a una potencia de 2.

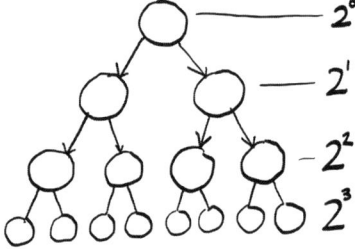

Por lo tanto, el árbol perfectamente equilibrado tiene un rendimiento O(log *n*), donde el «log» es el log en base 2.

El árbol AVL tiene algunos huecos. En un árbol AVL, cada nueva capa agrega «menos» del doble de nodos. Resulta que un AVL ofrece un rendimiento O(log *n*), pero el «log» es log base *phi* (también conocido como la proporción áurea, con un valor aproximado de ~1,618).

Esta es una diferencia pequeña pero interesante: los árboles AVL ofrecen un rendimiento que no es tan bueno como los árboles perfectamente equilibrados, ya que la base es diferente. Pero el rendimiento sigue siendo muy similar, ya que ambos son O(log *n*) después de todo. Solo debes saber que no es exactamente lo mismo.

# Problemas NP-hard | B

Tanto los problemas del conjunto de cobertura como los del vendedor ambulante tienen algo en común: son difíciles de resolver. Tienes que comprobar todas las iteraciones posibles para encontrar el conjunto de cobertura más pequeño o la ruta más corta.

Ambos problemas son NP-hard. Los términos «NP», «NP-hard» y «NP-completo» suelen causar mucha confusión. A mí me confundieron. En este apéndice, intentaré explicar lo que significan todos estos términos, pero primero necesito explicar algunos otros conceptos. He aquí una hoja de ruta de las cosas que aprenderemos y cómo dependen unas de otras:

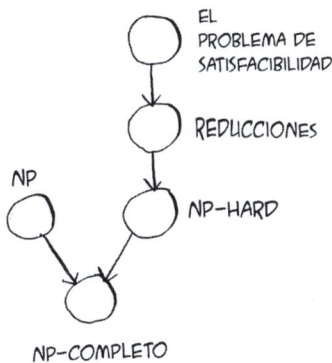

Pero, primero, necesito explicar qué es un «problema de decisión» porque todos los problemas que veremos en el resto de este apéndice son problemas de decisión.

# Problemas de decisión

Los problemas NP-completos son siempre problemas de decisión. Un problema de decisión tiene una respuesta de sí o no. El problema del vendedor no es un problema de decisión. Te pide que encuentres el camino más corto, lo cual es un problema de optimización.

---

**Nota**

Sé que estaba hablando de problemas NP-hard en la introducción y que ahora estoy hablando de problemas NP-completos. Pronto explicaré cuál es la diferencia.

---

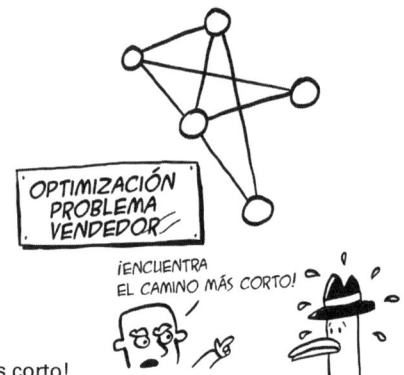

¡Encuentra el camino más corto!

Esta es una versión de decisión del problema del vendedor ambulante.

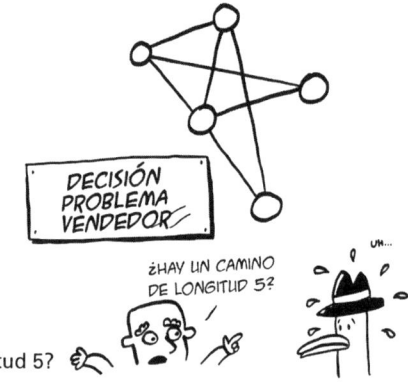

¿Hay un camino de longitud 5?

Observa cómo esta pregunta tiene una respuesta de sí o no: ¿existe un camino de longitud 5? Quería hablar de los problemas de decisión desde el principio porque todos los problemas NP-completos son problemas de decisión. En consecuencia, «todos los problemas que discuto en el resto de este apéndice serán problemas de decisión». Por lo tanto, cuando en el resto de este apéndice se menciona al «vendedor ambulante», me refiero a la versión de «decisión» del problema del vendedor ambulante.

¡Ahora comencemos a aprender lo que realmente significa NP-completo! El primer paso es aprender sobre el problema de la satisfacibilidad (SAT).

# El problema de satisfacibilidad

SALAMI    SALCHICHA    ACEITUNAS    CEBOLLA

Juan, Jorge, Elena y Carol están pidiendo pizza.

—¡Eh, pidamos una de salami! —dice Elena.

—La de salami está bien… la de salchicha también. Podemos pedir una de salami o de salchicha —dice Juan.

—A mí ponme una de aceitunas, que me viene bien para mantener el tipo —dice Carol—. Con **muchas** aceitunas. O, si no, con cebolla.

—Para mí de cualquier cosa **menos** de cebolla —salta Jorge—. ¡No soporto más cebolla, Juan!

—Ay, madre… bueno, a ver si me aclaro. Entonces, ¿qué ingredientes tengo que pedir al final? —dice Juan.

¿Puedes ayudarlo? Estos son los requisitos de todos:

- Salami (Elena)
- Salami o salchicha (Juan)
- Aceitunas o cebolla (Carol)
- Sin cebolla (Jorge)

Mira si puedes averiguar qué ingredientes debe tener la pizza antes de continuar.

¿Lo lograste? Una pizza de salami y aceitunas cumple con todos los requisitos. Este es un ejemplo de un problema del SAT. En pseudocódigo, podría escribirlo así. En primer lugar, tengo cuatro variables booleanas:

```
salami = ?
salchicha = ?
aceitunas = ?
cebolla = ?
```

Luego escribo una fórmula booleana:

```
(salami) y (salami o salchicha) y (aceitunas o cebolla) y
(no cebolla)
```

Esta fórmula contiene los requisitos para cada persona en forma de lógica booleana. El problema del SAT plantea la pregunta: ¿Se pueden establecer estas variables en algunos valores para que la afirmación se evalúe como verdadera (`true`)?

El problema SAT es famoso porque es el primer problema NP-completo, descrito en 1971 (aunque no creo que los autores usaran a Seinfeld como ejemplo). Antes, no existía el concepto de un problema NP-completo. Así es como funciona el problema del SAT. Comienzas con una fórmula booleana:

```
if (salami) and (aceitunas or cebolla):
    print("pizza")
```

Entonces te preguntas, ¿hay alguna forma de que podamos asignar nuestras variables para que el código imprima `pizza`?

Este ejemplo es bastante fácil, por lo que podemos resolverlo nosotros mismos. Si salami y cebolla son true, este código imprimirá pizza. Así que la respuesta sería «sí».

Aquí hay uno en el que la respuesta sería «no»:

```
if (aceitunas or cebolla) and (not aceitunas) and (not cebolla):
    print("pizza")
```

¡No hay ninguna combinación de valores que se puedan asignar a las variables para que este código imprima `pizza`!

El problema del SAT siempre busca una respuesta de sí o no, por lo que es un problema de «decisión».

El SAT es en realidad un problema bastante difícil. Aquí hay un ejemplo más difícil para que te hagas una idea:

```
if (salami or not aceitunas) and (cebolla or not salami)
        and (not aceitunas or not salami):
    print("pizza")
```

No es necesario que resuelvas este. Solo lo muestro como un ejemplo para que puedas apreciar lo difícil que puede llegar a ser. Puedes tener cualquier número de variables y cualquier número de cláusulas, y los problemas se complican bastante rápido.

Con $n$ ingredientes, hay $2^n$ pizzas posibles. Si los enumeras todos y revisas cada uno, obtienes algo llamado una tabla de la verdad. Esta es la tabla de la verdad para

`salami and (aceitunas or cebolla)`

A veces es necesario hacer una lista de todas las opciones, al igual que el problema del conjunto de cobertura y el problema del vendedor ambulante. De hecho, el problema del SAT es tan difícil como estos dos problemas. Tiene un tiempo de ejecución de $O(2^n)$.

| SALAMI | ACEITUNAS | CEBOLLA | RESPUESTA |
|--------|-----------|---------|-----------|
| F | F | T | NO |
| F | T | F | NO |
| F | T | T | NO |
| T | F | F | NO |
| T | F | T | SI |
| T | T | F | SI |
| T | T | T | SI |
| F | F | F | NO |

SALAMI AND
(ACEITUNAS OR CEBOLLA)

# Difícil de resolver, rápido de verificar

A menudo vemos problemas en los que encontrar una solución es mucho más difícil que verificar una solución. Supongamos que te pido que elabores una frase que sea un palíndromo (se lee igual del derecho y del revés) que incluya las palabras arroz y abad. ¿Cuánto tiempo crees que te llevaría llegar a esa frase?

Ahora supongamos que te digo que conozco una frase como esa: «Dábale arroz a la zorra el abad».

Te llevaría mucho menos tiempo verificar esa afirmación que llegar a ella. ¡Verificar fue más rápido que resolver!

Un problema del SAT es tan difícil de resolver como el problema del conjunto de cobertura o el problema del vendedor ambulante, pero a diferencia de esos problemas, verificar una solución es fácil. Por ejemplo, para esta pregunta que dimos antes:

(salami o no aceitunas) y (cebolla o no salami) y (no aceitunas o no salami), esta es una solución:

```
salami = False
aceitunas = False
cebolla = False
```

Enseguida puedes comprobar que estos valores harán que esa fórmula booleana sea verdadera. ¡Verificar esos valores fue más rápido que resolverlo tú mismo!

NP

El problema del SAT es «rápido de verificar», por lo que está en NP.

NP es la clase de problemas que se pueden verificar en tiempo polinómico. Los problemas de NP pueden o no ser fáciles de resolver, pero son fáciles de verificar. Esto es diferente de P.

P

Un problema está en P si se puede verificar y resolver en tiempo polinómico. El tiempo polinómico significa que su O grande no es mayor que un polinomio.

No voy a definir qué es un polinomio en este libro, pero aquí tenemos dos polinomios.

$$n^3 \qquad n^2 + n$$

Y aquí hay un par de ejemplos que no son polinomios.

$$n! \qquad 2^n$$

P es un subconjunto de NP. Así que NP contiene todos los problemas de P, más otros.

NP

## P vs NP

Es posible que hayas oído hablar del famoso problema P versus NP. Acabamos de ver que los problemas en P son rápidos de verificar y rápidos de resolver. Los problemas en NP son rápidos de verificar, pero pueden o no ser rápidos de resolver. El problema P versus NP pregunta si todos los problemas que son rápidos de verificar «también son rápidos de resolver». Si ese es el caso, P no sería un subconjunto de NP; P sería igual a NP.

NP-hard es el siguiente término que definiremos, pero primero debemos discutir (brevemente) qué es una reducción.

# Reducciones

¿Qué haces cuando tienes un problema difícil? ¡Cambiarlo por uno que puedas resolver! En la vida real, cuando nos enfrentamos a un problema difícil, es muy común cambiar el problema.

He aquí uno que puedes probar ahora mismo. ¿Cómo se multiplican dos números binarios? Intenta multiplicar estos dos números binarios:

```
101 * 110
```

Si eres como yo, no intentaste averiguar cómo hacer la multiplicación en binario. Te has dado cuenta de que 101 es 5 en decimal y 110 es 6, y has multiplicado 5 por 6.

A esto se le llama reducción. Estás reduciendo un problema que no sabes cómo resolver a otro que sí. Esto se hace todo el rato en informática.

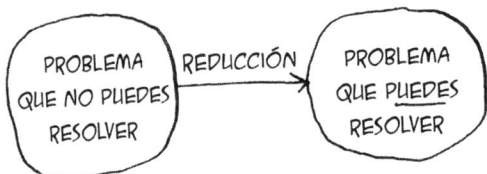

# NP-hard

Ya hemos visto tres ejemplos de problemas NP-hard:

- El problema del conjunto de cobertura
- El problema del vendedor ambulante
- El problema del SAT

(Recuerda que me refiero a las versiones de decisión de estos problemas; todos los problemas que vemos en el resto de este apéndice son problemas de decisión).

Los tres problemas señalados antes son NP-hard. Decimos que un problema es NP-hard «si cualquier problema en NP puede reducirse a ese problema». Esta es la definición de NP-hard.

También puedes reducir todos los problemas de NP a cualquier problema NP-hard. Por ejemplo, puedes reducir todos los problemas de NP a SAT.

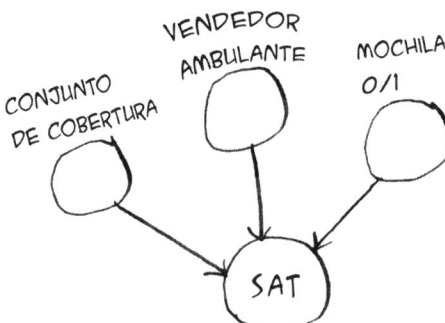

Un requisito adicional es que debes ser capaz de reducir todos estos problemas «en un tiempo polinómico». Ese «en un tiempo polinómico» es importante porque no queremos que la parte reductora sea el cuello de botella. Cualquier problema NP puede reducirse a SAT en tiempo polinómico, por lo que es NP-hard.

Dado que cualquier problema en NP puede reducirse a cualquier problema NP-hard, ¡una solución en tiempo polinómico para cualquier problema NP-hard nos da una solución en tiempo polinómico para cada problema en NP!

# NP-completo

Hemos visto dos definiciones:

- Los problemas en NP son rápidos de verificar y pueden o no ser rápidos de resolver.
- Los problemas que son NP-hard son al menos tan difíciles como los problemas más difíciles en NP, y cualquier problema en NP puede ser reducido a un problema en NP-hard.

Ahora, aquí está mi definición final: «un problema es NP-completo si es tanto NP como NP-hard».

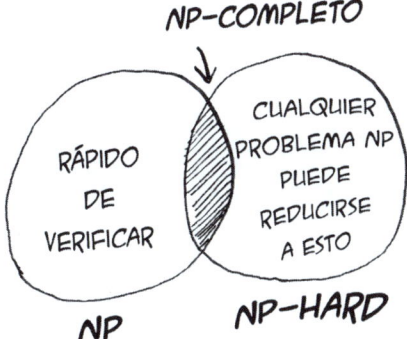

Los problemas NP-completos son:

- Difíciles de resolver (al menos en este momento; si alguien demuestra que P = NP, no lo sería).
- Fáciles de verificar.

Y cualquier problema en NP puede reducirse a un problema que sea NP-completo.

Estos son los términos que hemos definido en este apéndice:

- Problemas de decisión
- El problema del SAT
- P frente a NP
- Reducciones
- NP-hard
- NP-completo

Cuando veas un debate sobre problemas NP-completos, ¡espero que te sientas más seguro de lo que significan estos términos!

## Recapitulación

- Un problema está en P si es rápido de resolver y rápido de verificar.
- Un problema está en NP si es rápido de verificar. Puede o no ser rápido de resolver.
- Si encontramos un algoritmo rápido (tiempo polinómico) para cada problema en NP, entonces P = NP.
- Un problema es NP-hard si cualquier problema en NP puede reducirse a ese problema.
- Si un problema está tanto en NP como en NP-hard, es NP-completo.

# Respuestas a los ejercicios | C

## CAPÍTULO 1

**1.1** Supón que tienes una lista ordenada de 128 nombres y estás realizando una búsqueda binaria. ¿Cuál es el máximo número de pasos que necesitarás para completar la búsqueda?

*Respuesta:* 7.

**1.2** Supón que duplicas el tamaño de la lista. ¿Cuál es el máximo número de pasos ahora?

*Respuesta:* 8.

**1.3** Tienes un nombre y quieres encontrar el número de teléfono de la persona en la agenda telefónica.

*Respuesta:* O(log *n*).

**1.4** Tienes un número de teléfono y quieres encontrar el nombre de la persona en la agenda telefónica (pista: tendrás que buscar en toda la agenda).

*Respuesta:* O(*n*).

**1.5** Quieres leer los números de cada persona en la agenda telefónica.

*Respuesta:* O(*n*).

**1.6** Solo quieres leer los números de las personas cuyo nombre comienza con A.

*Respuesta:* O(*n*). Podrías pensar: «Solo hago esto para 1 de 26 caracteres, por lo que el tiempo de ejecución debe ser O(*n*/26)». Una regla fácil de recordar es ignorar los números que se sumen, resten, multipliquen o dividan. Ninguno de estos son tiempos de ejecución de notación O grande correctos: O(*n*+26), O(*n*-26), O(*n* \* 26), O(*n*/26). ¡Todos son iguales a O(*n*)! ¿Por qué? Si tienes curiosidad, pasa a la «Notación O grande revisitada», en el capítulo 4, y lee las constantes en la notación O grande (una constante es solo un número; 26 fue la constante en esta pregunta).

# CAPÍTULO 2

**2.1**   Supón que estás creando una aplicación para mantener el control de tus finanzas.

*1. PROVISIONES*
*2. CINE*
*3. SUBSCRIPCIÓN*
*CLUB DE LECTURA*

Cada día, anotas todo el dinero que gastaste. Al final del mes, revisas tus compras y sumas cuánto has gastado. Así que tienes muchas inserciones y unas pocas lecturas. ¿Deberías utilizar un array o una lista enlazada?

*Respuesta:* En este caso, estás agregando gastos a la lista todos los días y leyendo todos los gastos una vez al mes. Los arrays tienen lecturas rápidas e inserciones lentas. Las listas enlazadas tienen lecturas lentas e inserciones rápidas. Como vas a estar insertando más a menudo que leyendo, tiene sentido utilizar una lista enlazada. Además, las listas enlazadas tienen lecturas lentas solo si accedes a elementos aleatorios en la lista. Como estás leyendo «todos los elementos» de la lista, las listas enlazadas también funcionarán bien en «lectura». Así que una lista enlazada es una buena solución para este problema.

**2.2**   Supón que estás creando una aplicación para tomar pedidos de clientes en restaurantes. Tu aplicación necesita almacenar una lista de pedidos. Los camareros siguen añadiendo pedidos a la lista mientras los cocineros quitan pedidos de la lista para preparar los platos. Es una cola ordenada: los camareros añaden pedidos al final de la cola y los cocineros sacan pedidos del principio de la cola para cocinarlos.

LOS CAMAREROS AÑADEN PEDIDOS AL FIN   — COLA DE PEDIDOS ~   LOS COCINEROS SACAN PEDIDOS DEL PRINCIPIO

¿Usarías un array o una lista enlazada para implementar esta cola? (Pista: las listas enlazadas son eficientes para insertar o eliminar, mientras los arrays son buenos en accesos aleatorios. ¿Cuál utilizarías aquí?).

*Respuesta:* Una lista enlazada. Ocurren muchas inserciones (camareros que agregan pedidos), en las que las listas enlazadas son más eficientes. No necesitas búsqueda ni acceso aleatorio (donde los arrays son más eficientes), porque los cocineros siempre toman el primer pedido de la cola.

2.3　Realicemos un experimento mental. Supón que Facebook mantiene una lista de nombres de usuarios. Cuando alguien intenta entrar, se realiza una búsqueda de su nombre de usuario. Si se encuentra en la lista, se le permite entrar al sitio. Las personas utilizan Facebook con frecuencia, así que hay muchísimas búsquedas sobre esta lista de nombres de usuarios. Supón que Facebook utiliza la búsqueda binaria para buscar en la lista. La búsqueda binaria necesita acceso aleatorio, dado que tienes acceder al elemento del medio de la lista instantáneamente. Sabiendo esto, ¿implementarías la lista como un array o como una lista enlazada?

*Respuesta:* Un array ordenado. El array te da acceso aleatorio: puedes obtener un elemento en la mitad del array al instante. No puedes hacer eso con listas enlazadas. Para llegar al elemento en la mitad de una lista enlazada, tienes que comenzar por el primero y seguir todos los enlaces hasta la mitad.

2.4　Las personas se crean perfiles en Facebook frecuentemente. Supón que decidiste utilizar un array para almacenar la lista de usuarios. ¿Cuáles son las desventajas de emplear un array cuando se realiza una inserción? En particular, asume que estás utilizando búsqueda binaria para buscar los nombres de usuario cuando intentan acceder al sitio. ¿Qué sucede cuando añades nuevos usuarios al array?

*Respuesta:* Insertar en arrays es lento. Además, si estás utilizando la búsqueda binaria para buscar nombres de usuario, hay que ordenar el array. Supongamos que alguien llamado Alberto se registra en Facebook. Su nombre se insertará al final del array. ¡Así que necesitas ordenar el array cada vez que se inserta un nombre!

**2.5**  En realidad, Facebook no utiliza ni una lista enlazada ni un array para guardar la información del usuario. Consideremos una estructura de datos híbrida: un array de listas enlazadas. Tienes un array de 26 posiciones. Cada posición apunta a una lista enlazada. Por ejemplo, la primera posición apunta a una lista enlazada que contiene todos los nombres de usuarios que comienzan por «A». La segunda posición apunta una lista enlazada que contiene los nombres de usuarios que comienzan por «B» y así sucesivamente.

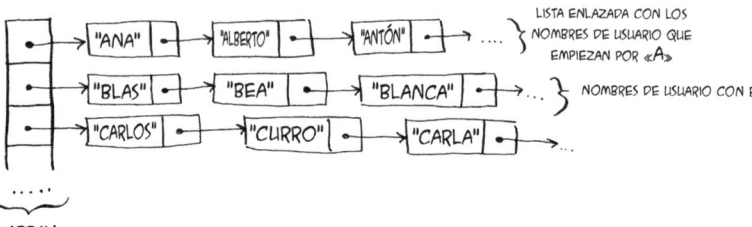

Supón que Álvaro se registra en Facebook y quieres añadirlo a la lista. Seleccionas la posición 1 del array y añades a Álvaro al final de la lista enlazada que se encuentra en dicha posición. Ahora supón que quieres buscar por el usuario «Zacarías». En este caso vas a la posición 26, que apunta a una lista enlazada con todos los nombres que comienzan por Z. Entonces, sobre esa lista, buscas el nombre de usuario Zacarías.

Compara esta estructura de datos híbrida con arrays y listas enlazadas. ¿Es más lenta o más rápida que arrays o listas por separado en las operaciones de inserción y búsqueda? No tienes que definir tiempos de ejecución en O grande, solo piensa si la estructura de datos sería más rápida o más lenta.

*Respuesta:* Búsqueda: más lenta que en los arrays, más rápida que en las listas enlazadas. Inserción: más rápido que en los arrays, el mismo tiempo que en las listas enlazadas.

Por lo tanto, la búsqueda es más lenta que en un array, pero es más rápida o igual que en las listas enlazadas para todo. Hablaremos de otra estructura de datos híbrida llamada tabla hash más adelante en el libro. Esto debería darte una idea de cómo se construyen estructuras de datos más complejas a partir de otras más simples.

Entonces, ¿qué utiliza realmente Facebook? Probablemente emplea una docena de bases de datos diferentes, distintas estructuras de datos detrás de ellas: tablas hash, árboles-B y otros. Arrays y listas enlazadas son los componentes básicos de estas estructuras de datos más complejas.

# CAPÍTULO 3

**3.1**    Supón que te muestro una pila de llamadas como sigue.

¿Qué información puedes dar basándote solamente en la pila de llamadas?

*Respuesta:* Aquí están algunas de las cosas que podrías decirme:

- La función `saludar` es llamada primero, con `nombre = marga`.
- Entonces la función `saludar` llama a la función `saludar2`, con `nombre = marga`.
- En este punto la función `saludar` está en un estado incompleto, suspendido.
- La llamada a función actual es `saludar2`.
- Después de que la llamada a función termine, la función `saludar` se reanuda.

**3.2**    Supón que accidentalmente escribes una función recursiva que se ejecuta infinitamente. Como ves, tu ordenador reserva memoria en la pila para cada llamada a función. ¿Qué sucede con la pila cuando tu función recursiva se ejecuta infinitamente?

*Respuesta:* La pila crece eternamente. Cada programa tiene una cantidad limitada de espacio en la pila de llamadas. Cuando tu programa se queda sin espacio (sucederá), terminará con un error de desbordamiento de pila.

## CAPÍTULO 4

**4.1**  Escribe el código para la función suma.

*Respuesta:*

```
def suma(lista):
    if lista == []:
        return 0
    return lista[0] + suma(lista[1:])
```

**4.2**  Escribe una función recursiva para contar la cantidad de elementos de una lista.

*Respuesta:*

```
def contar(lista):
    if lista == []:
        return 0
    return 1 + contar(lista[1:])
```

**4.3**  Escribe una función recursiva para encontrar el valor máximo de una lista.

*Respuesta:*

```
def maximo(lista):
    if len(lista) == 2:
        return lista[0] if lista[0] > lista[1] else lista[1]
    sub_max = maximo(lista[1:])
    return lista[0] if lista[0] > sub_max else sub_max
```

**4.4**  ¿Recuerdas la búsqueda binaria en el capítulo 1? Es también un algoritmo de divide y vencerás. ¿Puedes definir cuál es el caso base y cuál el recursivo en búsqueda binaria?

*Respuesta:* El caso base para la búsqueda binaria es un array con un elemento. Si el elemento que buscas coincide con el elemento del array, ¡lo encontraste! De lo contrario, no está en la matriz.

En el caso recursivo para la búsqueda binaria, se divide el array por la mitad, se desecha una mitad y se llama la búsqueda binaria en la otra mitad.

¿Cuánto tiempo tomará cada una de estas operaciones en notación O grande?

**4.5**  Imprimir el valor de cada elemento en un array.

*Respuesta:* O($n$)

**4.6**  Duplicar el valor de cada elemento en un array.

*Respuesta:* O($n$)

**4.7** Duplicar solo el valor del primer elemento en un array.

*Respuesta:* O(1)

**4.8** Crear una tabla de multiplicación con todos los elementos de un array. Si tu array es [2, 3, 7, 8, 10], primero multiplicas cada elemento por 2, luego multiplicas cada elemento por 3, luego por 7 y así sucesivamente.

*Respuesta:* $O(n^2)$

# CAPÍTULO 5

¿Cuáles de estas funciones son coherentes?

**5.1** `f(x) = 1` ❶

    ❶ Devuelve 1 para toda entrada

    *Respuesta:* Es coherente

**5.2** `f(x) = rand()` ❶

    ❶ Devuelve un número aleatorio cada vez

    *Respuesta:* No es coherente

**5.3** `f(x) = proximo_espacio_vacio()` ❶

    ❶ Devuelve el índice del próximo espacio vacío en la tabla hash

    *Respuesta:* Es coherente

**5.4** `f(x) = len(x)` ❶

    ❶ Utiliza el tamaño del string como su índice

    *Respuesta:* No es coherente

Supón que tienes cuatro funciones hash que trabajan con strings:

1. Retorna «1» para cualquier entrada.

2. Utiliza el tamaño del string como el índice.

3. Usa el primer carácter del string como índice. Por lo tanto, todos los strings que comienzan con «a» son asignados a la misma posición, y así sucesivamente.

4. Asocia cada letra a un número primo: a = 2, b = 3, c = 5, y así sucesivamente. Dado un string, la función hash es el resultado de sumar el valor de todos los caracteres, módulo el tamaño del array. Por ejemplo, si el tamaño de tu hash es 10 y el string es «beca», el índice es (3 + 11 + 5 + 2) % 10 = 1.

Para cada uno de los siguientes ejemplos, ¿qué funciones hash garantizan una buena distribución? Asume que el hash tiene un tamaño de 10 espacios.

**5.5** Una agenda telefónica donde las claves son nombres y los valores son números de teléfono. Los nombres son los siguientes: Ester, Berta, Borja y Daniel.

*Respuesta:* Las funciones hash C y D darían una buena distribución.

**5.6** Una asociación entre la talla de una pila y capacidad eléctrica. Las tallas son A, AA, AAA y AAAA.

*Respuesta:* Las funciones hash B y D darían una buena distribución.

**5.7** Una asociación entre títulos de libros y autores. Los títulos son *Maus*, *Fun Home* y *Watchmen*.

*Respuesta:* Las funciones hash B, C y D darían una buena distribución.

# CAPÍTULO 6

Ejecuta el algoritmo de búsqueda a lo ancho en cada uno de estos grafos para encontrar la solución.

**6.1** Encuentra la longitud del camino más corto del inicio al final.

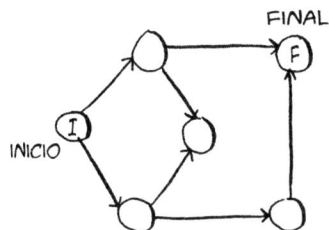

*Respuesta:* El camino más corto tiene una longitud de 2.

**6.2** Encuentra la longitud del camino más corto desde «pata» hasta «mala».

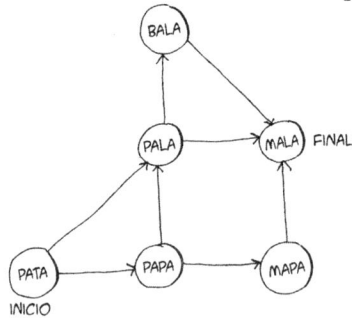

*Respuesta:* El camino más corto tiene una longitud de 2.

Aquí tienes un pequeño grafo de mi rutina matutina.

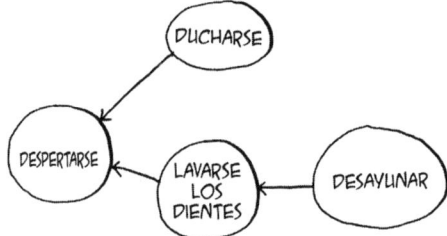

**6.3** Para las siguientes tres listas, marca si cada una es válida o inválida.

| A. | B. | C. |
|---|---|---|
| 1. DESPERTARSE | 1. DESPERTARSE | 1. DUCHARSE |
| 2. DUCHARSE | 2. LAVARSE LOS DIENTES | 2. DESPERTARSE |
| 3. DESAYUNAR | 3. DESAYUNAR | 3. LAVARSE LOS DIENTES |
| 4. LAVARSE LOS DIENTES | 4. DUCHARSE | 4. DESAYUNAR |

*Respuestas:* A—Inválido; B—Válido; C—Inválido.

**6.4** Aquí hay un grafo más grande. Haz una lista válida para este grafo.

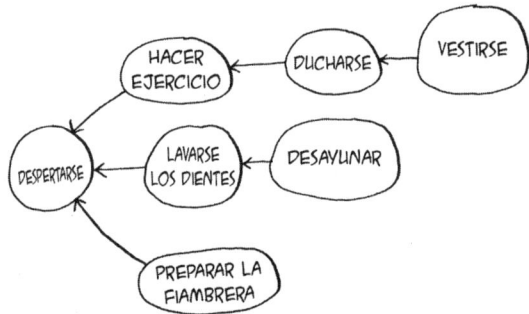

*Respuesta:* 1—Despertarse; 2—Hacer ejercicio; 3—Ducharse; 4—Lavarse los dientes; 5—Vestirse; 6—Preparar la fiambrera; 7—Desayunar.

**6.5** ¿Cuáles de los siguientes grafos también son árboles?

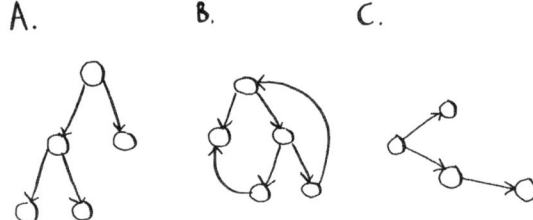

*Respuestas:* A—Árbol; B—No es un árbol; C—Árbol. El último ejemplo es solo un árbol lateral. Los árboles son un subconjunto de los grafos. Por lo tanto, un árbol es siempre un grafo, pero un grafo puede o no ser un árbol.

## CAPÍTULO 9

**9.1** En cada uno de estos grafos, ¿cuál es el peso del camino más corto de Inicio a Fin?

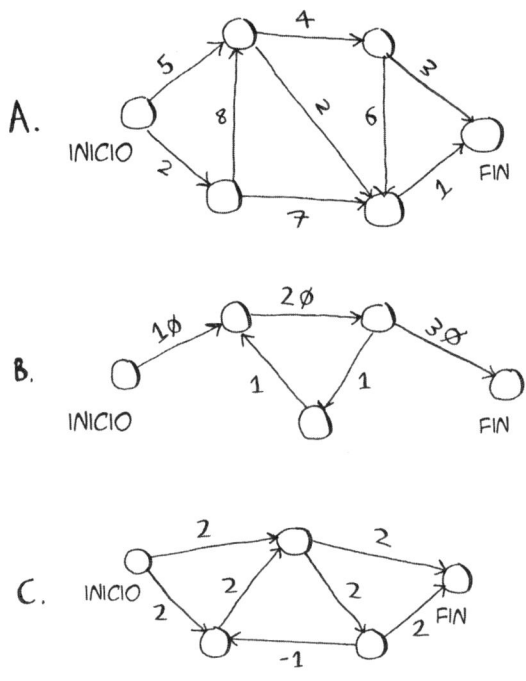

*Respuesta:* A—8; B—60; C—4.

# CAPÍTULO 10

**10.1** Trabajas para una empresa de muebles y tienes que enviar muebles a todo el país. Necesitas transportar cajas en tu camión. Todas las cajas son de diferentes tamaños y estás tratando de maximizar el espacio que utilizas en cada camión. ¿Cómo elegirías las cajas para maximizar el espacio? Piensa en una estrategia voraz. ¿Eso te dará la solución óptima?

*Respuesta:* Una estrategia voraz sería elegir la caja más grande que quepa en el espacio restante y repetir hasta que no pueda empacar más cajas. No, esto no nos dará la solución óptima.

**10.2** Vas a Europa y tienes siete días para ver todo lo que puedas. Asigna valores de puntos a cada elemento (cuánto deseas verlo) y estima cuánto tiempo toma. ¿Cómo puedes maximizar el total de puntos (ver todas las cosas que realmente quieres ver) durante tu estadía? Idea una estrategia voraz. ¿Eso te dará la solución óptima?

*Respuesta:* Seguir eligiendo la actividad con el valor de puntos más alto que aún puedas hacer en el tiempo que te queda. Detente cuando no puedas hacer nada más. No, esto no te dará la solución óptima.

# CAPÍTULO 11

**11.1** Supongamos que puedes robar otro artículo: un teclado mecánico. Su peso es de 1 kg y vale 1000 €. ¿Deberías robarlo?

*Respuesta:* Sí. Ya que podrías robar el teclado mecánico, el iPhone y la guitarra, valorados en un total de 4500 euros.

**11.2** Supongamos que vas a acampar. Tienes una mochila con capacidad para 6 kg y puedes guardar los siguientes artículos. Cada uno tiene un valor y, cuanto mayor sea el valor, más importante es el elemento:

- Agua, 3 kg, 10
- Libro, 1 kg, 3
- Comida, 2 kg, 9
- Chaqueta, 2 kg, 5
- Cámara, 1 kg, 6

¿Cuál es el conjunto óptimo de artículos para llevar a tu acampada?

*Respuesta:* Debes llevar el agua, la comida y una cámara.

**11.3** Dibuja y completa la matriz para calcular la mayor subcadena común entre las cadenas «COSA» y «LOSAS».

*Respuesta:*

|   | L | O | S | A | S |
|---|---|---|---|---|---|
| **C** | 0 | 0 | 0 | 0 | 0 |
| **O** | 0 | 1 | 0 | 0 | 0 |
| **S** | 0 | 0 | 2 | 0 | 0 |
| **A** | 0 | 0 | 0 | 3 | 0 |

## CAPÍTULO 12

**12.1** En el ejemplo de Netflix, calculamos la distancia entre dos usuarios diferentes usando la fórmula de la distancia. Pero no todos los usuarios califican las películas de la misma forma. Supongamos que tienes dos usuarios, Yago y Pepi, a quienes les gustan las mismas películas. Pero Yago califica cualquier película que le guste con 5, mientras que Pepi es más selectiva y reserva los 5 solo para las mejores. Están bien emparejados, pero, según el resultado del algoritmo que calcula la distancia, no son vecinos. ¿Cómo tomarías en cuenta sus diferentes estrategias de calificación?

*Respuesta:* Podrías usar algo llamado normalización. Miras la calificación promedio de cada persona y la usas para escalar sus calificaciones. Por ejemplo, se puede notar que la calificación promedio de Pepi es 3, mientras que la calificación promedio de Yago es 3,5. Así que aumentas un poco las calificaciones de Pepi hasta que su calificación promedio también sea de 3,5. Luego, puedes comparar sus calificaciones en la misma escala.

**12.2** Supongamos que Netflix designa a un grupo de «personas influyentes». Por ejemplo, Quentin Tarantino y Wes Anderson son personas influyentes en Netflix, por lo que sus calificaciones cuentan más que las de un usuario normal. ¿Cómo cambiarías el sistema de recomendaciones para que esté sesgado hacia las calificaciones de las personas influyentes?

*Respuesta:* Podrías dar más peso a las valoraciones de los «personas influyentes» al utilizar KNN. Supongamos que tienes tres vecinos: José, David y Wes Anderson (una persona influyente). Calificaron a *Caddyshack* con 3, 4 y 5, respectivamente. En lugar de limitarte a tomar el promedio de sus calificaciones (3 + 4 + 5 / 3 = 4 estrellas), podrías darle más peso a la calificación de Wes Anderson: 3 + 4 + 5 + 5 + 5 / 5 = 4,4 estrellas.

**12.3** Netflix tiene millones de usuarios. En el ejemplo anterior tuvimos en cuenta a los cinco vecinos más cercanos para construir el sistema de recomendaciones. ¿Es esto demasiado bajo? ¿O demasiado alto?

*Respuesta:* Es demasiado bajo. Si nos fijamos en menos vecinos, hay más posibilidades de que los resultados estén sesgados. Una buena regla general es que si tienes $N$ usuarios, debes mirar sqrt($N$) vecinos.

# Índice alfabético